Didier Vitrac

LES CLES DE LA BOURSE

Précis de techniques boursières

3e édition

Collection dirigée par
Charles de La Baume

ISBN 1-89-5354-23-4
Dépôt légal Février 1993 n° 6317

Composition :
pH - Philippe Quérel
19100 - Brive - Tél. 55 23 15 84 et 55 23 13 20

Société Éducative Financière Internationale (Séfi) inc.

35-37, rue de Sèvres
92000 Boulogne
Tél. : (1) 46 04 34 94

C.P. 130, 645 rue Edwards
Rockland (Ontario) K4K 1K3, Canada
Tél. : (613) 446-1239

Ouvrages de Didier Vitrac

- **Gestion indicielle** *Éditions Séfi - 1993*
- **Spéculer** *Eric Pichet et Didier Vitrac - Éditions l'Archipel - 1992*
- **Les options négociables** *Charles de La Baume et Didier Vitrac Éditions Séfi - 1992*

Aux Editions SEFI
dans la même collection

- **Les options sur titres boursiers** *de C.K. Langford*
- **L'analyse technique** *de C.K. Langford*
- **Les obligations à bons de souscription d'actions** *de Gérard Blandin*
- **Les obligations** *de Marc Joanny*
- **La pratique de l'analyse technique** (2ème édition) *de Philippe Cahen*
- **Le guide pratique du MONEP** (2ème édition) *de Eric Pichet-Lombard*
- **Les bons du trésor en France** *de Michel Gripon*
- **Financial Risk Management** *de C.K. Langford*
- **La titrisation** *de Paul Gagey*
- **Les marchés financiers: règles du jeu et responsabilités des intermédiaires** *de Jean-Pierre Venon*
- **L'évaluation des entreprises** *de Véronique Bessière et Olivier Coispeau*
- **Le guide pratique du MATIF** *de Eric Pichet-Lombard*
- **Prévision des cours de bourse** *de Georges Hanart*
- **La gestion indicielle** *de Didier Vitrac*
- **Le marché financier japonais** *de Didier Giraud*
- **Gestion de portefeuille** *de Charles de La Baume*
- **La structure des taux d'intérêts** *de Philippe Spieser*
- **Gestion de patrimoine** (tomes 1 et 2) *de Henri Monin*

- **L'immobilier et les SCPI** *de Henri Monin*
- **Votre patrimoine et le droit** *de Henri Monin*
- **Les options négociables** *de Charles de La Baume et Didier Vitrac*
- **Les clefs du marché de l'art**
  de Dina Benhamou, Roman Sarfati et Valérie Weill
- **La gestion de haut de bilan** *d'Olivier Coispeau*
- **Mathématiques financières** *d'Olivier Levyne*
- **Les clefs de la Bourse** *de Didier Vitrac*

PRÉFACE DE FRANÇOIS DE WITT *

L'un des plus lancinants problèmes que la France doit résoudre au cours de la prochaine décennie (et, si possible, dans un avenir proche) concerne l'équilibre de son système de retraites. La "répartition pure", telle que nous la pratiquons, est unique au monde. Elle est victime aujourd'hui de la mauvaise "démographie" des régimes (trop de pensionnés pour un nombre insuffisants de cotisants). Elle risque de sombrer, après 2005, lorsqu'arriveront à l'âge de la retraite les "baby boomers" nés après la seconde guerre mondiale. Toute solution destinée à tirer le système de l'ornière, sans augmenter indéfiniment les cotisations, passe, on s'en rend compte maintenant, par la Bourse. A droite, on encourage la mise en place de "fonds de pension à la française", à savoir des caisses complémentaires fonctionnant selon le principe de la capitalisation et investies en actions et en obligations. Le système collectif actuel serait donc complété par des comptes individuels. A gauche, ou plus précisément au sein du dernier gouvernement de la législature 1988-1993, c'est tout naturellement un renforcement de la répartition qui a été proposé. Mais ce renforcement passe par la création d'un fonds de garantie (sous-entendu des caisses existantes) alimenté par le produit de la mise en Bourse d'actions de sociétés nationales.

Cet exemple montre à quel point la Bourse est un rouage essentiel de tout Etat contemporain. Ce dernier y finance notamment le déficit de ses comptes, tandis que les entreprises y trouvent une partie des capitaux nécessaires à leur développement. Ces capitaux ne peuvent être apportés uniquement par les organismes de gestion collective, sinon notre

---

* Directeur de la rédaction de *Challenges*.
Ancien directeur de la rédaction de la *Vie Française*.

économie serait entre leurs mains. Le porteur individuel, représente aussi un intervenant essentiel. N'est-il pas d'ailleurs le plus fidèle de tous ? A ce titre, il est choyé : on ne cesse en haut lieu de vanter ses mérites et de concevoir des outils fiscaux propres à conserver sa fidélité. Il n'en est pas moins parfois traité sans ménagement par des intermédiaires en mal de courtage, ou des émetteurs saisis de "fusionnite" aiguë. L'Etat lui-même est prompt à durcir la fiscalité de telle ou telle opération, sans que sa démarche soit toujours clairement perceptible. Bref, le particulier qui veut jouer la santé économique de son pays via la Bourse découvre rapidement qu'il ne s'agit pas d'un exercice de tout repos. Il lui faut une connaissance précise de l'environnement, des règles du jeu boursier, des paramètres qui agissent sur les cours. En somme, il a besoin d'un bon trousseau de clés qui lui permettent d'ouvrir les portes d'un jardin en apparence seulement secret.

PRÉFACE D'ALAIN FERRI *

L'organisation de la Bourse qui était restée presqu'immuable pendant plus d'un siècle et demi a subi une révolution complète au cours de la dernière décennie. La réglementation, les acteurs, les marché eux-mêmes, tout a changé.

Cette troisième édition de l'ouvrage de Didier Vitrac tombe au moment opportun pour faire le point sur la Bourse car, la révolution ayant été accomplie, on n'assistera plus vraisemblablement qu'à des évolutions. L'entrée de la Bourse dans l'espace économique européen peut se réaliser sans aucune transformation nouvelle. Les marchés dérivés (MATIF et MONEP) sont passés à l'âge adulte. La cotation informatisée apporte une transparence inégalée au marché des actions françaises.

Il y a quelques années, certains craignaient encore que la Bourse de Paris ne soit plus faite pour la "veuve de Carpentras". Or, celle-ci aujourd'hui peut, sur son minitel appeler son intermédiaire, constater la cotation du cours de la valeur qui l'intéresse, étudier la profondeur du marché, transmettre son ordre et le voir exécuter, consulter son portefeuille et l'évaluer. Elle dispose des conseils des analystes financiers de sa société de bourse ou de sa banque. Avec ses journaux et ses hebdomadaires financiers, elle bénéficie d'une vision globale sur les investissements susceptibles de l'intéresser. Et, avec *"les Clés de la Bourse"*, elle peut approfondir ses connaissances et ses moyens d'analyse. Oui, la veuve de Carpentras a aujourd'hui tous les outils à sa disposition pour gérer son portefeuille boursier.

---

* Président de la société de bourse Ferri-Germe.

On peut alors se demander pourquoi chaque épargnant français ne détient pas un portefeuille boursier. La raison principale est que, si les intermédiaires financiers français ont fait des efforts considérables pour se transformer, ils ont fait bien peu d'efforts pour vendre leur marché. La seule supériorité de la Place de Londres sur celle de Paris est que les Anglais savent se vendre et pas nous. Espérons que plutôt que de tenter de copier leurs systèmes de marché qui apparaissent de plus en plus obsolètes par rapport aux nôtres, les acteurs du marché français s'inspireront de leurs techniques commerciales.

SOMMAIRE

LE TEMPLE DE LA FINANCE

LES PRODUITS

NÉGOCIER

LA BOURSE DE A À Z

ANNEXES

LE TEMPLE DE LA FINANCE

CHAPITRE 1

LA BOURSE

Un marché

• Les bourses de valeurs sont des marchés où s'échangent des titres de propriété d'entreprise (les actions), des titres de créances (les obligations), ou des produits conditionnels et des contrats à terme.

• Si vous avez une action, vous êtes propriétaire d'une partie de la société qui a émis cette action. Vous assumez la totalité des risques de l'entreprise : en cas de faillite, vous ne serez pas remboursé. En revanche, vous profiterez des perspectives de bénéfices de l'entreprise et vous serez rémunéré par un dividende (variable et aléatoire), prélevé sur les bénéfices.

• Si vous détenez une obligation vous prêtez des fonds à la société émettrice de cette obligation. Vous avez droit au remboursement de votre prêt et, pendant la durée de celui-ci, vous recevrez un intérêt.

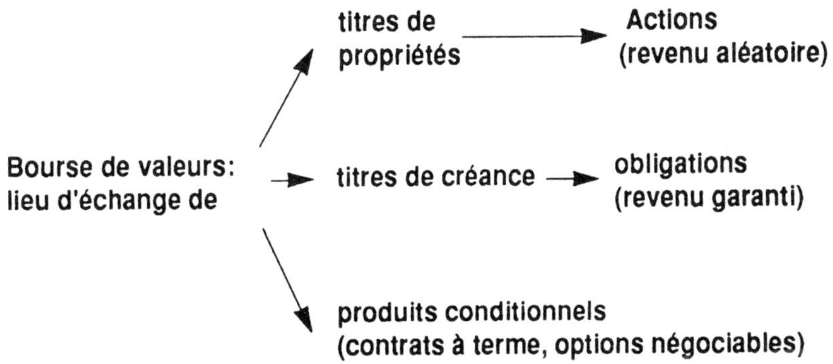

• La confrontation des offres et des demandes permet de dégager un prix appelé cours.

• Comme le marché de l'automobile, la Bourse comprend deux compartiments: celui du neuf et celui de l'occasion.

- Sur le marché du neuf - appelé marché primaire - les sociétés vendent les valeurs mobilières qu'elles viennent d'émettre.

- Sur le marché de l'occasion - appelé marché secondaire - on s'échange des valeurs mobilières déjà émises.

Marché primaire et marché secondaire sont les deux compartiments d'un seul et unique marché: la Bourse. Ils ne constituent pas deux marchés séparés. A l'évidence, les échanges effectués sur le marché secondaire sont infiniment plus importants que ceux du marché primaire.

Le marché primaire organise la rencontre de sociétés qui n'ont pas les moyens de financer seules leur développement et de détenteurs de capitaux (épargnants, compagnies d'assurances, caisses de retraite...) qui cherchent à les placer.

Le marché financier primaire déplace l'épargne à long terme vers l'investissement.

Le marché secondaire permet au détenteur d'un titre de le le vendre. Il lui assure la récupération rapide de ses capitaux pour conserver les espèces ou pour les placer sur une autre valeur.

Ainsi, la Bourse est à la fois un moyen de financement et un lieu de placement pour les possesseurs de fonds.

Des intervenants

On vient à la bourse pour collecter ou pour placer des capitaux, pour se libérer d'un placement en récupérant des espèces, pour modifier la composition de son patrimoine de valeurs mobilières. Le seul rappel des motifs d'une opération de Bourse laisse présager de la diversité des intervenants : du simple particulier à la grande société multinationale publique ou privée en passant par les compagnies d'assurances, les organismes de retraite et les gestionnaires de patrimoine.

Les intermédiaires obligés pour opérer en bourse sont les sociétés de bourse. Ce sont des établissements financiers qui ont remplacé les ex-agents de change (officiers ministériels). Une société de bourse emploie généralement de 80 à 150 personnes... Les coteurs assurent l'exécution matérielle des ordres. Le "back office" confirme (par un bordereau adressé au client) et comptabilise les opérations réalisées le plus souvent par téléphone ou Minitel. Enfin, les sociétés de bourse ont souvent une filiale de gestion de fonds sous mandat, voire de gestion de sicav ou de fonds communs de placement. Une société de bourse tire l'essentiel de son revenu des courtages appliquées aux transactions. Ces courtages sont libres et négociables.

Il existait une solidarité entre les agents de change. Si l'un d'entre eux faisait faillite, les autres honoraient ses dettes. Depuis un fonds de garantie est doté de capitaux par l'ensemble des sociétés pour faire face à l'éventuelle défaillance de l'une d'elles.

Il existe actuellement une bonne quarantaine de sociétés de bourse actives en France, dont quelques unes sont implantées en province.

Un âge

Les bourses de valeurs sont de très vieilles institutions. Elles existaient déjà au temps des Romains mais se sont vraiment développées avec les foires commerciales du Moyen Age et de la Renaissance. La Révolution industrielle et les besoins d'investissements qui s'ensuivirent ont considérablement accru le rôle des bourses de valeurs. Mais l'évolution de la conjoncture économique et le développement de la spéculation ont conduit à un certain nombre de krachs, comme celui lié à l'effondrement du Crédit Mobilier des Frères Péreire en 1867, de l'Union générale en 1872 et de la Banque Franco-Hollandaise en 1877.

En 1914, le portefeuille français de valeurs mobilières atteignait 122 milliards de francs, soit presque 40 % de la richesse privée. L'abondance de l'épargne française permettait même de financer les économies étrangères: c'était l'époque des emprunts russes.

Leur non-remboursement, la forte inflation de l'entre-deux-guerres, puis la crise de 1929 portèrent un coup fatal à la Bourse. C'est la période de "l'euthanasie des rentiers" pour reprendre une expression de l'économiste britannique John Maynard Keynes.

Après la Seconde Guerre mondiale, la Bourse française va se trouver amputée de quelques-unes de ses plus belles valeurs avec les nationalisations. Les indemnités qui sont alors versées alimentent le boom boursier des années cinquante lié à la reconstruction de l'industrie française. Toutefois, au cours des années soixante, la préférence des épargnants pour les placements liquides, l'attrait de certains placements alternatifs (comme l'immobilier ou l'or...) et la lente montée de l'inflation se conjuguent pour déboucher sur un marasme boursier.

La crise des années soixante-dix avec la forte hausse des prix et des taux d'intérêt donnent le coup de grâce alors que la spéculation sur l'or se déchaîne.

En 1978-79, nombreux étaient les agents de change (prédécesseurs des sociétés de bourse) prêts à mettre la clé sous la porte !

Les années quatre-vingt

Avec la désinflation et l'assainissement de la situation des entreprises (désendettement et restructurations), la Bourse dispose de deux atouts pour répartir: la modification des moyens de financement des activités économiques avec la réduction du recours au crédit bancaire, et la préférence accordée aux marchés financiers (facteur favorable supplémentaire).

L'explosion est extraordinaire: le cours des actions françaises est multiplié par plus de 4 entre le début de 1982 et le début de 1987!

La seconde vague de nationalisation, certes, appauvrit de nouveau le marché français de quelques-uns de ses fleurons, mais le mouvement est très puissant et le reste des titres cotés bénéficie du report des liquidités.

Ce dynamisme s'accompagne de nombreuses réformes: la création de nouveaux produits, la réorganisation de la profession d'intermédiaire, la modernisation du fonctionnement (notamment, la cotation et le traitement informatiques). Parmi les nouveaux produits, citons les obligations à bons de souscription d'actions, les certificats d'investissements ou les titres participatifs... Le second marché est crée en 1983 en remplacement du compartiment spécial du hors-cote. Le MATIF est mis en place par une loi du 11 juillet 1985 même si son ouverture n'a lieu que le 20 février 1986. Enfin, le 10 septembre 1987 démarre la cotation d'options négociables sur actions.

La dématérialisation de la quasi-totalité des titres depuis le 3 novembre 1984 a marqué un véritable tournant historique. Il s'agissait de supprimer le "titre papier" (ceux que l'on trouve sur les marchés aux puces ou dans les boutiques de la rue Vivienne à Paris) pour les remplacer par des titres "scripturaux" sous forme d'une simple inscription en compte. La dématérialisation a facilité la compensation des opérations sur valeurs mobilières et supprimé les risques de perte ou de vol, tout en allégeant les coûts de traitement des intermédiaires.

Le 19 octobre 1987

A trop s'élever, les cours se sont effondrés ! Depuis le début de l'année 1987 la hausse des cours devenait malsaine : la conjoncture économique et financière ne justifiait plus une valorisation des cours. Au contraire, la baisse des taux d'intérêt (qui avait fait les beaux jours des années quatre-vingt) cédait le pas à la hausse. Les tensions monétaires s'accentuaient dangereusement.

Evidemment, le ton de la symphonie de l'apocalypse était donné par Wall Street. L'indice Dow Jones avait perdu en une nuit 500 points, près de 20 % de sa valeur. Toutes les places mondiales, à l'exception de Tokyo, suivirent le mouvement. Le finale de cette oeuvre ne fut joué qu'au début de 1988 : les cours étaient à leur point le plus bas. En quelques semaines ils étaient revenus à leur niveau du début de 1986. La perte potentielle que venaient d'accumuler tous les investisseurs allait trouver sa contrepartie dans une réduction de leur pouvoir d'achat. D'où l'attente d'une récession confortée par les nécessaires réductions des dépenses américaines. Ce pronostic conjugué aux tensions des taux d'intérêt était à l'évidence impitoyable pour les valeurs mobilières.

En fait, la récession n'a pas eu lieu. A la surprise générale, la difficile fin d'année 1987 a trouvé une issue dans une croissance économique record. En France, l'indice CAC s'élevait en un an de près de 50 % au niveau de l'avant 19 octobre 1987 ! Mais cette résurrection n'est pas le fait de la bonté des Dieux. Les autorités, devant la menace sérieuse d'une récession, ont injecté des liquidités dans l'économie. Comme l'économie n'était pas moribonde (les restructurations ayant porté leurs fruits), ce carburant a relancé la machine.

Les années quatre-vingt-dix

Les incertitudes politiques mondiales ont repris le dessus et atteint leur apogée avec la guerre du Golfe. L'invasion du Koweit par l'Irak en août 1990 a jeté un froid sur toutes les places financières : l'énergie allait-elle se trouver aux mains des irakiens. Malgré la victoire des alliés quelques mois plus tard, les indices n'ont pas retrouvé leur tonus : la croissance économique se ralentit. A ces menaces de récession s'ajoutent les éternelles tensions des taux d'intérêt en Europe.

Enfin, en septembre 1992, le référendum français sur les accords européens de Maastricht a fait douté les investisseurs. La grande Europe ne semble plus être l'Eldorado promis : les tensions monétaires font chanceler le Système Monétaire Européen et les taux d'intérêt continuent de paralyser l'économie et la Bourse.

CHAPITRE 2

L'ORGANISATION DU MARCHÉ PARISIEN

Les sociétés de bourse

Tout a commencé en 1988, juste après le krach. L'organisation du marché français devenait obsolète avec ses agents de change (officiers ministériels) détenant un monopole des transactions boursières. Il fallait ouvrir la profession tout en offrant une meilleure sécurité à la clientèle. De charge d'agent de change, les intermédiaires sont donc devenus des sociétés de bourse. Désormais, ce sont des établissements financiers livrés à la concurrence. Seulement, après des années de quiétude, il fallait lourdement investir et bon nombre de sociétés de bourse ont invité de nouveaux convives à leur tour de table. Longtemps écartés du monopole de négociation, des banques et des établissements financiers français ou étrangers ont pu mettre la main sur la profession. Les compagnies d'assurance et des organismes publics (Caisse des dépôts et consignations, Crédit Foncier de France) se sont également immiscés dans leur capital. Les voici aujourd'hui, depuis 1993, livrées à une concurrence ouverte. Finie la limitation officielle du nombre de courtiers : quiconque peut devenir société de bourse à condition d'obtenir l'agrément du Conseil des Bourses de Valeurs. Il n'empêche : la société de bourse reste le passage obligé pour intervenir en Bourse.

Les institutions

• D'abord, il s'agit de la **Société des Bourses Françaises (SBF)**, une émanation de l'ancienne Chambre Syndicale des Agents de change. Elle a pour actionnaires toutes les sociétés de bourse, des banques, des compagnies d'assurance et la Caisse des dépôts et consignations. Initialement, la Chambre Syndicale ne comptait dans ses rangs que des Agents de Change (devenus de plein droit Sociétés de Bourse). Mais, à l'occasion d'une perte de 510 millions de francs due à une spéculation sur le Matif (plus la moitié de ses fonds propres), la nouvelle entité SBF a eu recours aux banques et aux assurances, nouveaux venus dans la profession. Les sociétés de bourse restent néanmoins largement majoritaires.

La SBF a pour mission de veiller au bon déroulement de la cotation des valeurs. Elle peut intervenir (selon les règles fixées par le Conseil des Bourses de Valeurs) pour interrompre la cotation, notamment dans le cas d'irrégularités ou d'évènements propres à engendrer une spéculation injustifiée (OPA, OPE,...). Entre autres missions, elle est en charge du calcul et de la diffusion des indices et elle assure la promotion de la place financière parisienne en France et à l'étranger.

Enfin, la SBF a deux importantes filiales. D'une part, la Société de Compensation des Marchés Conditionnels (SCMC) organise le marché des options négociables de Paris (Monep). D'autre part, la Société de Diffusion et d'Informations Boursières (SDIB) dispose des moyens techniques de publication des cours, à savoir un réseau Minitel (Valscoop valeurs) et un système télévisé par satellite (Topval) et par le réseau Antiope (Chronoval).

• Le **Conseil des Bourses de Valeurs (CBV)** organise et réglemente le marché. Il établit un règlement sur : les conditions d'agrément des sociétés de bourse, les dispositions déontologiques, la constitution et la gestion du fonds de garantie, et, les modes d'admission des valeurs à la cote et leur radiation ou suspension. Le CBV fixe également les règles prudentielles, c'est à dire le ratio de fonds propres minimaux des intermédiaires par rapport à leurs engagements. Le CBV est composé de douze membres dont dix élus par les Sociétés de Bourse, un représentant des sociétés émettrices de et un représentant des personnels de la profession. En outre, un commissaire du gouvernement auprès du CBV est nommé par le Ministre de l'Economie.

• Le **Conseil du marché à terme (CMT)** établit le règlement général des marchés à terme et donne un agrément à la cotation de nouveaux contrats. Ses membres, désignés par arrêté du Ministre de l'Économie et des Finances, représentent des institutions financières, les entreprises, les courtiers de la Bourse de Commerce, la Caisse de dépôts et consignations et le Ministère lui-même.

• L'**Association Française des Sociétés de bourse (AFSB)** est le porte parole des Sociétés de Bourse auprès des pouvoirs publics, des autorités de marché et des partenaires sociaux.

• **MATIF S.A.** peut être considérée comme une autorité de marché dans la mesure : cette société réalise toutes les opérations de compensation du Matif (Marché à Terme International de France) et suit les comptes de ses adhérents. Elle est, en effet, habilitée à exiger des compléments de couverture de la part de ses adhérents pour que demeure la sécurité du marché. Ses adhérents sont environ une centaine. La SBF détient une participation de 33 1/3 % dans MATIF S.A.

La COB

Le marché français (comme les autres) est placé sous haute surveillance. Il peut toujours un intermédiaire malveillant, des escroqueries à l'épargne ou un manque de transparence des émetteurs. Elle traque aussi le délit d'initié, un acte qui consiste à tirer personnellement profit d'informations privilégiées recueillies dans le cadre de la profession.

La Commission des Opérations de Bourse (COB) a donc été créée par une ordonnance de 1967 pour "surveiller" le marché. Protection de l'épargne, information des investisseurs et garantie de bon fonctionnement des négociations constituent trois rôles essentiels. S'y ajoute un pouvoir d'enquête qui permet à la COB de prendre connaissance des livres comptables des intermédiaires. La nouvelle loi (été 1989) donne à la COB la possibilité de perquisitionner, de mettre des sommes ou des biens sous séquestre (dans l'attente de la sanction finale) et de suspendre l'activité d'un intermédiaire. Le tout sous contrôle du juge.

La COB sanctionne notamment les délits d'initié. Lorsque la sanction dépasse sa compétence, la COB saisit le Tribunal de Grande Instance pour mettre fin à l'irrégularité.

La COB donne son agrément pour la création d'OPCVM (sicav ou fonds commun). Agrément qu'elle pourrait retirer dans l'hypothèse de sanctions.

Enfin, la COB peut élaborer des règlements sur le fonctionnement des marchés et l'appel public à l'épargne. Règlements qui devront être homologués par le Ministre de l'Economie et des Finances.

Plusieurs marchés

Depuis l'avènement du marché en continu assisté par ordinateur il n'existe pas de lieu physique de cotation. Les ordres sont en effet enregistrés sur des consoles informatiques placées dans les locaux de chaque société de bourse. Et les échanges s'effectuent dans... les puces électroniques ! Le Palais Brongniart, après de longues années au service de la bourse, accueille désormais les activités du Matif (contrats à terme) et du Monep (options sur actions et sur indice).

Au-delà de cet aspect purement matériel, la différence de nature des valeurs mobilières (actions d'un côté, obligations de l'autre) justifie des modes de cotation distincts.

Enfin, et surtout, les entreprises émettrices ne sont pas toutes comparables : diverses conditions sont exigées pour qu'une entreprise puisse faire appel public à l'épargne. Plus l'entreprise est petite, moins son appel au marché sera important et moins les risques qu'elle fera encourir aux épargnants seront grands. Par conséquent, les actions se répartissent en compartiments d'inscription : la cote officielle, le second marché, le hors-cote. Les obligations sont négociées sur un compartiment distinct.

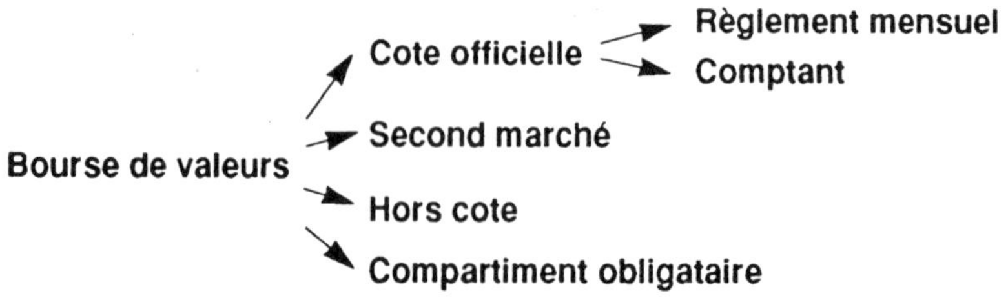

Trois critères principaux permettront de distinguer les compartiments de la Bourse française.

Trois critères de distinction →
- **Les conditions d'admission**
- **Les modalités de règlement**
- **Les modalités de cotation**

Les conditions d'admission

La cote officielle impose de nombreuses conditions que seules des entreprises d'une taille déjà importante peuvent satisfaire. Le second marché - créé en 1983 - permet à des sociétés de taille plus modeste de bénéficier des mécanismes du marché financier. Le hors-cote est d'accès très facile, mais l'absence d'information obligatoire et de contrôle systématique des autorités boursières conduit à une certaine méfiance des investisseurs à son égard.

Le règlement est précis : "A l'exception des emprunts d'État admis de plein droit à la côte officielle, la demande d'admission d'une valeur aux négociations du marché officiel ou du second marché est adressée au CBV ...". C'est la SBF qui instruira la demande et remettra un rapport au CBV. Celui qui sollicite son introduction devra se soumettre aux exigences de la Bourse. Il s'agit en particulier de : la remise au CBV du compte-rendu des assemblées générales ordinaire et extraordinaire, l'information de tout fait nouveau susceptible d'avoir plus tard une influence sur les cours, l'accord du CBV pour fixer le calendrier des opérations financières comportant un droit de préférence ou de priorité, le service sans frais des titres et des dividendes sur la place de cotation, le respect des dispositions de la COB sur la protection de l'épargne et l'information des actionnaires.

L'admission à la cote officielle

• Pour faire admettre un titre de capital (action, ADP, CI...), la société doit communiquer les comptes des trois derniers exercices et diffuser dans le public au moins 25 % du capital social ou plus le jour de l'introduction. Une dérogation peut-être donnée par le CBV, notamment si la société s'engage à diffuser plus largement son capital dans les meilleurs délais.

L'admission d'une valeur étrangère sera soumise à l'agrément du Ministre de l'Économie et des Finances pour les sociétés relevant d'états non membres de l'OCDE. Le niveau de la diffusion de la valeur dans le public devra permettre une cotation régulière.

• Les titres de créances (obligations) admis à la cote officielle imposent une émission minimale de 100 millions de francs et la certification par un commissaire aux comptes des deux derniers exercices.

S'il s'agit d'un émetteur ressortissant d'un État non membre de la CEE, l'agrément du Ministre de l'Économie et des Finances et les comptes des trois derniers exercices seront nécessaires. Pas de minimum d'émission : la diffusion doit simplement permettre une cotation régulière.

L'admission au second marché

Peuvent être cotées au second marché : tous les titres représentatifs du capital d'une société, les obligations émises par une société inscrite au second marché, les obligations convertibles et OBSA émises par des sociétés non inscrites au second marché mais qui s'engagent à en demander l'admission avant l'ouverture de la conversion ou de la souscription, les titres de sociétés étrangères (sous réserve de l'agrément du Ministre de l'Économie et des Finances pour les non membres de l'OCDE).

Lors de sa candidature, la société doit s'engager à harmoniser le contrôle de ses comptes avec les directives de la COB et à publier des comptes consolidés dans un délai de trois ans. Elle doit également communiquer des comptes certifiés par commissaire aux comptes des deux derniers exercices.

La candidature n'est recevable que si la société diffuse au moins 10 % de son capital dans le public, soit à l'introduction, soit après une opération financière engagée lors de l'introduction.

Au bout de trois ans d'inscription au second marché, la SBF examinera la situation avec les intermédiaires : qualité de l'information, contrôle des comptes, diffusion des titres dans le public et qualité des cotations (fréquences et volumes). Selon le résultat de cette étude, la SBF proposera au CBV le maintien au second marché, la radiation (avec transfert au hors cote) ou l'admission à la cote officielle (si la société le désire et si les conditions requises pour ce compartiment sont remplies).

Remarque

Les bons de souscription d'action se négocient sur le compartiment où est traitée la valeur correspondante.

L'admission au hors cote

Le marché hors cote n'a pas réellement de règles d'admission. Ainsi, sont négociés au hors cote :

- Les titres de sociétés radiées de la cote officielle, ou du second marché par baisse excessive des transactions ou faillite. Ceci confère d'ailleurs au hors-cote une image de "rébus" de la cote officielle et du second marché.

- Les titres échangés par des actionnaires sans l'accord de la société concernée. Il suffit en effet de présenter les statuts et les deux derniers bilans.

- Les titres de sociétés désirant s'acclimater à la Bourse sans contrainte.

Les procédures d'introduction

Une introduction à la cote est toujours précédée par un avis officiel du CBV précisant la date de cotation et la procédure retenue par la SBF pour l'introduction. Pour participer à une introduction, le donneur d'ordre devra déposer des fonds auprès des intermédiaires. La SFB en fixera le montant (couverture des ordres exprimés en pourcentage, jusqu'à 100 %) et la durée de blocage.

La procédure ordinaire

Utilisée pour l'introduction sur le marché officiel ou le sur le second marché, cette procédure concerne :

- les titres de capital issus de la fusion de sociétés inscrites à la cote officielle ou au second marché.

Transfert du second marché à la cote officielle ou du hors cote au second marché.

- des valeurs étrangères cotées, et d'une manière générale des valeurs assimilables à des titres déjà cotés.

L'annonce officielle de l'introduction sera publiée au moins une semaine avant l'introduction. La première cotation s'effectue selon les conditions habituelles du compartiment d'admission.

La mise en vente

L'avis annonçant la mise en vente doit comporter le nombre de titres mis dans le public et le prix souhaité par les introducteurs.

C'est la SBF qui centralisera les ordres et réalisera la première cotation. Seuls les ordres limités sans excès par rapport au prix d'offre sont acceptés. La SBF pourra répartir ces ordres en lots selon leurs limites.

Le cours unique de l'introduction correspond à la limite du dernier ordre servi. Le niveau de la première cotation dépendra donc de l'intérêt de la majorité des investisseurs.

Si la demande est trop excessive, la mise en vente est repoussée : Le CBV en fixera les nouvelles conditions. Les ordres d'achat devront être renouvelés. Le résultat final de la mise en vente sera publié dès le lendemain de l'introduction.

L'offre publique de vente

Une semaine avant la date prévue, l'avis donne le nombre de titres offerts pour les introductions et leur prix ferme proposé. Ce qui signifie que le premier cours correspond au prix de l'offre publique de vente. La SBF centralisera les ordre d'achat acceptés s'ils sont limités au prix d'offre. La SBF répartira les titres à l'ensemble des donneurs d'ordres, soit selon un pourcentage égal, soit en réservant un traitement préférentiel aux ordres portant sur les plus faibles quantités de titres.

Un avis de résultat publié le lendemain de l'introduction précisera le cours coté, le nombre de titres négociés et les conditions de réponse retenue. En cas de succès de l'offre, les ordres ne peuvent être servis que pour une faible fraction.

Les modalités de règlement

La cote officielle comprend deux marchés. Le premier est le marché à règlement mensuel où les valeurs sont cotées à terme. Le second est le marché au comptant.

Le marché à règlement mensuel a été créé le 24 octobre 1983 : il a permis la suppression de la dualité des cotations au comptant et à terme. Dans les opérations à règlement mensuel, il y a un décalage (d'un jour à un mois selon la date de l'exécution d'un ordre) entre le jour de la négociation et le jour de l'échange effectif des espèces et des titres. Toutefois, il est possible d'acheter ou de vendre comptant, en utilisant un ordre "règlement immédiat" qui donne lieu au paiement d'une commission de règlement anticipé. Sur le comptant, le règlement est immédiat. Passation et réalisation des ordres sont simultanées. La livraison des titres et le règlement financier s'effectuent conjointement, le jour même de la négociation. Les opérations au comptant sont les seules possibles sur le second marché, le hors-cote et le comptant de la cote officielle.

Le cours d'une valeur

Comme sur toutes les places mondiales, le cours des valeurs s'établit selon la loi de l'offre et de la demande. Le cours coté est celui qui permet de parvenir à un équilibre entre acheteurs et vendeurs, c'est à dire celui qui satisfait le maximum d'opérateurs.

Exemple

Avant la séance, le dépouillement des ordres sur le titre ABC donne le résultat suivant :

à l'achat :	*100 titres*	*à*	*1060 francs maximum*
	130 titres	*à*	*100 francs maximum*
	150 titres	*à*	*1150 francs maximum*
	90 titres	*à*	*1170 francs maximum*
	200 titres	*au mieux*	*(à n'importe quel prix)*
à la vente :	*100 titres*	*au mieux*	
	50 titres	*à*	*1080 francs minimum*
	60 titres	*à*	*1100 francs minimum*
	100 titres	*à*	*1130 francs minimum*
	130 titres	*à*	*1150 francs minimum*
	200 titres	*à*	*1170 francs minimum*
	150 titres	*à*	*1190 francs minimum*

La situation se résume ainsi :

Achats			Ventes	
Cumul	Quantité	Prix	Quantité	Cumul
		au mieux	100	100
670	100	1060		
		1080	50	150
570	130	1100	60	210
		1130	100	310
440	150	1150	130	440
290	90	1170	200	640
		1190	150	790
200	200	au mieux		

Le nombre total d'achats potentiels (colonne cumul des achats) augmente parallèlement à la réduction du prix du titre : les 90 titres proposés à l'achat à un cours inférieur ou égal à 1170 francs resteront forcément à l'achat à 1150 francs. Ainsi de suite. Les achats au mieux sont prêts à être payés au delà du prix le plus élevé.

Pour les ventes, c'est l'inverse. Le nombre total de ventes potentielles (colonne cumul des ventes) s'accroit avec l'élévation du prix. Le cours, prix qui réalise le meilleur équilibre, est obtenu lorsque les achats et les ventes cumulés sont égaux. Dans l'exemple le cours sera 1150 francs et 440 titres seront échangés. Le cours est donc le croisement de deux volontés contraires. Plus le cours est faible et plus les intentions d'achats se manifestent. Plus le cours est élevé, plus nombreux sont les vendeurs.

Remarques

- Dans la réalité le cours d'équilibre ne correspond pas toujours à un cumul d'achats strictement égal à celui des ventes. Plusieurs solutions peuvent être apportées pour procéder à des transactions malgré le léger déséquilibre : la contrepartie d'ajustement, la réduction des cours touchés ou la variation de cours. Quel que soit l'artifice utilisé, le principe de base subsiste.

- Actions, obligations et tous autres produits sont négociés selon ce même principe qui prévaut sur tous les marchés d'offre et de demande.

Les techniques de cotation

Depuis plusieurs années, tous les titres sont cotés sur le système informatique de la SBF. La criée n'est restée utilisée que pour les marchés conditionnels (contrats à terme et options négociables).

La cotation des actions

Le système CAC (Cotation assistée en continu), déjà utilisé par la Bourse de Toronto (système CATS), a été introduit à Paris le 23 juin 1986 pour cinq valeurs du marché à règlement mensuel (Eurocom, Louis Vuitton, Moteurs Leroy Somer, Synthelabo, Union de crédit pour le bâtiment) et s'est progressivement développé au rythme de six valeurs en moyenne par mois.

Aujourd'hui, toutes les valeurs sont négociées dans ce système informatique. Les séances du marché continu informatisé ont lieu tous les jours de bourse de 10 heures à 17 heures. Toutefois, certaines valeurs ne sont cotées que deux fois par séance de bourse : ce sont les valeurs les moins actives dites de catégorie 3 (voir plus loin).

La séance de continu commence par une période de préouverture pendant laquelle des ordres peuvent être saisis sans déclencher une cotation officielle, et donc sans entraîner d'exécution d'ordres.

Dans le système CAC, il n'existe plus de lieu physique de cotation. Les ordres d'achat et de vente sont entrés dans le système de cotation par des terminaux informatiques installés dans les Sociétés de Bourse.

L'état du marché de chaque valeur négociée sur le système CAC est diffusé en continu sous la forme résumée de la meilleure offre et de la meilleure demande, en mentionnant pour chacune de ces limites de prix les quantités de titres proposées. Les informations sont complétées par les cours et quantités de titres relatifs à la dernière négociation effectuée sur la valeur. Cette information est diffusée par la SDIB (filiale de la S.B.F.).

Pour éviter les contestations et veiller à la régularité des transactions, il importe que l'arrivée d'un ordre dans le carnet d'une société de bourse puisse être constatée et que soit connu le moment précis où l'intermédiaire devient responsable de la présentation de l'ordre sur le marché. Aussi, le système CAC se traduit il par un double horodatage. L'horodatage commercial correspond à l'arrivée de l'ordre chez le courtier. L'horodatage marché indique le moment où l'ordre est introduit sur le marché.

Ainsi, il est possible de négocier une valeur à toute heure de la journée. Cette large plage horaire permet notamment aux étrangers d'intervenir plus aisément : lorsque Paris ferme ses portes, il n'est que 11 heures du matin sur la cote est des Etats-Unis.

Remarques

- La criée en continu. Pendant un temps, quelques valeurs du règlement mensuel supports d'options négociables (Monep) étaient cotées à la criée mais en continu entre 10 et 16 heures. Elles sont négociées en continu électronique depuis l'été 1989.

- La cotation par casiers. Autrefois, les sociétés de bourse étaient chacune spécialiste d'un certain nombre de valeurs et disposaient en Bourse de casiers sur lesquels étaient inscrits le nom des valeurs dont elles assuraient la cotation. Dans ce casier, la société de bourse recevait les ordres inscrits des autres sociétés auxquels s'ajoutaient les siens. Puis, le spécialiste reportait ces ordres sur une feuille à deux colonnes (offre et demande) en cherchant à équilibrer son marché.

La cotation des produits conditionnels

On cote ces produits à la criée en continu, de 10 heures à 17 heures. Dans ce système, l'offre et la demande sont confrontées oralement, avec une gestuelle particulière pour indiquer les quantités. Les commis des différents courtiers sont munis des ordres de leurs clients, classés dans leur carnet. Pendant la cotation, si un commis trouve en face de lui un confrère d'un autre établissement qui accepte les titres qu'il veut vendre, ils se mettent d'accord sur la quantité et la transaction est conclue. Ils notent chacun sur leur système informatique la contrepartie avec laquelle ils viennent de faire la transaction. Une fois la séance de bourse terminée, les intermédiaires compenseront leurs positions pour échanger contrats et capitaux. Cet ensemble d'opérations constitue le back-office: c'est la finalisation d'un ordre de bourse.

On considère que la méthode de la criée permet d'intégrer immédiatement compte les nouvelles (susceptibles d'intéresser les boursiers) dans les cours. On peut en effet constater de légers retards dans le système informatique : la rumeur ne se développe pas comme sur un parquet de cotation (le nom de l'endroit où l'on cote à la criée).

Remarque

La criée est l'ancien système de cotation des actions : les boursiers l'ont pratiqué pendant des décennies. On se souviendra longtemps des grands tableaux noirs du Palais Brongniart (qui abritait encore la Bourse des valeurs) sur lesquels étaient accrochées des plaques métalliques au nom des grandes sociétés françaises et étrangères.

La cotation des obligations

Le marché obligataire est de loin le plus important. Les obligations se négocient à de rares exceptions près au comptant. Seuls quelques titres de dettes sont inscrits au règlement mensuel. Là aussi, c'est le système informatique qui dicte sa règle.

Les emprunts à taux fixe et à taux variables sont cotés en pourcentage et au pied de coupon :

- En pourcentage signifie en pourcentage de la valeur nominale de chaque titre.

- Au pied de coupon veut dire que l'on n'inclut pas dans le cours coté le montant des intérêts courus qui s'accumulent depuis le dernier paiement.Ce montant est fixe et peut être calculé quotidiennement selon la formule : taux nominal x valeur nominale x nombre de jours depuis la dernière échéance.

Exemple

Vous avez souscrit à un emprunt d'Etat 10% émis le 10 octobre 1992. Sa valeur nominale est de 2000 francs.

Supposant que le 29 janvier 1993, il cote 102,1 %. Quel est son prix en francs ?

Entre le 10 octobre et le 29 janvier, 111 jours portent intérêts, sur 365 dans l'année.

Le coupon couru vaut : 111 / 365 x 10% = 3,04%

Cours + coupon couru en % : 102,1 + 3,04 = 105,14 %

Prix en francs de l'obligation : 105,14 % x 2000 = 2102,80

La cotation en pourcentage nuit certes à la lisibilité des cotes obligataires mais permet de comparer directement des emprunts d'une valeur nominale différente.

Depuis le début de 1986, il existe à Paris un marché à terme d'instruments financiers (Matif) qui a d'abord proposé des contrats de taux à long terme sur des obligations d'Etat à 10 ans. Ce n'est qu'une sorte de marché à règlement mensuel pour obligations. Les échéances sont plus longues et plusieurs sont cotées. Les cotations du contrat sur taux long s'effectuent par rapport à une base 100 qui représente un taux de 10%, représentatif d'un emprunt d'Etat; on l'appelle le notionnel. L'emprunt d'Etat qui lui sert de support constitue le gisement. On peut soit acheter, soit vendre à découvert ce contrat.

Règlement-livraison des titres

Négocier une valeur est une chose, procéder à l'échange définitif de titres et de liquidités en est une autre. Archaïque, notre système a commis des erreurs : les fameux suspens, ces titres et ces ordres en "ballade" entre des établissements et dont on ne trouvait plus le propriétaire.

Cette époque est révolue. Déjà, la France avait dématérialisé ses titres en 1984 et nombre de places financières nous l'envient. L'existence de la SICOVAM - qui évitait déjà les mouvements physiques de titres par son rôle de centralisation et de compensation des "stocks" de titres - a facilité cette dématérialisation.

Mais, en moyenne, sept jours étaient encore nécessaires pour conclure définitivement une opération. De grands moyens informatiques ont permis de ramener ce délai à 5 jours ouvrés, la norme internationale. Ambition affichée: parvenir à un délai de trois jours à terme.

Actuellement, les projets de connexion des réseaux bancaires avec l'ordinateur central de cotation, via une société de bourse sont courants. Moins de manoeuvres, plus de saisies répétitives pour une limitation du risque d'erreur, tel est l'effet de ces mesures.

Le feu d'artifice final - la date n'est pas fixée - c'est l'interconnexion de tous les systèmes européens et extra-européens. Le rêve. Passer un ordre à New York sur une valeur française qu'il faudra acheter à Francfort et livrer à Tokyo! Le tout dans un délai de cinq jours, nous ferons grâce des décalages horaires.

La contrepartie

"Paris est peu liquide". Réflexion de nombreux professionnels fondée sur la suprématie affirmée de Londres. D'abord, c'est faux! Le rapport transactions/capitalisation boursière est très honorable: le capital tourne. Certes, la capitalisation boursière de Paris comparée au P.I.B. est faible: de 20 à 25% contre 50% aux Etats-Unis, 100% en Grande-Bretagne et plus au Japon. Ce qui traduit une offre de titres limitée mais pas un manque de liquidité. Ensuite, il faut savoir ce que contiennent les chiffres. Londres compte ses transactions plusieurs fois. Le marché se joue entre les courtier. Monsieur X achète sa valeur au courtier, lequel la revend à monsieur Y. Déjà deux fois les transactions de Paris, où seule est comptée l'opération de X à Y. Que dire des échanges entre courtiers londoniens qui sont aussi pris en compte !

Au-delà des statistiques, il subsiste deux différences essentielles entre les deux marchés. Première possibilité, un marché central regroupe tous les ordres, qu'ils soient émis pour le compte de professionnels ou de particuliers. La confrontation permanente de ces ordres permet d'établir un cours. L'intermédiaire n'est alors qu'un "lieu de passage obligé" pour accéder au marché. Le courtage, prix du passage (!), s'applique au cours du marché. A l'opposé, dans un marché de marchands, le "market-making" (en traduction littérale : faire le marché) est roi. L'investisseur s'adresse au courtier qui lui propose directement un prix (commission comprise) pour son opération. Si ce prix convient, l'opération est dénouée entre les deux parties sans transition par le marché. Le courtier se répercutera sur un marché central, où seuls ces courtiers ont accès. La concurrence s'exprime par une différence entre les prix nets affichés par les intermédiaires. Par exemple, monsieur X veut acheter 100 titres. Le premier courtier contacté propose 100 titres à 1010 francs nets l'unité. Le deuxième affiche 1015 francs nets pour la même quantité. Sur ce type de marché (cas de la Grande-Bretagne), les courtiers communiquent leurs prix, ce qui permet aux concurrents de s'aligner.

A Paris, marché central ouvert directement aux clients - via une société de bourse - le market-making n'était apparu que sur les marchés dérivés (Matif et Monep). Mais la nécessité de répondre rapidement et dans des conditions satisfaisantes - surtout dignes de ramener en France les transactions sur valeurs françaises réalisées à Londres - ont ouvert la porte à la contrepartie.Jusque là très timide à la bourse de Paris, elle est mise en place dans un cadre assez strict. Pas question de virer vers un marché à l'anglaise. Le sacro-saint principe de l'auto-liquidité sera maintenu.

Trois types de contrepartie : la contrepartie ordinaire, la régularisation de marché et la contrepartie de blocs.

La contrepartie ordinaire consiste simplement à servir le client au prix du marché (le cours affiché sur le marché central), que l'intermédiaire soit une société de bourse ou tout autre preneur d'ordre. Ce type d'opération peut être effectué sur n'importe quel titre de la cote. La régularisation de marché incombe à la société de bourse spécialiste d'une valeur. En effet, chaque titre est suivi par un spécialiste qui devra, entre autres, veiller à la bonne liquidité de ses valeurs. Cette mission peut être étendue dans le cadre d'un contrat d'animation conclu entre une société de bourse et un émetteur de titres : il s'agit d'accompagner et de dynamiser le marché d'un titre.

Enfin, la contrepartie de blocs s'adresse aux institutionnels. Par exemple, sur un marché moyen de 10 000 titres par jour, une demande soudaine d'un bloc de 50 000 pièces ne peut être satisfaite en une seule opération. Soit il faut étaler l'ordre sur plusieurs séances, soit confier la négociation à une société de bourse qui mobilisera ses équipes de trading pour récupérer les titres - en plusieurs morceaux. Mais la meilleure solution pour le client, c'est un intermédiaire qui répond immédiatement et totalement l'ordre : la contrepartie s'impose. Attention, cette contrepartie est clairement définie par le Conseil des Bourses de Valeurs. Elle ne porte que sur une liste précise de titres et pour une quantité donnée. Cette dernière est fixée de sorte que le bloc de titres corresponde à une valeur comprise entre 2 et 10 millions de francs selon l'importance des transactions sur la valeur. Et cette "manipulation" n'est tolérée que si le marché central est désintéressé : quel que soit le prix de l'échange du bloc, le marché devra - le cas échéant - être servi en priorité. La portée de la contrepartie de blocs est tout de même limitée. Les autorités boursières ont estimé que les opérations de contrepartie ne devront pas excéder 20% des échanges d'un titre: les seuils d'intervention (révisés périodiquement) sont établis dans ce but.

Après une opération de contrepartie, la société de bourse devra informer la Société des Bourses Françaises afin que cette transaction soit portée à la connaissance du marché.

Les catégories de cotation

La cotation en continu avait atteint ses propres limites. Censée apporter une meilleure qualité des transactions - notamment en élargissant la plage horaire tout en conservant une liquidité suffisante -, elle a pu avoir un effet désastreux sur les valeurs les moins actives. Au lieu d'échanger quelques dizaines de titres en une seule fois - comme au temps du fixing - la cotation en continu étalait ces transactions sur les sept heures de la journée boursière. Résultat : un petit ordre parvenu au moment le plus calme de la journée pouvait créer des mouvements inconsidérés du cours Consciente du problème, la Société des Bourses Françaises a adopté des mesures d'urgence. Désormais, les valeurs françaises se répartissent en trois catégories de cotation; des catégories qui ne changent en rien leur appartenance à tel ou tel compartiment (cote officielle, second marché ou hors cote).

Ces catégories sont établies et régulièrement révisées selon la liquidité des titres. Les titres les plus liquides, la catégorie 1, reprennent en fait les valeurs du marché à règlement mensuel et quelques titres très liquides des autres compartiments. La catégorie 2 correspond aux valeurs les plus liquides du comptant de la cote officielle et du second marché. La catégorie 3 regroupe toutes les autres valeurs. Cette répartition vaut également pour les valeurs étrangères (depuis avril 1992) et aux lignes secondaires (depuis juin 1992), c'est-à-dire notamment les bons, droits, certificats, actions nouvelles, obligations convertibles.

Les titres des catégories 1 et 2 restent négociés en continu informatique entre 10 heures et 17 heures. Mais les titres de la troisième catégorie sont échangés selon deux fixings quotidien : on accumule les ordres et on procède (à 11 heures 30 et 16 heures) à un échange global. Cette technique, plus adaptée aux titres peu liquides, évite les "errements" de cours que l'on avait pu reprocher au continu.

Afin d'éviter les mouvements trop brusques des cours, ces mesures sont complétées, pour chacune des catégories, par une grille de variation maximale des prix. Par exemple, un titre de la catégorie 1 ne pourra monter de plus de 21,20% ou descendre de plus de 18,75% en une séance. Cette variation se fera en plusieurs étapes. En fait, si un titre de cette catégorie a varié de plus de 10% par rapport à son dernier cours de la veille, il atteint un premier seuil de réservation : les cotations s'arrêtent momentanément jusqu'à ce qu'un équilibre puisse être trouvé avec l'arrivée de nouveaux opérateurs. Si cet équilibre ne peut être atteint - ou si le mouvement se poursuit -, un deuxième seuil de réservation est touché, avec nouvel arrêt des transactions. Et ainsi de suite jusqu'au niveau de variation maximale quotidienne : lorsqu'il est atteint, les cotations reprennent seulement à la séance suivante.

Catégories	**1**	**2**	**3**
Horaires de cotation	de 10 h.00 à 17 h.00	de 10 h.00 à 17 h.00	à 11 h.30 et 16 h.00
Maximum de variation autorisée une journée	1er seuil : + ou - 10 % par rapport au cours de clôture de la veille; seuils suivants : + ou - 5 % par rapport au cours de réservation avec un maximum de 21,20 % et - 18,75 %	1er seuil : + ou - 5 % par r apport au cours de clôture de la veille; seuils suivants : + ou - 2,5 % par rapport au cours de réservation avec un maximum de + 10,15 % et de - 9,60 %	5 % par rapport au cours de clôture de la veille puis 5 % par rapport au cours de 11 h.30
Durée de réservation	15 mn à chaque seuil	30 mn à chaque seuil	

L'information des actionnaires

Tout émetteur de titres devra informer la communauté : des opérations financières (augmentation de capital, fusion), des éléments susceptibles de modifier le cours du titre. Les sociétés cotées devront publier : les chiffres d'affaire trimestriel, les comptes annuels provisoires dans les quatre mois de la clôture de l'exercice et les comptes définitifs (obligatoirement consolidés) dans les dix mois.

A côté de ces sources officielles, l'actionnaire dispose de nombreux moyens d'informations : presse écrite (quotidienne et hebdomadaire), lettres confidentielles, services de télématique, ...

La fin du RM et la cote européenne

La couverture fixe requise pour toute opération à règlement mensuel (le RM) est un minimum : soumise à des règles de prudence strictes, la société de bourse pourra exiger une couverture plus forte que le seuil minimal déterminé par les autorités. En outre, cette faculté de traiter un titre en le payant (ou le livrant) plus tard ne séduit pas forcément les investisseurs étrangers, qui préfèrent voir leur opération dénouée dans les plus brefs délais. Or, ces derniers, qui représentent jusqu'au tiers des transactions boursières d'une séance, sont plutôt courtisés par la Bourse. D'où une réflexion pour remplacer le RM par quelques substituts. Déjà, l'intervention sur les contrats d'options négociables (pour environ 30 valeurs du RM supports d'options) pourrait satisfaire les spéculateurs qui pariaient jusque là sur le marché à règlement mensuel. On pourrait aussi créer des ordres spéciaux pour acheter à règlement mensuel. La vente à découvert (vendre des titres que l'on ne possède pas) serait elle remplacée par un marché de prêt de titres, à l'américaine. Autant de méthodes qui laisseraient aux investisseurs la possibilité d'intervenir un terme sur un titre tout en assurant les opérations de règlement-livraison dans les délais normaux de 5 jours ouvrés. L'échéance de fin 1993 était donné pour aboutir mais il semble qu'il n'y ait guère d'empressement à rompre avec les vieilles traditions boursières.

Autre thème à la mode depuis l'ouverture des frontières : une palette de titres européens pourrait être proposée sur chacune

des places financières des pays membres de la Communauté. Au total, entre 200 et 250 valeurs seraient alors sélectionnées sur les différentes places. Admises sur l'une d'elles, ces valeurs le seraient automatiquement chez les onze partenaires. Les sociétés candidates seraient évidemment les plus importantes - en termes de capitalisation et de transactions - sur chacune des douze bourses. L'offre de titres serait plus étendue et permettrait la constitution de véritables portefeuilles européens à moindres frais. Le concept de cote européenne semble convaincre la plupart des protagonistes et, en tout cas, dresse moins de boucliers que l'admission automatique d'une société de bourse sur toutes les places de la Communauté. "Une bourse est un club privé avec ses règles strictes... que ne satisfont pas forcément les sociétés venues d'ailleurs", confirment de nombreux présidents de sociétés de bourse soucieux de préserver la fiabilité de leur place d'attache.
Là encore, rien n'est fait : les discussions ont débuté il y a fort longtemps mais n'ont pas encore donné de résultats concrets.

CHAPITRE 3

LES GRANDS MARCHÉS MONDIAUX

L'accès aux marchés étrangers peut se faire selon deux modalités :

• A travers les valeurs étrangères cotées à la Bourse de Paris. Celles-ci sont au nombre de deux cents environ sur le marché officiel, plus un certain nombre au hors-cote. Ces valeurs sont de nationalités très diverses, tant européennes (anglaises, allemandes, belges, néerlandaises, italiennes ...) qu'américaines (USA et Canada) ou asiatiques (japonaises et chinoises de Hong Kong).

Pour les valeurs étrangères, les ordres sont donnés dans les mêmes conditions que pour les valeurs françaises, avec notamment des indications relatives aux cours, fixés en francs français. Le service financier (paiement des coupons) est assuré dans des conditions similaires.

• La valeur souhaitée n'est pas forcément cotée à Paris. Les valeurs étrangères négociées à Paris sont pour la plupart des sociétés de tout premier ordre, dont la taille même fait que leur taux de croissance n'est plus très rapide. De plus, certains secteurs économiques ne sont pas représentés. Par exemple, l'investisseur qui voudrait détenir une immobilière japonaise ne le pourrait pas directement à Paris.

Il peut donc être nécessaire d'acheter sur une bourse étrangère. Il faut alors passer par un intermédiaire français agrée. Pour un investisseur français les choses sont simples. Il donne son ordre d'achat (ou de vente bien sûr) à sa banque ou à sa société de bourse, comme pour une transaction sur une valeur française.

L'intermédiaire français répercute lui-même cet ordre sur un correspondant à l'étranger, habilité à négocier sur cette Bourse. Reste alors à payer double courtage sur les transactions.

Le versement des dividendes depuis le pays d'origine s'effectue dans des délais assez longs.

L'achat direct sur des bourses étrangères ne peut être envisagé que pour des titres présentant de réelles perspectives d'appréciation.

Les bourses américaines

La capitalisation boursière des valeurs américaines cotées à la seule Bourse de New York représente près de quinze fois le montant de la capitalisation des valeurs françaises. Il existe d'autres places aux Etats-Unis : Chicago, Boston, Cincinnati, Philadelphie, San Francisco... Environ six mille valeurs sont cotées régulièrement sur les marchés financiers américains. Une même valeur peut être cotée sur différentes bourses. Les titres se traitent localement par paquets de cent. Le volume des transactions quotidiennes permet d'éviter les trop forts décalages de cours rencontrés en France. De même, la distribution trimestrielle des dividendes limite les à-coups dûs au détachement des coupons annuels en France. Les bourses canadiennes (Toronto, Montréal et Vancouver) présentent les mêmes caractéristiques que celles des Etats-Unis.

A la Bourse de New York, les cotations se déroulent entre 9 heures 30 et 16 heures (heure locale).

Le marché américain est une référence mondiale. L'investissement boursier revêt une toute autre dimension. La culture économique de la population américaine, il est vrai, crée de forts courants d'animation du marché. L'histoire des chauffeurs de taxi spéculant sur les options négociables est souvent contée.Les professionnels disposent des moyens les plus sophistiqués. Tout est matière à études poussées. Les américains se sont bâtis une solide réputation pour la qualité de leurs analyses financières et pour la finesse de leurs méthodes d'évaluation des valeurs. Ils sont également à la pointe en matière de méthodes statistiques fondées sur l'observation des cours.

Les produits boursiers sont certainement les plus modernes et les plus efficients du monde. Les marchés d'options négociables et de contrats à terme sur taux d'intérêts et indices boursiers sont très développés. La grande souplesse des moeurs financières, et les montages techniques qui en découlent, donnent lieu à la création de produits très subtils qui font la joie des jeunes mathématiciens et des européens qui ne manquent pas de s'en inspirer!

Moins connue du grand public, Chicago détient la palme d'or du plus grand marché à terme (matières premières, taux d'intérêt et indices boursiers) et d'options négociables. Cette bourse fonde sa réputation sur deux contrats phares : le "future" sur indice SP 500 et les options sur l'indice SP 100 avec leurs dizaines de millions de lots traités chaque année.

Les bourses européennes

La Bourse de Londres

Bien qu'elle ne soit plus qu'au troisième rang des bourses mondiales, derrière New York et Tokyo, la City reste un centre financier de première importance. Plus de deux mille valeurs y sont cotées. La valeur unitaire des titres n'est pas très élevée, ce qui contribue ainsi à la liquidité du marché.

Caractéristique essentielle de la place britannique : les échanges sont filtrés par les "market makers" (teneurs de marché) : le client final n'a pas accès au marché central - comme en France ou aux États-Unis - mais négocie avec un courtier qui assure la contrepartie de son ordre. Il s'agit d'un "marché de marchands" où chacun des intermédiaires propose son prix de vente (courtage compris).

L'organisation de la bourse de Londres a été profondément modifiée par le fameux "big bang" qui n'obtient pas les résultats espérés. D'abord, quelques intermédiaires ont "sauté" en raison de pertes importantes sur les opérations de contrepartie. Seules les plus riches d'entre eux peuvent subsister et espérer rentabiliser leur activité. Ensuite, le marché n'a pas encore parachevé son organisation, notamment en matière de règlement-livraison de titres. Il n'empêche : la bourse de Londres détourne une partie des transactions sur valeurs françaises sur son système réservé aux titres étrangers, Seaq. Ainsi, les transactions sur de grandes valeurs françaises peuvent se réaliser pour moitié à Londres certains jours. Cela intéresse notamment les non résidents français qui s'échangent des titres français entre eux sans passer par Paris.

Pour l'investisseur français, la Bourse de Londres n'offre pas seulement l'occasion de s'intéresser à des titres britanniques non cotés à Paris. Un grand nombre de valeurs des pays du Commonwealth est également négocié à Londres. La City est de toutes les Bourses du monde celle qui a le plus de valeurs non-nationales inscrites à sa cote.

Un seul problème pour un français qui investit à Londres : la Livre. Son taux de change à nouveau libre (après sa sortie du Système Monétaire Européen) rend la performance plus aléatoire.

La Bourse allemande

Les actions cotées sur les différentes bourses allemandes (Francfort et Düsseldorf) représentent une capitalisation boursière à peu près équivalente à celle des valeurs françaises. Le marché boursier allemand est aux mains des banques qui détiennent une très grande partie des titres des sociétés. Cela explique assez largement sa relative anémie. En revanche, son marché obligataire représenté est bien plus important que celui de Paris.

La place allemande s'est dotée d'instruments financiers modernes dès 1990 (contrats à terme sur taux et sur indices, options négociables).

Les autres bourses européennes

Les marchés européens les plus importants se situent aux Pays-Bas et en Suisse. Le marché des Pays-Bas se distingue notamment par des marchés dérivés développés. Avec Londres, Amsterdam est le premier marché européen à avoir ouvert ses portes aux options négociables. On négocie des options sur indices boursiers (dont un européen) et sur des valeurs locales (dont quelques grandes multinationales connues du monde entier).

Les marchés italiens et espagnols ont connu récemment une véritable montée en puissance même s'il est beaucoup plus facile d'y entrer que d'en sortir ! La bourse du Portugal attire également l'attention des investisseurs : la forte croissance économique portugaise et la nécessité de modernisation en font une place à fort potentiel.

Les bourses d'Extrême-Orient

Les bourses japonaises

Le pays compte huit bourses de valeurs, les plus importantes étant celles de Tokyo et Osaka. Les titres japonais ont des cours très faibles mais la quotité de négociation usuelle est de mille titres. D'une séance à l'autre, les variations de cours peuvent être très importantes et l'intervention sur ces marchés doit se faire à cours limité. En raison de l'abondance de l'épargne, le marché japonais est le plus cher du monde sur le critère du multiple de capitalisation (rapport cours/bénéfice), même après sa forte chute. D'autant plus que les japonais conservent traditionnellement leurs titres très longtemps.

Pour l'investisseur étranger deux éléments primordiaux sont à considérer. Le marché japonais est soumis à des modes d'achat, souvent lancées par les courtiers locaux. Ainsi, des compartiments entiers de la cote, tels que les exportatrices, les immobilières, la construction, peuvent s'envoler soudainement pour se stabiliser (voire rechuter) peu de temps après. Cependant ces mouvements ne sont pas réellement infondés : les courtiers appuient leurs conseils sur les données économiques actuelles et leurs analyses. Autre spécificité du Japon : les règles comptables. Ces dernières ont tendance à diminuer les bénéfices des sociétés tels qu'ils sont définis en France : le PER réel des valeurs diminuerait après retraitement des comptes.

Aujourd'hui, le marché japonais n'a plus la cote. Hier vedette internationale - il a même dépassé New York durant de nombreux mois -, la bourse japonaise s'est effondrée après d'hasardeuses spéculations. L'économie japonaise pourrait connaître la crise. Il reste néanmoins des secteurs très dynamiques à l'exportation avec des géants que l'on ne trouve nulle part ailleurs.

Les autres bourses d'Extrême-Orient

Il s'agit principalement de Hong Kong et de la Bourse de Corée. Ces deux places, si elles présentent les mêmes caractéristiques que les places japonaises, n'offrent pas la même sécurité : la stabilité politique est moins grande. De plus, l'information sur les sociétés, relativement sommaire, rend les investissements hasardeux.

Les bourses de l'hémisphère sud

Les bourses australiennes (Sydney, Melbourne, Brisbane, Adelaïde et Perth) sont dynamiques mais offrent beaucoup de valeurs minières et pétrolières. La valeur unitaire des titres est généralement faible.

Les Bourses sud-africaines sont surtout connues pour les valeurs aurifères. L'intervention sur ces marchés doit être prudente en raison des risques politiques.

Intervenir sur les bourses étrangères

Opérer sur une place étrangère peut être justifiée par des gains supérieurs à ceux du marché national. C'est cet argument qui justifie la stratégie de diversification géographique de portefeuilles. Mais gare aux effets de change. Par exemple, si vous achetez une valeur américaine et que son cours progresse de 10%, vous n'avez pas forcément gagné 10%. Si le dollar a baissé de 10% dans le même temps vous avez même perdu les frais.

Au risque de change s'ajoute le manque d'informations. Si les grands courtiers américains, japonais et européens abreuvent la France de données économiques et d'analyses précises sur leurs valeurs, les autres places ont souvent un caractère exotique. Certes, les taux de croissance économique de certains pays d'Asie attirent les convoitises. Mais nul ne peut prétendre bien cerner les comptes des sociétés locales et garantir leur pérennité. Autant d'éléments qui incitent à ne pas investir directement sur ces places financières lointaines. Mieux vaut s'y intéresser par le biais des produits de gestion collective spécialisés que proposent de nombreux établissements financiers.

Le palmarès des bourses mondiales

Les disparités sont grandes entre les bourses mondiales. Le grand vainqueur des années quatre vingt était le Japon, qui avait détrôné les États-Unis de leur écrasante première place. Mais les Etats-Unis ont retrouvé la tête du palmarès après leur forte progression, concomitante au krach japonais.

CLASSEMENT MONDIAL DES CAPITALISATIONS BOURSIERES
DES ACTIONS DANS LE MONDE (LES 20 PREMIERES).
CHIFFRES AU 31/12/92
EXTRAITS DES ÉTUDES DE JAMES CAPEL LONDRES.

Bourse	Capitalisation en milliards U.S. $
Etats-Unis	4550
Japon	2235
Grande-Bretagne	890
Allemagne	360
France	354
Canada	229
Hong Kong	157
Pays-Bas	126
Mexique	120
Australie	120
Italie	106
Corée	103
Taïwan	92
Espagne	86
Suède	74
Malaisie	71
Belgique	68
Singapour	51
Thaïlande	44
Danemark	37

LES PRODUITS

CHAPITRE 4

DES ACTIONS AUX OBLIGATIONS

En bourse, il n'existe que deux grandes catégories de produits, les actions et les obligations. Cependant, à la lecture de la cote officielle, on compte de nombreux compartiments : la cote des actions, des droits, des bons, des options, des obligations et du Matif. L'affinement continu des techniques financières a entraîné la création des "nouveaux produits financiers". Mais ces instruments doivent s'apprécier relativement à leurs supports : les actions ou les obligations.

Bilan de la société

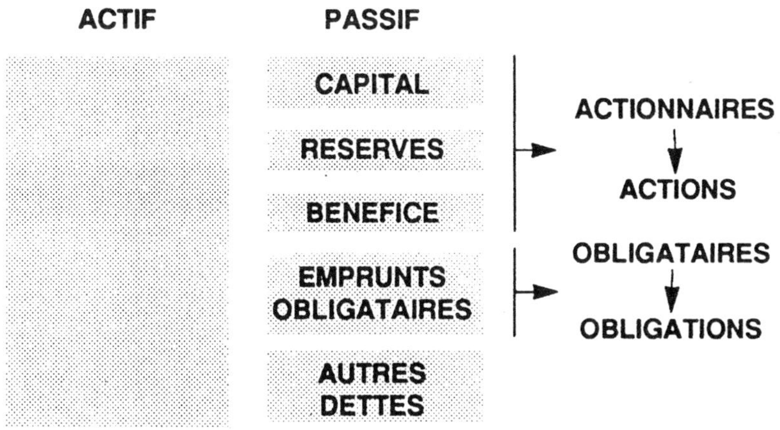

Les actions matérialisent des droits proportionnels à la part du capital détenu. Ces droits sont: la gestion de l'affaire, l'information sur les comptes et la marche des affaires, une participation aux bénéfices et une part de l'actif net social.

Les produits tels que:
- Action à dividende prioritaire
- Certificat d'investissement
- Droits d'attribution et de souscription
- Bon de souscription d'action
- Option négociable sur action

peuvent être appréciés parallèlement aux actions ordinaires, puisqu'en dépit de leur spécificité, ils n'évoluent qu'en fonction de celles-ci.

Les obligations matérialisent un droit de créance sur l'émetteur. On rencontre plusieurs émetteurs : l'Etat, les collectivités publiques, des sociétés privées ou nationalisées. Elles donnent droit au versement d'un intérêt fixé par l'émetteur. Elles sont remboursables au moins à leur valeur nominale. Afin de rendre les obligations plus attrayantes, des sophistications diverses ont été apportées. Ainsi, il existe des indexées, des participatifs, des obligations à bon de souscription (d'actions ou d'obligations), ...

LES ACTIONS

Les actions ordinaires

Elles sont les titres de propriété d'une société. Si vous possédez une action, vous détenez des droits sur la société émettrice, que cette dernière soit cotée en bourse ou non. Les droits sont de trois ordre :

• En tant qu'associé, vous participez à la gestion de la société. Ce qui se concrétise à l'occasion des assemblées générales (ordinaires ou extraordinaires). A chaque action est attachée une voix. Il peut exister un droit de vote double pour les actions détenues depuis plus de deux ans. En outre, la détention d'une action ouvre la possibilité d'être informé sur la gestion de l'équipe dirigeante.

• Une partie des bénéfices vous revient, proportionnellement à la part de capital que vous détenez.

• En cas de liquidation de la société, l'actif net, c'est-à-dire les biens disponibles après règlement de dettes, est divisé entre les actionnaires.

Après paiement de l'impôt sur les sociétés, le profit est souvent mis en réserve pour tout ou partie, et le solde distribué aux actionnaires constitue le dividende. Lorsque les bénéfices sont mis en réserve, la société a respecté vos droits. En effet, les réserves venant renforcer la situation financière de la société, vous retrouvez le profit non distribué dans l'actif net vous revenant.

Exemple

Le 1er janvier 1993, une société est créée. Le total des apports, en nature et en espèces, se monte à 10 millions de francs et constitue le capital social. Ce capital est divisé en 100 000 actions d'un nominal de 100 francs. Supposons que vous en déteniez 1000, soit 1% du capital. A la fin du premier exercice, le 31décembre 1993, la société a réalisé un bénéfice net de 2 millions de francs, dont la moitié est distribuée. De la sorte, il vous reviendra une fraction de ce montant, d'une part sous forme d'un dividende de 10 000 francs (1% de 1 million de francs), et d'autre part en accroissement de l'actif net. En effet, après mise en réserve d'1 million de francs, l'actif total s'élève à 11 millions. En cas de division de cet actif, vous recevriez 110 000 francs. Au total, votre patrimoine s'est bien accru de 20 000 francs, soit 1% de 2 millions, le bénéfice.

Actions au porteur et nominatives

Il existe deux formes de valeurs mobilières : les titres au porteur et les titres nominatifs.

• Les titres au porteur sont de loin les plus courants et laissent à leur détenteur l'anonymat vis-à-vis de la société émettrice des actions. La dématérialisation des titres n'a pas supprimé cette caractéristique : l'intermédiaire tenant le compte-titres est tenu au secret sur l'identité des titulaires de comptes. Ces titres circulent ainsi très facilement entre les porteurs et la négociation n'entraîne que des jeux d'écriture chez les intermédiaires.

Le titre au porteur identifiable constitue une entorse à cette règle de l'anonymat. A condition qu'une assemblée générale d'actionnaires l'ait toléré, une société pourra, sur une simple demande, obtenir la liste de ses actionnaires. C'est la Sicovam (l'organisme qui tient tous les registres de titres de la cote et supervise la compensation entre établissements) qui assure ce service, payant pour la société. Cette faculté est généralement utilisée quand une offre publique menace la société ou dans le but d'affiner la communication envers les actionnaires.

• Les titres nominatifs existent par la seule volonté de la société ou du détenteur des titres. Quelques valeurs de la cote sont encore nominatives. L'intermédiaire doit communiquer l'identité des actionnaires de la société. Les écritures prennent un temps assez long pour être effectuées.

Remarques

- Promesse d'action. En décortiquant la cote officielle, des lignes "promesse d'actions" apparaissent quelquefois sur le marché au comptant. Ces dernières sont les actions nouvelles, provenant d'une émission juste achevée et qui ne sont pas encore matérialisées en raison des délais administratifs. Ainsi, avant ces délais , ceux qui viennent de souscrire peuvent désirer vendre leurs actions nouvelles, qui seront alors négociées sous une rubrique promesse d'actions.

- Actions nouvelles. Après la période de cotation sous la rubrique "promesse d'actions", on cote au comptant les actions venant d'être

créées sous la rubrique "actions nouvelles". Un certain délai est nécessaire avant de les assimiler aux anciennes et de les coter sur une seule ligne (différence de jouissance). Par exemple, une action nouvelle peut donner jouissance (droit au profit) à partir du 01 juillet alors que l'exercice comptable coïncide avec l'année calendaire. En clair, la nouvelle action ne donnera droit qu'à un demi-dividende pour ce premier demi-exercice. Dans ce cas, elle sera assimilée à l'ancienne à partir du 01 janvier suivant sa création.

Les actions à dividende prioritaire (ADP)

Depuis le 13 juillet 1978, les sociétés peuvent émettre des actions sans droit de vote aux assemblées, mais avec un dividende prioritaire qui s'effectue en priorité par rapport aux autres actions. Le montant de ce dividende sera au minimum égal à 7,5% de la valeur nominale de l'action.

Si le dividende n'était pas intégralement versé pour insuffisance de bénéfices, la partie non payée serait reportée sur les deux exercices ultérieurs. Si le dividende à payer pour trois exercices n'était pas intégralement versé, vous reprendriez votre droit de vote.

Les certificats d'investissement

Ce sont des actions sans droit de vote. Version moderne (loi du 3 janvier 1983) des certificats pétrolier de 1957, ces titres sont apparus pendant la période de nationalisation. Les sociétés nationalisées avaient émis des certificats d'investissement ordinaires (CI) ou privilégiés (CIP qui ont un dividende privilégié), pour recueillir sur le marché des fonds propres sans modifier leur actionnariat. L'exemple de l'Etat a été suivi par quelques sociétés privées qui trouvaient là le moyen d'obtenir des fonds propres sans perte de voix pour les actionnaires. Le système est le suivant : en cas d'émission de CI, le souscripteur dispose d'une action sans droit de vote, lequel est attribué aux anciens actionnaires.

EXEMPLE

Il est émis un CI pour 5 actions et un droit de vote est attribué à chaque ancien actionnaire (avant l'émission) à raison d'un droit pour 5 actions.

Une société ne peut émettre plus d'un CI pour quatre actions. L'acheteur du CI n'est pas forcément l'ancien actionnaire: ce n'est d'ailleurs pas le but recherché par la société émettrice. L'ancien détenteur du capital peut, s'il le désire, racheter des CI et les faire remembrer avec les droits de vote qu'il possède : il recrée ainsi des actions. Ceci peut présenter un intérêt lorsqu'un ancien actionnaire décide de faire apport de ses titres à une offre publique d'achat ou d'échange. Les CI ont, en effet, une décote par rapport à l'action qui peut atteindre 50%.

Remarque

Les certificats de droit de vote. L'échec des certificats d'investissement - en performance et en montants émis - a incité les autorités boursières à accélérer leur destruction. Très simple, l'équation de base est la suivante : un CI et un droit de vote valent une action. En septembre 1988, un marché du certificat de droit de vote (CDV) était organisé pour associer les CI aux droits de vote, reconstituant ainsi des actions. En fait, les CI sont redevenus des titres de sociétés nationalisées.

Les droits d'attribution et de souscription

• **Les droits d'attribution.** Les augmentations de capital à titre gratuit sont l'issue d'une écriture comptable au bilan : l'incorporation de réserves au capital. Deux méthodes sont possibles: l'élévation du nominal des actions (qui ne change pas le nombre d'actions disponibles) ou l'attribution gratuite. Dans ce dernier cas la société distribuera des actions gratuites dans des proportions déterminées.

Par exemple, une société au capital de 1 000 000 de francs divisé en 10 000 actions de 100 francs nominal, incorpore 500 000 francs de réserves au capital. Elle peut alors augmenter le nominal de 50 francs (500 000 / 10 000), ou attribuer gratuitement 5000 actions gratuites au nominal de 100 francs (une pour deux anciennes). Ainsi, l'ancien actionnaire dispose d'un droit sur ces nouvelles actions. Ce droit est négociable en bourse et s'appelle droit d'attribution. En effet, l'actionnaire peut désirer vendre ses droits plutôt que d'obtenir une action gratuite. A l'inverse il peut, si les droits lui manquent pour obtenir une action, s'en procurer aisément sur le marché. Dans l'exemple précédent, si vous possédez trois actions, vous pouvez, soit vendre un droit et obtenir une seule action gratuite, soit acheter un droit supplémentaire pour avoir deux actions gratuites.

Une telle opération ne change pas la valeur de votre patrimoine, puisque, sauf légère distorsion (normale pour un marché), le cours d'un droit d'attribution est strictement proportionnel à celui de l'action.

Exemple

Attribution gratuite 1 pour 2

Avant l'attribution:

100 + 100 = 200

Après l'attribution:

66,7 + 66,7 + 66,7 = 200

Le droit d'attribution est égal à:

100 - 66,7 = 33,3

• **Les droits de souscription.** Lorsqu'une société cotée fait appel public à l'épargne, les anciens actionnaires disposent d'un droit préférentiel de souscription, c'est-à-dire une priorité absolue pour souscrire dans la proportion de leur part de capital. Si ce droit ne leur était pas accordé, leur part du capital diminuerait par l'arrivée de nouveaux actionnaires. Ils ne sont pas obligés de souscrire et peuvent négocier leurs droits.

Par exemple, l'action de la société ABC cote 1000 francs. Il est décidé une augmentation de capital à raison d'une action nouvelle émise à 600 francs pour 3 anciennes. Si vous êtes propriétaire de 3 actions, vous déboursez 600 francs pour souscrire. Votre patrimoine s'élèvera à 3600 francs pour 4 actions. Le droit de souscription a un cours théorique de 100 francs (1000 - 900).

L'évolution du cours d'un droit de souscription suit celle de l'action. Comme pour les droits d'attribution votre patrimoine global ne varie pas lors du détachement d'un droit de souscription.

Exemple

Augmentation de capital par souscription d'une action à 600 F pour trois anciennes de 1000 F

avant la souscription:

1000 + 1000 + 1000 = 3000

après la souscription :

\+ 600 → 3600

soit 4 actions:

900 + 900 + 900 + 900 = 3600

le droit de souscription est égal à:

1000 - 900 = 100

Remarques

- Droit d'attribution et droit de souscription sont des manifestations du droit dont dispose un actionnaire sur l'actif net social.

Les bons de souscription d'action

Apparus en France en 1983, ils sont généralement détachés des obligations (ou actions) à bons de souscription d'actions (OBSA et ABSA) mais peuvent également être distribués ou vendus par une société. Droit d'acheter une action à un prix déterminé jusqu'à une date fixée (souvent de deux à quatre ans), le bon a une vie "boursière" indépendante de l'obligation ou action dont il provient. Cependant, son cours est étroitement lié à celui de l'action sous-jacente. L'évaluation théorique d'un bon fait appel à des notions de mathématiques (voir chapitre 9).

Les options négociables

Leur existence ne remonte qu'au 10 septembre 1987, date de l'ouverture du MONEP : le marché des options négociables de Paris.

Une option est le droit d'acheter (ou de vendre) un bien pour une quantité déterminée, à un prix fixé jusqu'à une date d'échéance établie dès le départ. C'est en quelque sorte un contrat qui met en concurrence un acheteur et un vendeur. Sur le Monep, il s'agit des options sur action (une trentaine) et sur indice boursier, mais il existe également des options sur taux d'intérêt (Matif). Les différentes caractéristiques des options sont formalisées par les autorités boursières (voir chapitre 10 pour plus de précision).

L'acheteur dispose des droits et le vendeur d'options n'a que des obligations. Cette inégalité est compensée par le prix de l'option acquitté par l'acheteur et encaissé immédiatement par le vendeur.

La grande nouveauté de 1987, c'est la négociabilité : la possibilité d'acheter ou de vendre librement ces droits autant de fois que l'opérateur le souhaite.

CE QU'IL FAUT RETENIR

• L'action ordinaire confère à son détenteur trois droits proportionnels à la part du capital détenu:

- la gestion de l'entreprise.
- une participation aux bénéfices.
- une part de l'actif net social.

En outre, tout actionnaire, ne posséderait-il qu'un seul titre, a droit à l'information sur les décisions prises et sur les comptes de la société.

• L'action à dividende prioritaire ne permet pas, en principe, de participer à la gestion. En revanche elle donne droit à un dividende versé en priorité par rapport aux autres actions.

• Le certificat d'investissement est une action ordinaire sans droit de vote (sans droit sur la gestion). Ce titre donne droit à une part des bénéfices et de l'actif et à un dividende. Il permet également de disposer de l'information sur la marche de l'affaire.

• Les droits d'attribution ou de souscription naissent à l'occasion d'opérations spécifiques sur le capital : attribution gratuite et augmentation de capital en numéraire. Ils permettent, une fois regroupés en une quantité déterminée, d'obtenir une action pour les droits d'attribution, ou de souscrire une action à prix fixe pour les droits de souscription.

• Les bons de souscription proviennent généralement de l'émission d'obligations ou actions à bon de souscription d'action. Ils constituent le droit de souscrire à une émission d'actions dans une quantité et à un prix déterminés, généralement jusqu'à une échéance fixée. Ils connaissent une évolution parallèle à celle de l'action sous-jacente.

• Les options négociables. Il s'agit du droit d'acheter (option d'achat) ou de vendre (option de vente) un "support" (actions ou indice) à un prix et à une échéance fixés :

- leur cours et leur évolution est fonction de ceux du support.
- elles ne peuvent être évaluées qu'à l'aide de méthodes mathématiques sophistiquées.
- leur création ne connaît que la limite de la volonté des opérateurs. En théorie, il peut en exister une quantité indéfinie.

LES OBLIGATIONS

Contrairement à l'actionnaire, l'obligataire n'a aucun droit sur la gestion, les bénéfices et l'actif net social. Il est créancier de l'entreprise ou de la collectivité émettrice. Les obligations ne font que matérialiser un type d'emprunt particulier pour l'émetteur.

Autre différence par rapport aux actions, les obligations ne sont pas seulement émises par des sociétés. En effet, des collectivités telles que l'Etat, les départements, les villes et les entreprises publiques émettent régulièrement des obligations. Ce sont d'ailleurs elles qui en diffusent la plus grande masse. Ainsi, les obligations sont l'instrument favori de l'endettement de l'Etat à long terme.

Les caractéristiques

Le prix d'émission

Il est égal ou inférieur au nominal (valeur faciale). Si l'obligation est émise à son nominal, l'émission est dite au pair. Si le prix d'émission est inférieur au nominal, il existe une prime d'émission. Par exemple, une obligation au nominal de 1000 francs émise à 950 francs a une prime d'émission de 50 francs.

Le remboursement.

Les obligations sont remboursées, soit au pair (la valeur nominale), soit à un prix plus élevé. La différence constitue la prime de remboursement. Par exemple, une obligation au nominal de 1000 francs remboursée à 1050 francs a une prime de remboursement de 50 francs.

Les modalités de remboursement diffèrent selon les emprunts. Le remboursement peut avoir lieu en une seule fois à la fin de l'emprunt. Il peut aussi être effectué par tranches égales chaque année, ou par tranches croissantes d'année en année. Ces deux derniers types de remboursement peuvent donner lieu à un tirage au sort des obligations remboursées.

L'intérêt

Il est fixe pour une obligation classique. Le taux d'intérêt affiché est annuel et s'applique au nominal. Le coupon, qui correspond à l'intérêt appliqué au nominal, peut être versé annuellement ou capitalisé jusqu'à la date de remboursement.

Par exemple, une obligation de 1000 francs à 8,5% rapporte 85 francs pour un an.

Le taux d'intérêt facial ne traduit pas la rémunération réelle de l'obligation. Les spécialistes calculent un taux d'intérêt plus fidèle à la réalité: le taux actuariel. Ce dernier prend en considération l'existence de primes - d'émission ou de remboursement - et la date de versement des coupons.

La durée

Elle est variable, mais fixée par l'émetteur pour chaque emprunt. Les taux d'intérêt sont en principe plus élevés pour les emprunts longs. L'Etat a émis dans le passé des emprunts perpétuels. Opérations qui n'ont pas été renouvelées.

Les variantes

Des clauses spécifiques modifiant les caractéristiques de base des obligations classiques ont donné naissance à des obligations de type nouveau pour lesquelles une infinité de variantes peut exister.

Les indexées

Il s'agit de l'indexation, en fonction d'une référence, soit de l'intérêt versé, soit du prix de remboursement, ou des deux. Depuis le remboursement final - il y a quelques années - du 7% 1973 et le remboursement anticipé du 4,5% 1973, la cote des indexées s'est appauvrie.

Il reste par exemple le CNE 3%, émis par la Caisse Nationale de l'Energie après la guerre pour indemniser les actionnaires des entreprises électriques et gazières nationalisées. L'indexation porte à la fois sur l'intérêt initial de 3 francs et le capital d'origine de 100 francs, et a pour base le chiffre d'affaires du Gaz de France et de l'Electricité de France. Le cours de cette valeur dépend donc à la fois de la quantité d'énergie consommée et de son prix.

Les obligations à taux variable

Quand les économies sont en crise, les taux d'intérêt peuvent varier sensiblement : souvenez vous que les taux d'intérêt varient quotidiennement. Les obligations à taux variable procurent donc un rendement qui épouse ces mouvements intempestifs des marchés de taux. Une innovation venue d'outre-Manche et qui a rencontré un succès considérable. Plusieurs paramètres sont utilisés pour asseoir le taux d'intérêt servi par l'émetteur. Le coupon (calculé avant son échéance) peut être établi sur la base de :

- taux de rendement moyen des emprunts obligataires à taux fixe du secteur public ou privé : le TMO.
- taux moyen mensuel du marché monétaire : T4M ou TMM.
- taux annuel monétaire (une moyenne annuelle) : TAM.
- rendement moyen des emprunts d'Etat à plus de 7 ans : TME.
- rendement moyen des bons du Trésor à treize semaines : TMB.

Les obligations à taux révisable

Les obligations à taux révisable présentent quelques différences avec les taux variables. Le taux de base est variable : la référence est un taux unique à une date donnée, ou une moyenne de quelques taux sur une période plus courte que celle qui sert de référence au coupon. Ce coupon est calculé avant qu'il ne commence à courir.

Les taux révisables les plus répandus ont un coupon annuel révisé tous les ans (TRA) ou tous les trois ans (TRO) d'après le taux de rendement des obligations à taux fixe du secteur public émises pendant une courte période avant la révision. Le paramètre utilisé peut être le taux de rendement des emprunts d'Etat à plus de sept ans (TRE) ou le taux du marché monétaire (TRM).

Les obligations échangeables

Une obligation émise à taux fixe peut comporter une option : se transformer en taux variable pendant une ou plusieurs périodes fixées dès l'émission. Même possibilité pour une obligation proposée à taux variable avec transformation en taux fixe.

Cette faculté d'échange peut être matérialisée par un bon d'échange - la cote parisienne en compte quelques uns - détaché de l'obligation le jour de l'émission. Le bon s'apprécie alors en fonction de l'évolution des taux. Son effet de levier est intéressant pour prendre des positions spéculatives sur les taux d'intérêt.

Les obligations assimilables du Trésor (OAT)

Apparues en 1985, les OAT (à taux fixe ou variable) sont des fonds d'Etat d'une durée comprise entre 7 et 25 ans. L'Etat se réserve la possibilité de procéder, après l'émission initiale, à d'autres émissions de caractéristiques identiques. Ces dernières tranches sont alors assimilées à la première. D'où le qualificatif "assimilable". Ainsi, au lieu de lancer une nouvelle obligations, procurant un rendement adapté à la conjoncture, on met en vente - cela s'appelle une adjudication - de nouveaux titres sur une ligne déjà existante. Cela limite donc le nombre de lignes de cotations d'obligations et donne une meilleure liquidité aux titres.

Remarque

Les spécialistes en valeurs du Trésor (SVT). Banques ou établissements financiers, ils contribuent au marché des valeurs du Trésor (bons et OAT) en assurant la liquidité des titres et en développant des efforts commerciaux pour leur placement.

Les obligations à fenêtres

Ces obligations à long terme offrent la faculté d'un remboursement anticipé à certaines dates. Le remboursement s'effectue selon la volonté du porteur mais une pénalité peut être appliquée sur le dernier coupon. L'opération est intéressante en cas de hausse des taux : le détenteur du titre utilise le montant du remboursement pour souscrire à des titres nouvellement émis avec un meilleur rendement.

Les titres subordonnés à durée indéterminée (TSDI)

Issus du cadre juridique de la loi du 14 décembre 1985, les TSDI utilisent la possibilité de remboursement subordonné, c'est-à-dire ayant lieu après le règlement de toutes les autres dettes. D'où un risque supplémentaire. Autre caractéristique : la durée. Indéterminée signifie perpétuelle. Ainsi, la société émettrice dispose de quasi-fonds propres après la souscription aux TSDI. De plus, le paiement de l'intérêt peut être reporté lorsque les actionnaires ne perçoivent aucun dividende. En fait, le succès de ce produit est dû à un savant montage fiscal qui permet de garantir le remboursement du prêteur. Pour 100 empruntés, la société va en disposer une partie (entre le quart et le tiers) à l'étranger (dans un paradis fiscal) en l'investissant en obligations d'Etat : cette somme deviendra 100 au bout de 12 ou 15 ans avec les intérêts capitalisés. Et ces 100 serviront à rembourser le prêteur (en principe une banque). Ainsi, la société dispose indéfiniment du solde (ce qui n'est pas placé à l'étranger) : ce sont des fonds propres. Elle devra toutefois acquitter l'intérêt prévu sur les 100 empruntés.

Très friands de ces titres, les grands groupes industriels publics ou des banques ont émis d'importantes lignes de ces titres. Mais des aménagements fiscaux les ont depuis rendu moins attrayant. La mode est passée.

Entre obligation et action

Il existe plusieurs sortes d'instruments qui présentent des caractéristiques propres aux obligations mais dont la performance est tributaire de celle de l'action correspondante ou conditionnée par l'évolution de la société.

Les titres participatifs

Créés en 1983 pour permettre aux entreprises publiques de trouver des quasi-fonds propres sur le marché, les participatifs ont une rémunération variable en fonction d'un indicateur économique de la société. En effet, outre une partie fixe, la rémunération comprend une indexation sur une donnée spécifique telle que le bénéfice, le chiffre d'affaires, la marge brute d'autofinancement, la valeur ajoutée. La partie variable diffère selon les titres et ne porte pas sur plus de 40% de la valeur nominale du titre.

Ces titres ne sont pas amortissables sauf clause de remboursement stipulée à l'émission (impossible avant la 7ème année).

La cote de Paris compte quelques participatifs qui s'appuient sur les évolutions de chiffre d'affaires ou de résultat, la valeur ajoutée ou le taux de rentabilité des fonds propres... Avec minimum et maximum de rémunération fixés à l'émission, d'éventuels remboursements, chacun de ces titres est un cas particulier.

EXEMPLES

• *Le titre participatif Renault*

Emis le 3 octobre 1983 au nominal de 1000 francs, le TP Renault rapporte 9% minimum. Sa partie fixe est de 6,75% du nominal (67,50 francs par an) et la variable de 2,25% affecté du coefficient: chiffre d'affaires de l'année précédant le versement du coupon / chiffre d'affaires de 1982. Il n'existe aucun maximum à la rémunération globale du titre. De plus, cette émission pourrait être remboursée à 4500 francs à partir du 24 octobre 1998. Prix de remboursement qui augmente de 1000 francs par année supplémentaire (si Renault décide de rembourser). La mécanique s'arrête en 2008 à 14 500 francs : soit Renault rembourse à ce prix le 24 octobre 2008, soit le TP Renault devient une rente perpétuelle.

• *Le titre participatif BNP*

Autre type de rémunération appliqué par la BNP au nominal de 1000 francs. Partie fixe : 35% du TMO appliqué au nominal (un taux moyen des obligations). La partie variable est de 33% du TMO affecté du coefficient : résultat de l'année précédant le coupon / résultat de 1983. Minimum de revenu de 85% du TMO mais un plafond de 130% du TMO.

Les obligations convertibles

Il existe les obligations convertibles en actions au terme d'une période allant généralement de 2 à 6 ans et avec une durée déterminée pour procéder à l'opération. Plus communes actuellement, les obligations convertibles en actions à tout moment ont rencontré un vif succès. Le porteur peut demander la conversion en actions à n'importe quelle date jusqu'à l'échéance de l'emprunt. Cela présente l'intérêt évident d'assurer une rémunération minimale et, si la société réalise d'excellentes performances (et voit son cours s'élever sensiblement), il est toujours possible de convertir ses obligations. Dans le cas contraire, il suffit d'attendre la date de remboursement pour récupérer la somme investie. Un inconvénient : les obligations convertibles sont émises à des taux relativement faibles (généralement les deux tiers du taux offert pour un titre non convertible aux caractéristiques équivalentes). De la sorte, lorsqu'il n'y a pas intérêt à la conversion, le cours de l'obligation reste inférieur au nominal... sauf en période de baisse des taux !

REMARQUES

- Lorsque le souscripteur a théoriquement intérêt à convertir, le cours de l'obligation reflète cette plus-value potentielle. Attention ! A la fin de la durée de vie de l'obligation, si vous avez intérêt à convertir, il faut le faire vite, car sinon l'obligation vous serait remboursée au nominal !

- En cas d'opération sur le capital de la société - division du titre, attribution gratuite ou émission en numéraire - la parité de conversion est alors ajustée. Par exemple, une obligation est convertible à raison d'une action pour une obligation. La société attribue une action gratuite pour 5 anciennes. Dans ce cas, la conversion donnera droit à 1,2 action.

EXEMPLE

Une société a émis des obligations convertibles, à raison d'une action pour une obligation, au nominal de 1000 francs et au taux de 6%, pour une durée de 10 ans. Le cours de l'action, le jour de l'émission, avoisine 800 francs.

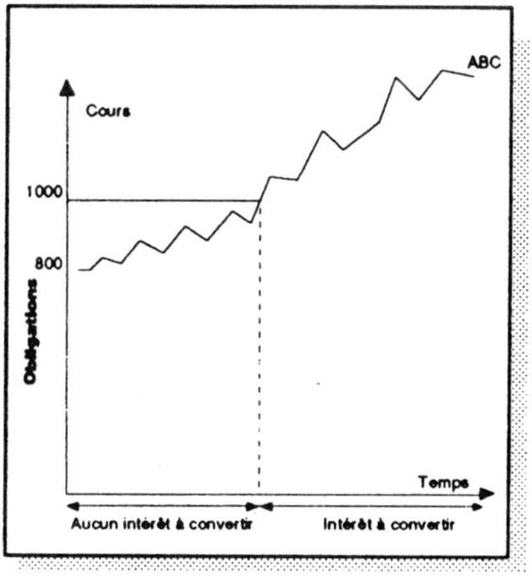

Les obligations remboursables en actions (ORA)

Au lieu d'un remboursement en espèces, le détenteur de l'obligation reçoit des actions (pour une quantité fixée à l'émission). Différence avec les convertibles : ce n'est pas le porteur qui décide et ce mode de remboursement est précisé dès l'émission. Par exemple, une obligation émise à 1000 francs est remboursable, dans six ans, en une action dont le cours actuel est 750 francs. Pour être gagnant, il faudra que cette action atteigne au moins 1000 francs dans six ans. Dans le cas contraire, cela équivaudrait à un remboursement inférieur au nominal.
Une variante des ORA, les ORCI : obligations remboursables en certificats d'investissement. Fonctionnement identique aux ORA avec des CI.

Les obligations à bons de souscription

Depuis la loi de 1983, il existe des obligations à bons de souscriptions d'actions (OBSA), qui, comme des obligations classiques, offrent une rémunération fixe, et auxquelles sont attachés des bons de souscription. Ces bons sont des droits d'acquérir des actions de la société émettrice à un cours déterminé pendant une période fixée. Cet instrument a rencontré un vif succès auprès des sociétés cotées.

Les OBSA permettent à l'émetteur de recueillir deux fois des fonds sur le marché ! D'une part, la société recueille le montant de l'émission d'obligations et emprunte ainsi à bon compte (le taux d'intérêt des OBSA étant en principe inférieur d'un tiers au taux moyen). D'autre part, lors de l'exercice des bons de souscription, la société reçoit encore de l'argent frais qui vient, cette fois ci, renforcer ses fonds propres, en remboursant tout ou partie des obligations.

Une fois les OBSA émises, il existe réellement deux produits distincts : une obligation classique à taux fixe cotée sur le marché obligataire et des bons de souscription cotés au comptant comme des actions. Après l'émission, l'acheteur de l'obligation sur le marché ne dispose pas des bons - qui ont leur vie propre - et ne profite donc pas de l'éventuelle hausse de l'action.

Des variantes d'OBSA (plus sophistiquées les unes que les autres) ont été proposées. Ainsi, existe-t-il des OBSAR dont le bon est remboursable en cas de non exercice. Sans parler des ORABSA ou ORABSAR : obligations remboursables en actions avec bon de souscription (éventuellement remboursable). Et encore des obligations convertibles avec bons de souscription : OCBSA. Un seul conseil peut être donné: analyser point par point chaque émission avant de souscrire.

Remarques

- Parfois le bon de souscription d'action attaché à l'obligation ne permet pas d'acheter une action de la société émettrice mais celle d'une filiale ou de la société mère.
- Le bon de souscription peut permettre d'acquérir un certificat d'investissement : il s'agit alors d'OBSCI.
- Il existe également des obligations à bon de souscription d'obligations. Le fonctionnement est pratiquement le même mais le warrant porte sur une obligation et permet de jouer l'évolution des taux.

CE QU'IL FAUT RETENIR

• L'obligation est la matérialisation d'un simple droit de créance sur l'émetteur. Une obligation se définit par :
- le prix d'émission.
- le taux d'intérêt.
- la durée.
- le prix et les modalités de remboursement.

• Les obligations indexées ont un prix de remboursement et / ou un coupon variant en fonction d'une référence.

• Les obligations à taux variables ont un coupon qui varie en fonction d'un taux de base. L'intérêt servi est sensible à l'évolution des taux d'intérêt du marché.

• Les obligations échangeables offrent la possibilité de passer d'un taux fixe à un taux variable, ou inversement.

• Les obligations renouvelables du Trésor (ORT) ont une durée de 6 ans et sont, au bout de 3 ans, échangeables contre d'autres ORT récemment émises.

• Les obligations assimilables du Trésor (OAT) sont des fonds d'Etat émis en plusieurs tranches de caractéristiques identiques et, par conséquent, assimilables à une seule catégorie de titres.

• Les titres subordonnés à durée indéterminée (TSDI) sont des obligations perpétuelles. En cas de faillite de l'émetteur, leur remboursement s'effectue après annulation de toutes les dettes. Il existe aussi des titres subordonnés remboursables (TSR).

• Les titres participatifs sont à mi-chemin entre obligation et action : une partie de la rémunération est fixe, l'autre est liée à un paramètre économique de l'émetteur. Ces titres peuvent être remboursables au gré de l'émetteur ou perpétuels.

• Les obligations convertibles en action sont des obligations classiques qui offrent la possibilité, selon la volonté du détenteur, d'être transformées en actions de la société émettrice selon une parité de conversion fixée.

• Des obligations peuvent être remboursées en actions ou en certificats d'investissement : il s'agit d'ORA ou d'ORCI.

• Les obligations à bons de souscription d'actions (OBSA) sont des obligations classiques auxquelles sont attachés des bons, qui sont séparés de l'obligation lors de la cotation.

NÉGOCIER

CHAPITRE 5

AU COMPTANT ET À REGLEMENT MENSUEL

Les valeurs cotées se répartissent en trois compartiments d'inscription : la cote officielle, le second marché et le hors cote. Il s'agit d'une classification juridique, notamment en fonction du mode d'admission à la cotation.

Parallèlement, il n'existe que deux modes de négociation des valeurs : le comptant et le règlement mensuel. Au comptant, le règlement total de la transaction (paiement et livraison des titres) est simultané à l'exécution d'un ordre. Au règlement mensuel, moyennant un dépôt de garantie, il est possible de s'engager sur une opération qui sera dénouée à terme.

Seule une partie de la cote officielle est traitée à règlement mensuel. Le reste de la cote officielle, le second marché et le hors cote sont traités au comptant.

REMARQUES

- Les bons de souscription d'actions et les droits (d'attribution ou de souscription) sont traités au comptant.
- Les options négociables se négocient sur un compartiment spécial, le Monep.
- Le nombre de valeurs figurant au hors cote n'est pas significatif : les cotations sont épisodiques pour beaucoup de valeurs. De plus, le nombre de valeurs cotées varie sans cesse.

Trois compartiments ⇨ Deux types de fonctionnement

<table>
<tr><td rowspan="2">Cote Officielle</td><td>Règlement mensuel</td></tr>
<tr><td rowspan="3">Comptant</td></tr>
<tr><td>Second Marché</td></tr>
<tr><td>Hors cote</td></tr>
</table>

LE COMPTANT

Les obligations relatives à la transaction sont immédiatement exécutées par les intervenants. Ces obligations s'entendent du paiement des actions par l'acheteur et de la livraison des titres par le vendeur. L'acheteur doit donc déposer sur un compte la somme nécessaire avant l'exécution de l'opération. Le vendeur doit disposer des titres en portefeuille. Les "ventes à découvert" sont impossibles.
Le comptant concerne les valeurs du comptant de la cote officielle, l'ensemble du second marché et le hors cote.

La quantité négociable

Il n'y a pas de limite à la quantité négociable : vous pouvez acheter une action seulement. Lorsque vous désirez acheter ou vendre un nombre important d'actions, il convient de prendre garde à l'étroitesse éventuelle du marché. En effet, au comptant, il n'est pas rare que les volumes quotidiens de transactions soient inférieurs à 100 000 francs.

La méthode de cotation

Les valeurs du comptant sont cotées "en continu" informatique ou selon un double fixing quotidien, selon qu'elles relèvent de la catégorie 2 ou 3 de cotation.

Les écarts de cours

Il sont ceux qui correspondent aux contraintes de la première catégorie de cotation : voir page 40.

LE MARCHÉ A RÈGLEMENT MENSUEL

Les valeurs du marché à règlement mensuel sont les plus actives de la cote officielle. Les sociétés représentées sont en principe parmi les plus importantes du pays: le règlement mensuel peut être considéré comme la "noblesse" du marché français.

La cotation des valeurs

L'ère de la criée est bien terminée. Les valeurs du règlement mensuel sont toutes traitées sur le système de cotation en continu assisté par ordinateur. Elles figurent toutes dans la première catégorie de cotation.

Les écarts de cours

Il sont ceux qui correspondent aux contraintes des catégories de cotation : voir page 40.

Le fonctionnement

Sur le marché à règlement mensuel, acheteur et vendeur dénouent une opération sur une valeur, mais son règlement n'interviendra qu'à la fin du mois boursier. En attendant le règlement de l'opération, acheteur et vendeur ont une position, c'est-à-dire un engagement : celui de payer pour l'acheteur et celui de livrer les titres pour le vendeur. En quelque sorte, c'est un contrat.

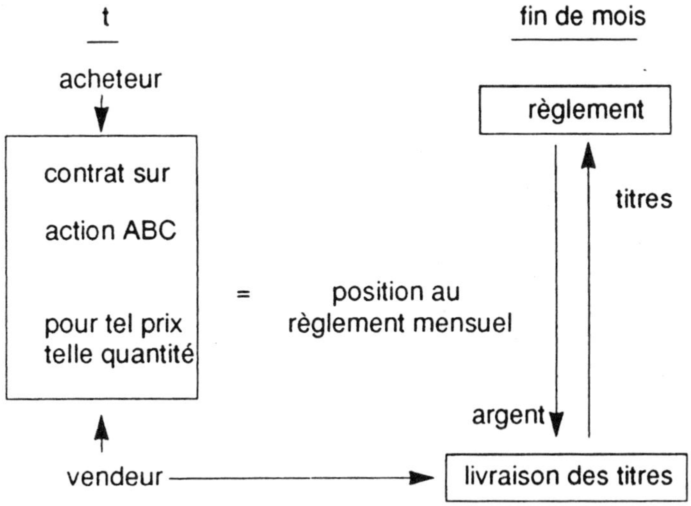

Remarques

- Il est possible de traiter des opérations sur le marché à règlement mensuel en obtenant le règlement immédiat. La transaction sera alors traitée comme sur le comptant. Cela permet au vendeur d'encaisser de suite, ou à l'acheteur, d'avoir les titres en portefeuille sans attendre. Toutefois, cette possibilité entraîne une commission supplémentaire fixée librement par le courtier.

- Le fait de vendre des titres (sur le marché à règlement mensuel) sans les avoir en portefeuille est appelé "vente à découvert". Par cette possibilité le marché à règlement mensuel est le seul qui permette de jouer la baisse d'une valeur.

Les quotités

Sur le marché à règlement mensuel, pour avoir le droit de prendre une position, il convient de négocier (à l'achat ou à la vente) une quantité fixée appelée quotité, ou un multiple de cette quotité.

Position au règlement mensuel: 5,10, 25, 50, 100 ou 500 valeurs à la fois.

Remarque

Il est possible de traiter seulement 1, 2, 3 ou 4 valeurs. Cela s'appelle un rompu. L'opération sera pénalisée par une commission supplémentaire fixée librement par le courtier : la commission de règlement anticipé.

La couverture

Pour assurer la sécurité et la bonne fin des opérations, une couverture est exigée sur les opérations à règlement mensuel. Si cela tend à diminuer le risque encouru par l'intermédiaire, le risque de l'opérateur est également réduit : il ne sera pas tenté de prendre des positions trop importantes.

L'acheteur a toujours besoin d'une couverture. Le vendeur y sera soumis s'il vend à découvert. S'il a déjà les titres en portefeuille, il ne fait que différer la date de livraison de titres déjà possédés et n'a donc pas d'obligation de couverture.

Position au règlement mensuel

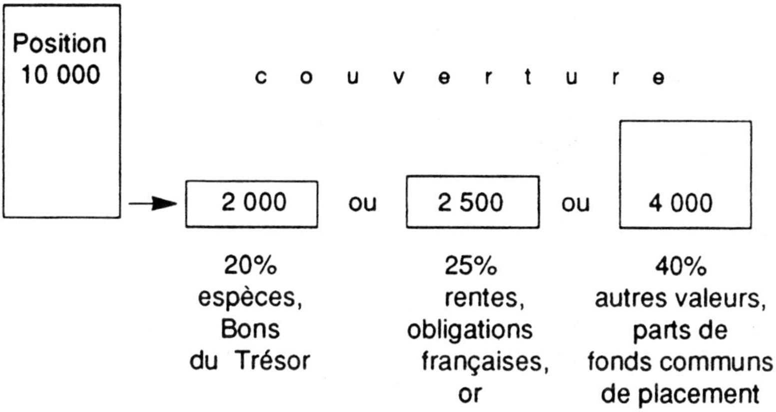

Attention ! Lorsque vous achetez sur le règlement mensuel, vous n'avez pas le droit de couvrir avec la même valeur que vous avez prise en position.

L'effet de levier

Avec une position au règlement mensuel, vous pouvez adopter deux stratégies:

- Vouloir effectivement acheter la valeur prise en position, régler en fin de mois et mettre les titres en portefeuille. Ou, dans le cas d'une vente, vous dessaisir simplement de titres déjà possédés.

- Spéculer. Vous profitez de la possibilité offerte de régler l'opération en fin de mois. Vous pouvez acheter une valeur et la revendre avant la fin du mois. A l'inverse, vous pouvez vendre ce que vous ne possédez pas et le racheter avant la fin du mois. Vous jouez les écarts à la hausse ou à la baisse de la valeur avec un effet de levier considérable. En effet, pour acheter ou vendre 10000 francs d'actions, vous ne devez posséder dans l'immédiat que 2000 francs en espèces.

Exemple 1

Le 10 janvier, vous achetez :
50 titres à 1000 francs = 50 000 francs
couverture : 10 000 francs en espèces

Le 20 janvier : l'action cote 1 200 francs. Vous vendez :
50 x 1200 = 60 000 francs

Fin du mois :

à régler :	*50 000 francs*
à encaisser :	*60 000 francs*
gain brut :	*10 000 francs*

Vous avez immobilisé 10 000 francs de couverture et vous encaissez à la fin du mois 10 000 francs, soit une plus-value de 100% sur la somme investie, alors que le cours de l'action n'a augmenté son cours que de 20%. Effet de levier égal à 5 !

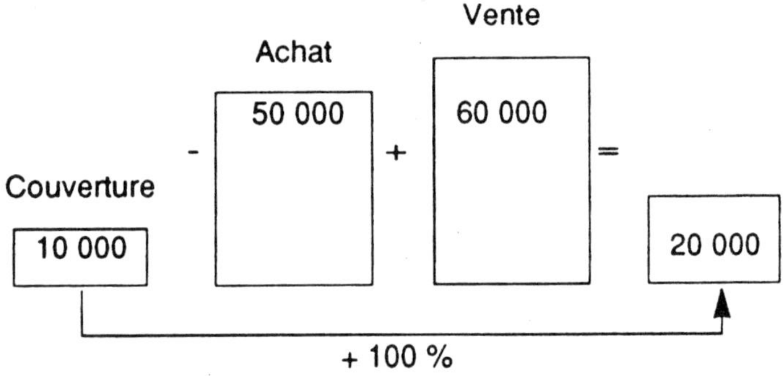

Mais supposons que vous ayez vendu le 20 janvier alors que l'action ait coté 800 francs : au lieu d'encaisser 10 000 francs, vous auriez dû les payer. Moins-value 100% ! Si ce titre avait coté moins de 800 francs, vous auriez versé la différence, soit une moins-value supérieure à 100%! Bien que théoriquement impossible, cela peut arriver au marché à règlement mensuel !

Exemple 2

Le 08 janvier, vous vendez :
10 actions à 4 000 francs = 40 000 francs
couverture : 8000 francs en espèces

Le 17 janvier : l'action cote 3 000 francs. Vous achetez :
10 x 3 000 = 30 000 francs

Fin du mois :
à encaisser : 40 000 francs
à décaisser : 30 000 francs
gain brut : 10 000 francs

Pour 8 000 francs immobilisés, 10 000 francs gagnés et 125% de plus-value. Soit 5 fois plus que la variation du titre, qui a baissé de 25%.

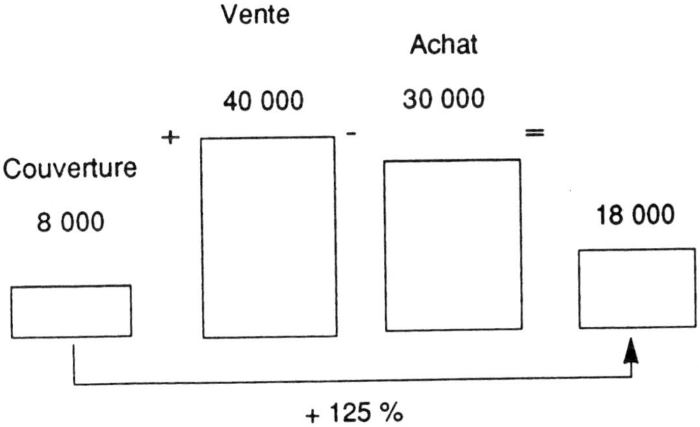

Si l'action avait progressé, au lieu de baisser, vous auriez pu perdre beaucoup. Par exemple, à 5 000 francs, vous auriez perdu 10 000 francs, soit plus que la mise de 8000 francs. A ce jeu, il n'existe pas de perte maximale.

Remarques

- En réalité, une position à terme ne se solde pas par un décaissement suivi d'un encaissement (ou inversement) : l'intermédiaire compense les deux flux automatiquement. De la sorte, l'opérateur encaisse le gain ou décaisse la perte, soit le solde de l'opération. Ce solde apparaît sur un document appelé " compte de liquidation ".

- Pour un achat à règlement mensuel, la perte maximale est réalisée pour un cours de "zéro" et correspond à cinq fois la couverture en espèces. Il n'y a théoriquement pas de limite au gain. En revanche, pour la vente à découvert au règlement mensuel, le profit maximum est de cinq fois la mise (cours à zéro); la perte potentielle maximale (théorique) est alors illimitée.

- En disposant d'un portefeuille de valeurs, il est possible de prendre des positions à règlement mensuel en l'utilisant comme couverture. Un moyen de profiter (ou subir) simultanément la variation du portefeuille et celle de la position au règlement mensuel.

Le calendrier de liquidation

La liquidation des opérations à règlement mensuel dure cinq jours, le dernier étant le dernier jour de Bourse du mois.

Le premier jour est celui de la liquidation générale où sont dénouées les opérations à règlement mensuel. Il correspond en quelque sorte à la fin du mois boursier sur le règlement mensuel. Dès le lendemain, toute nouvelle position est prise sur la liquidation suivante.

Le deuxième jour est celui des opérations de report (voir plus loin).

La dernière bourse (des cinq) correspond au règlement effectif des opérations, c'est-à-dire au décaissement ou encaissement du solde de liquidation et à la livraison des titres.

- liquidation
- reports
- livraison des titres et règlement des capitaux
- entre agents de change
- dernière Bourse du mois: règlement du solde liquidité, livraison des titres

Les dividendes et les droits au règlement mensuel

Les dividendes

Quand un dividende est versé, le cours de l'action est censé diminuer d'autant. Une action de 500 francs au coupon de 25 francs, devrait baisser de 25 francs le jour du détachement du coupon. Si l'action ne varie pas d'un franc ce jour là, cela équivaut à une hausse de : 500 / (500-25) = 1,05 ou 5 %

Au règlement mensuel, cette baisse de cours avantage anormalement le vendeur (qui joue la baisse) et pénalise l'acheteur. D'autant que ce dernier ne percevra pas le dividende versé par la société : sa position ne lui donne pas la pleine possession de ses titres. Il doit les lever le jour de la liquidation pour avoir les droits d'un actionnaire.

Pour compenser cette distorsion, le compte de l'acheteur est crédité d'un montant équivalent au dividende. Montant prélevé sur le compte du vendeur. L'acheteur ne perd rien et le vendeur ne gagne pas. Ce système neutralise totalement les résultats anormaux dus au versement de dividendes.

La société verse des dividendes à toutes les actions qui composent son capital. Le vendeur RM, s'il a les titres en portefeuille, reçoit alors le dividende net de la société - et un montant équivalent est débité sur son compte d'opération sur le RM. Les vendeurs à découvert ne reçoivent pas le coupon de la société.

Les droits d'attribution ou de souscription

Les livraisons de titres au règlement mensuel sont toujours effectuées ex-droit, c'est-à-dire droits détachés. Le montant du droit est crédité sur le compte de l'acheteur qui dispose de ces droits. En contrepartie, la somme est débitée sur les comptes des vendeurs.

Le report des positions

Si vous avez une position d'achat à règlement mensuel, vous pouvez repousser l'échéance à la liquidation du mois boursier suivant. Vous ne devrez alors payer l'ensemble de l'achat qu'à la prochaine liquidation. Le vendeur, lui, ne livrera ses titres qu'à la liquidation suivante.

Article 4-2-13 du règlement général du Conseil des Bourses de Valeurs (Mai 1989).

"Le report consiste dans la faculté offerte au donneur d'ordres de proroger son engagement à règlement mensuel d'une liquidation mensuelle à la suivante. L'acheteur qui fait reporter sa position vend les titres acquis à la liquidation qui s'achève au cours de compensation et les rachète à la liquidation suivante au même cours. Le vendeur qui reporte sa position achète les titres vendus à la liquidation qui s'achève au cours de compensation et les revend à la liquidation suivante au même cours."

En pratique, cette possibilité ne vous intéresse que si vous n'avez pas soldé votre position pendant la liquidation.

Remarques

- On dit que l'acheteur à règlement mensuel "fait reporter" sa position et que le vendeur "reporte" sa position.

- Lorsqu'une position n'est pas reportée (l'acheteur dispose de l'argent nécessaire au règlement et le vendeur dispose des titres), les engagements sont tenus le jour de la liquidation. On dit alors que l'acheteur lève ses titres et que le vendeur peut livrer les titres.

Exemple

Achat de 25 titres à 1000 francs

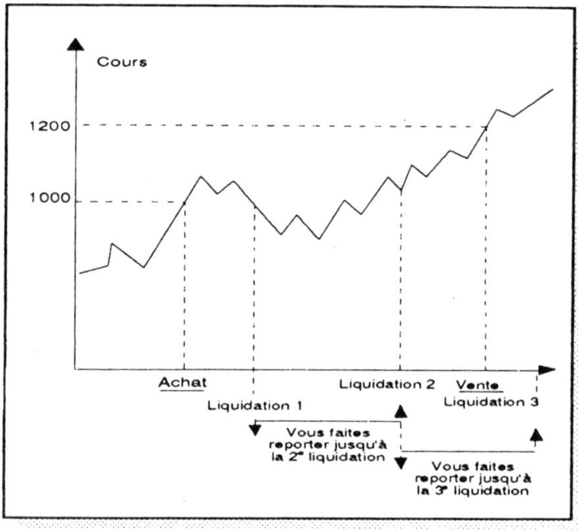

Vous escomptiez une évolution favorable avant la première liquidation. Cela n'est pas arrivé. Au lieu de "lever" les titres, vous faites reporter l'achat à la deuxième liquidation... Evolution toujours peu favorable .....Vous faites reporter à la troisième liquidation. Vous avez eu raison ! Avant l'échéance, le cours a progressé: vous vendez à 1200 francs.

La date des reports

Les reports s'effectuent le deuxième jour des opérations de liquidation, soit le lendemain de la liquidation générale.

Le mécanisme des reports

Vous avez une position d'achat à faire reporter sur la liquidation suivante. On peut décortiquer les opérations de report théoriquement dans le cadre des engagements du marché à règlement mensuel :

Vous avez besoin d'un opérateur qui accepte simultanément de vous racheter vos titres au comptant le jour de la liquidation, et, de vous les recéder immédiatement à règlement mensuel (pour la liquidation prochaine). Pour vous, l'opération de report revient à une vente comptant et un rachat immédiat au règlement mensuel, au même cours. L'opération est dans un premier temps dénouée normalement (dans le respect des engagements de paiement de l'acheteur par une vente comptant), puis réengagée pour le prochain tour!

Si vous aviez eu une position vendeur, vous auriez cherché à racheter vos titres, et à les revendre immédiatement sur la liquidation suivante. En fait, c'est un achat comptant suivi d'une revente au règlement mensuel au même cours.

Finalement, l'acheteur qui fait reporter, recherche des capitaux pour un mois, et le vendeur au règlement mensuel qui reporte a besoin de titres pour un mois.

Cette opération de reports s'effectue à un cours déterminé : le cours de compensation. Ce dernier est fixé par la Société des Bourses Françaises. Le cours de compensation est une moyenne calculée sur les cours cotés le jour de la liquidation générale.

Le compte de liquidation

A partir du moment où une position reportée se traduit par une vente comptant et un achat simultané à règlement mensuel (ou un rachat comptant et une vente au règlement mensuel), le compte de liquidation est mouvementé. Celui-ci récapitule les opérations au règlement mensuel. Il est crédité (ou débité) du gain (ou de la perte) réalisé par rapport au cours de compensation.

Si l'opération est dénouée dans la liquidation suivante, le compte de liquidation est crédité (ou débité) du montant du gain (ou de la perte) réalisé sur la différence entre le cours final (du dénouement de la position) et le cours de compensation précité.

S'il y avait eu deuxième report, le compte de la deuxième liquidation aurait été crédité ou débité de la différence entre les deux cours de compensation (celui de la deuxième liquidation diminué de celui de la première).

En somme, le gain ou la perte sont bien constitués par la différence entre cours de vente et cours d'achat, les reports n'étant que des étapes intermédiaires. Toutefois, lors de ces étapes, les mouvements opérés sur le compte de liquidation se soldent immédiatement par une variation de vos liquidités. Vous payez vos pertes ou encaissez vos gains à chaque liquidation.

1° cas: le 01.01

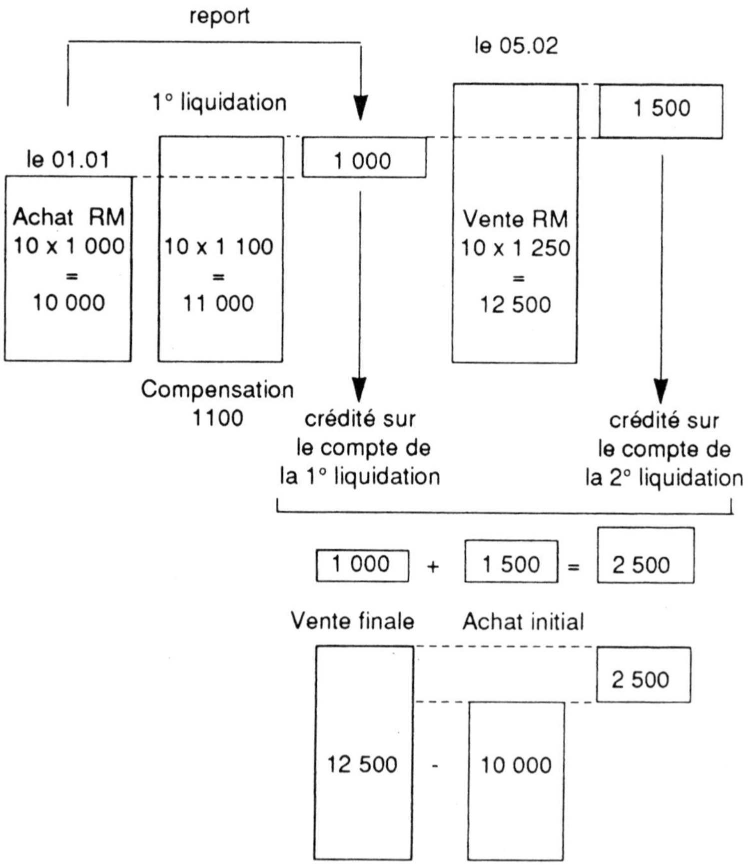

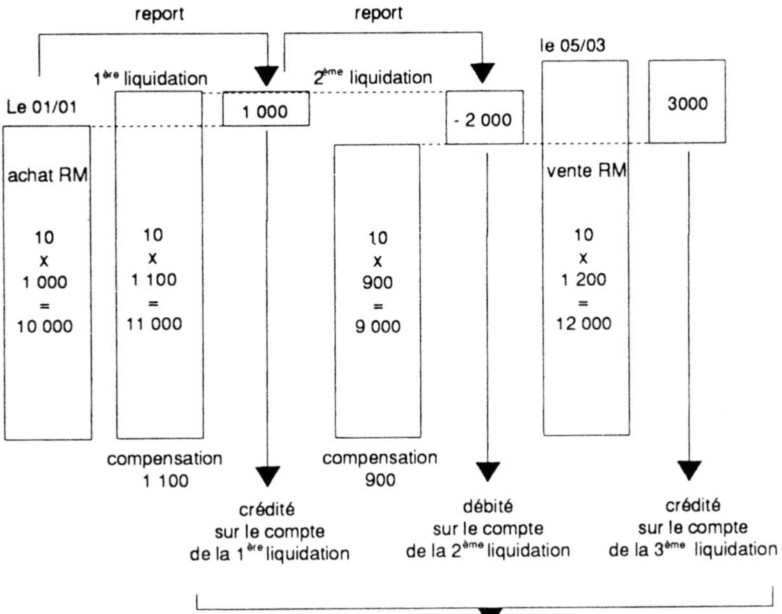

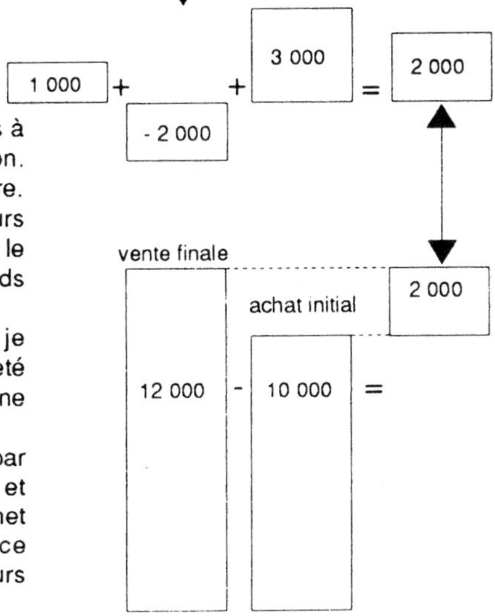

1° Liq. : j'ai acheté 1000, je vends à 1 100, le cours de compensation. J'encaisse un gain de100 F par titre.
2° liq. : j'ai racheté à 1 100 (cours comp. de 1° liq.), je vends à 900, le cours comp. de la 2° liq. Je perds 200 F par titre.
3° Liq. : je solde la position : je vends à 1 200 alors que j'ai acheté à 900 (cours comp. 2° liq.) avec une plus-value de 300 F par titre.
Au total ma position s'est soldée par : un gain de 400 F (100 + 300) et une perte de 200 F, soit un profit net de 200 F par titre, la différence entre cours de vente final et cours d'achat initial (1200 - 1000)

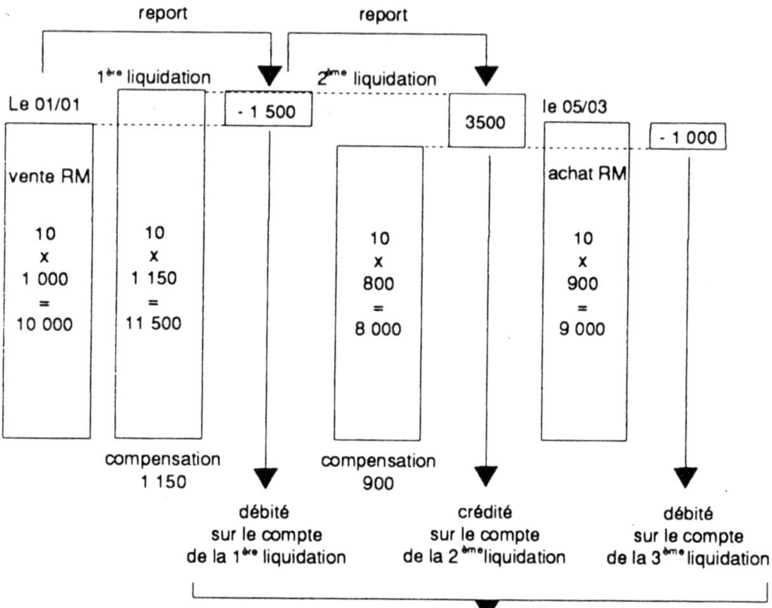

1° Liq. : j'ai vendu 1000, je rachete à 1 150, le cours de compensation. Je perds 150 F par titre.
2° liq. : j'ai revendu à 1 150 (cours comp. de 1ère liq.), je rachète à 800, le cours comp. de la 2° liq. Je gagne 350 F par titre.
3° Liq. : je solde la position : je rachète à 900 alors que j'ai vendu à 800 (cours comp. 2° liq.) avec une perte de 100 F par titre.
Au total ma position s'est soldée par : une perte de 250 F (150 + 100) et un gain de 350 F, soit un profit net de 100 F par titre, la différence entre cours de vente initiale et cours d'achat final (1000 - 900)

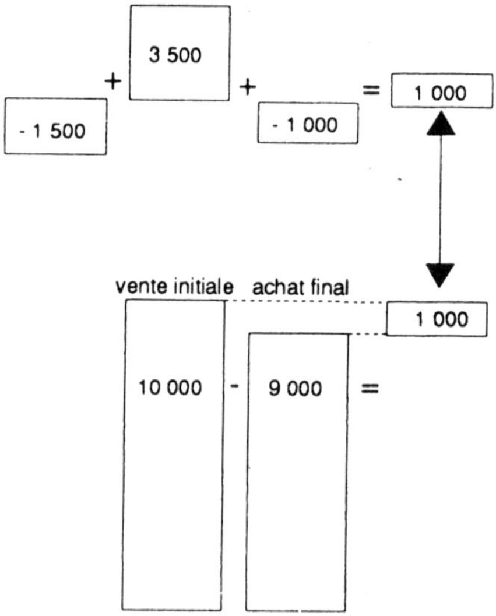

Le prix du report

Pour que le report d'une position d'une liquidation à l'autre soit "gratuit", il faudrait qu'il existe un strict équilibre entre achats et ventes reportés. Cet équilibre pourrait s'interpréter de la façon suivante :

- Vous faites reporter un achat de 100 titres.

- En face de vous, il existe un vendeur de ces 100 titres qui désire reporter sa position.

- La solution est simple : vous vendez au vendeur 100 actions comptant au cours de compensation. Ensuite, immédiatement, le vendeur vous revend à règlement mensuel ces actions au même cours. Le mécanisme est respecté. Vous pouvez régler votre achat puisque le vendeur vous l'a réglé comptant. Pour sa part, le vendeur respecte également ses engagements, puisqu'il pourra livrer les 100 titres qu'il vient d'acheter comptant. Et le vendeur vous revendant 100 ABC à règlement mensuel, il se trouve bien vendeur au règlement mensuel.

Seulement, cet équilibre parfait ne peut avoir lieu, sauf exception. De la sorte, pour pallier le déséquilibre, il va falloir emprunter soit de l'argent, soit des titres... moyennant une indemnisation !

Première hypothèse :

Supposons qu'au total, 10 000 de ces titres achetés soient reportés, alors que seulement 4000 vendus le soient. Il faudra chercher une contrepartie qui acceptera d'acheter 6 000 actions (10 000 - 4 000) comptant (au cours de compensation) pour les revendre à règlement mensuel sur la liquidation suivante. En quelque sorte, la contrepartie revient à l'avance de capitaux pour un mois. Ce prêt d'argent implique évidemment un intérêt : le report. En pratique , à chaque fois que la position acheteur est supérieure à la position vendeur, les acheteurs doivent acquitter le report.

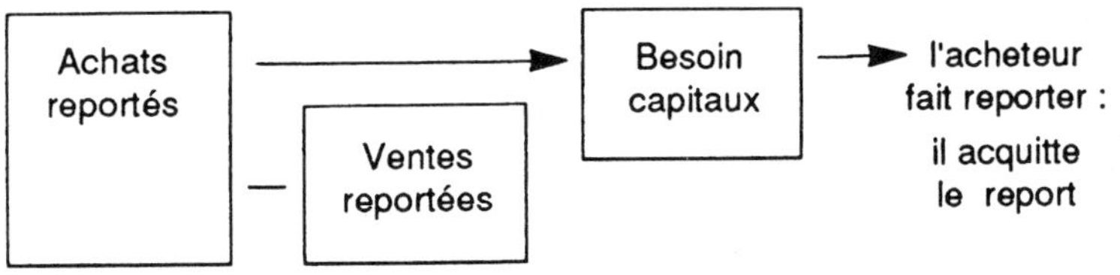

Deuxième hypothèse :

Imaginons la situation suivante : 8 000 ventes sont reportées alors que seulement 5 000 achats le sont sur le même titre. Pour que les engagements soient respectés, il faut trouver un prêteur de 3 000 titres. Les vendeurs (en excès) disposent en effet de capitaux, mais cherchent des titres.

Pour ce faire, ils ont besoin d'une contrepartie acceptant, d'une part de leur vendre comptant 3 000 actions (au cours de compensation), et, d'autre part, de racheter ces 3 000 actions à règlement mensuel (au même cours sur la liquidation suivante). Ainsi, les vendeurs des 3 000 actions peuvent livrer les titres qu'ils ont achetés comptant à la contrepartie, et se mettent à nouveau vendeurs à règlement mensuel sur la liquidation suivante.

Le prêteur de titres qui fait la contrepartie ne le fait pas gratuitement. Le vendeur à règlement mensuel versera une rémunération au prêteur de titres : le déport.

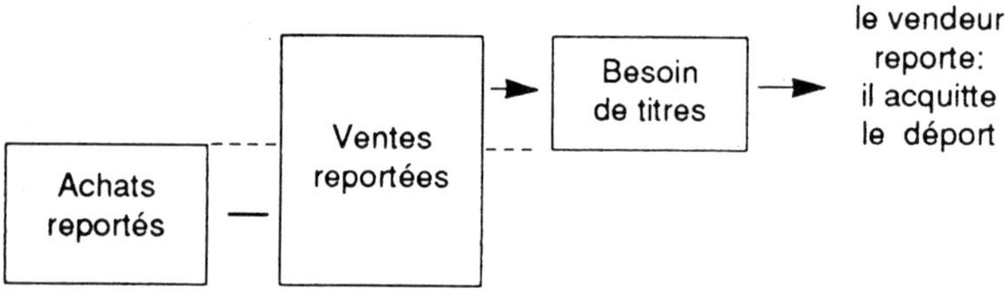

L'établissement du report et du déport

Comme tout ce qui est traité en bourse, les reports ou les déports sont établis selon la loi de l'offre et de la demande et cotés le jour des reports, le lendemain de la liquidation.

Il convient de connaître, pour chaque valeur, le montant de la position à reporter (différence entre achats et ventes reportées). Ensuite sont encore nécessaires : le montant total des capitaux à placer sur le marché des reports, et le nombre de titres "utilisables" en cas de position vendeur supérieure à la position acheteur.

Il suffit de confronter ces éléments pour trouver le "juste prix". Il est évident que l'offre de capitaux croît de pair avec le taux du report (cas de l'excédent d'achats sur les ventes en report). De même le nombre de titres prêts à s'employer augmente parallèlement au niveau du déport en cas d'excédent de ventes reportées.

Représentation graphique (1ère hypothèse)

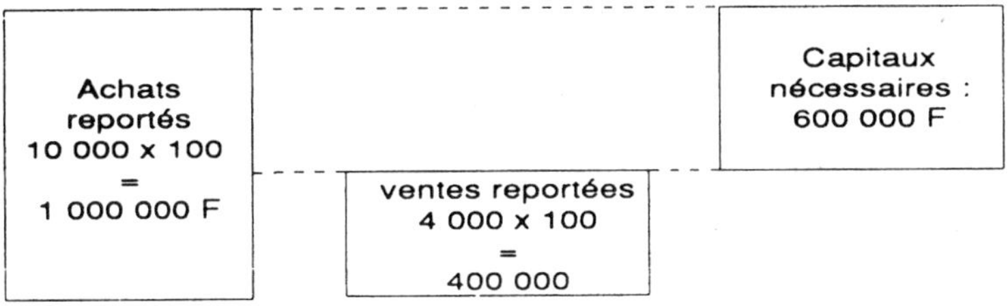

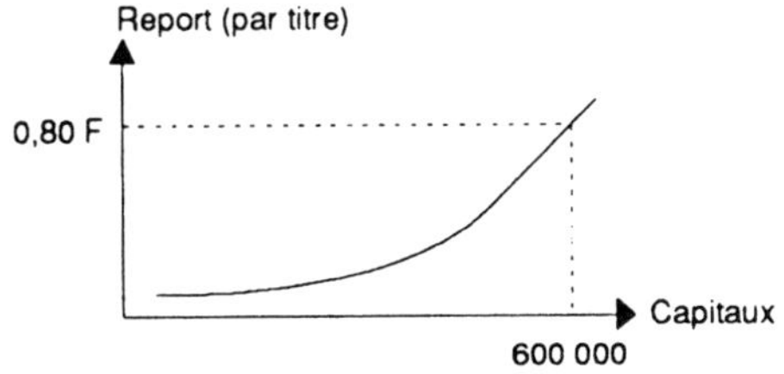

Report = 0,80 F/titre, soit un taux annuel proche de 9,6 % : (0,8x12)/100. Rémunération encaissée par les prêteurs des 600000 F et les vendeurs reportés pour 400 000 F.

Représentation graphique (2ème hypothèse)

Remarques

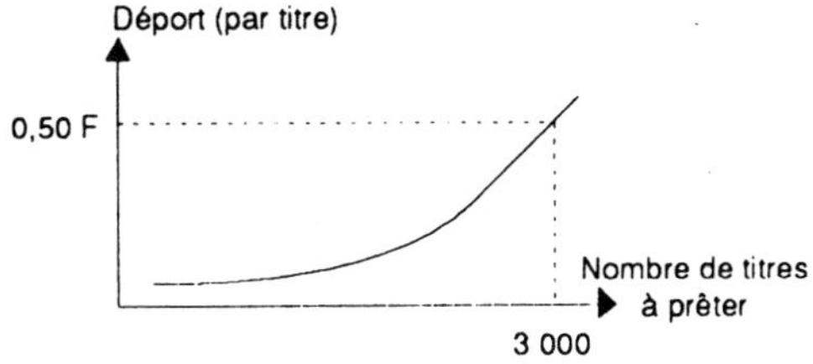

Déport = 0,50 F/titre attibué aux 3 000 mille titres prêtés et aux 5 000 achats reportés.

- Le taux fixé pour les reports est unique et s'applique à toutes les valeurs ayant une position acheteur supérieure à la position vendeur.
- Les déports sont calculés indépendamment pour chaque valeur concernée.
- En cas de report, l'acheteur qui fait reporter sa position acquitte le report. Ce dernier est encaissé par les bailleurs de fonds, mais également par les vendeurs qui reportent.
- En cas de déport, les vendeurs qui reportent leur position acquittent le déport. Ce dernier est encaissé à la fois par les "prêteurs" de titres et par les acheteurs qui ont fait reporter leur position.
- Lorsqu'une position est reportée, cela ne change rien au système de couverture. Toutefois, en cas d'évolution défavorable des cours (et compte de liquidation débiteur), l'intermédiaire peut exiger un complément de couverture, afin de la ramener au niveau réglementaire.

REPORTS : RÉCAPITULATIFS

• Le jour de la liquidation, si l'opérateur désire repousser l'échéance et le dénouement de l'opération, il dispose de la faculté de reporter sa position sur la liquidation suivante.

• Une position d'achat que l'on fait reporter revient à une vente comptant suivie d'un rachat à règlement mensuel et donc, à un crédit d'un mois.

• Une position de vente que l'on reporte se traduit par un achat comptant suivi d'une vente à règlement mensuel et donc, par un "emprunt" de titres pour un mois.

• Positions d'achat et de vente sont reportées sur la base d'un cours fixé par la Société des Bourses Françaises, le cours de compensation.

• Les comptes de liquidation sont crédités ou débités en fonction des variations de cours enregistrées par rapport au cours de compensation.

• A la liquidation :

- la position acheteur reportée est supérieure à la position vendeur reportée: les acheteurs qui font reporter acquittent un report.

- la position vendeur reportée est supérieure à la position acheteur reportée: les vendeurs qui reportent acquittent un déport.

• Report et déport sont variables et s'établissent en fonction de l'offre et de la demande. Cela signifie que le report dépend de la position acheteur à reporter et de l'offre de capitaux. Le déport est tributaire de la position vendeur reportée et du nombre de titres disponibles pour un "prêt" d'un mois.

La position de place

Il s'agit d'un document édité à chaque fin de mois et publié dans la cote officielle. Il comprend, pour chaque valeur du règlement mensuel, chaque secteur et l'ensemble du marché à règlement mensuel, le total des achats et des ventes reportés. La position de place est alors le solde des achats et des ventes reportés. Généralement, la position est à l'achat. En revanche, observée valeur par valeur, la position peut aussi bien être à l'achat qu'à la vente.

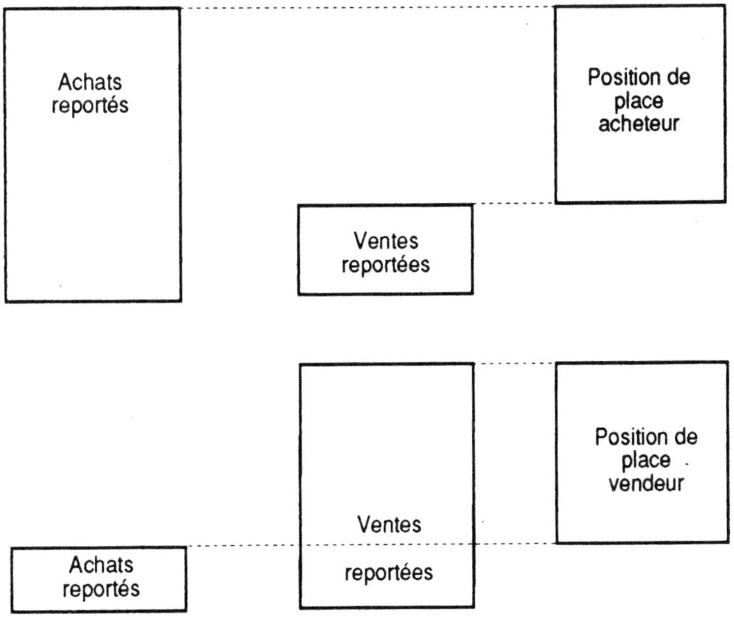

Deux éléments justifient l'attrait de cette analyse :

• Une position acheteur sur la liquidation suivante est censée finir par se déboucler. C'est-à-dire que ces acheteurs devront, tôt ou tard, vendre leurs titres. Lorsque la position à l'achat est forte en volume, une correction des cours accentuée est prévisible en cas de baisse de la valeur ou du marché. En effet, les acheteurs à règlement mensuel agiront rapidement en cas de recul et pèseront sur les cours par leurs ventes.

• Pour une position vendeur, c'est l'inverse. En cas de hausse des cours, elle s'accentue par les rachats des vendeurs à découvert qui commencent à prendre peur.

EXEMPLE

A la liquidation boursière, la position acheteur sur un titre est de 100 000 titres, la position vendeur de 10 000 : la position de place est acheteur de 90 000 titres (le solde des achats sur les ventes).

Le volume moyen des transactions sur cette action est de l'ordre de 2 000 titres. Si le titre baisse, les acheteurs reportés prennent peu : c'est un potentiel de 90 000 titres qui peuvent se présenter à la vente : 45 jours de transactions! D'où l'accentuation de la baisse.

REMARQUE

- Pour l'ensemble du marché, il faut suivre l'évolution de la position de place de mois en mois. Dans l'hypothèse d'un fort accroissement de la position globale à l'achat, tout affaiblissement du marché pourrait se solder par un recul plus prononcé.

- Aujourd'hui, la position de place a moins de signification sur les 40 valeurs qui composent l'indice CAC 40. Ce dernier est l'objet de contrats à terme et d'options négociables : les professionnels engagent alors des opérations d'arbitrage qui modifient sensiblement la position de place,. sans pour autant avoir une quelconque signification.

CE QU'IL FAUT RETENIR

• Il existe deux modes de négociation des valeurs : le comptant et le règlement mensuel.

• Dans une négociation au comptant, l'acheteur paie les titres et le vendeur les livre simultanément à l'exécution de l'ordre en bourse. Une partie de la cote officielle, le second marché et le hors cote sont traités au comptant.

• Dans une négociation à règlement mensuel, les obligations de paiement et de livraison des titres sont différées à la fin du mois, quelle que soit la date (dans le même mois) de l'exécution de l'ordre en bourse. Prendre une position sur le marché à règlement mensuel, c'est conclure un contrat entre acheteur et vendeur à une échéance fin de mois boursier.

• Sur le marché à règlement mensuel, on négocie en principe des quotités de titres (par 5, 10, 25, 50, 100 ou 500 valeurs).

• Pour prendre une position, il faut déposer une couverture sur son compte: espèces, bons du Trésor, or, obligations, actions ou parts de fonds communs de placement.

• Le jour de la liquidation est fixé comme la quatrième bourse précédant la dernière séance du mois. Lors de la dernière bourse du mois, les comptes de liquidation sont mouvementés et les titres sont livrés. Ces comptes font apparaître le résultat des opérations de bourse réalisées pendant la liquidation qui vient de s'achever.

• Le jour de la liquidation, acheteurs et vendeurs à règlement mensuel ont la possibilité de repousser l'échéance de leurs engagements : on dit alors que les positions sont reportées.

• La position de place est constituée par la différence entre achats et ventes reportés. Cette position peut être soit acheteur (lorsque les achats sont supérieurs aux ventes), soit vendeur (dans le cas inverse).

ÉVALUER

CHAPITRE 6

APPRÉCIER UN MARCHÉ

L'évolution du cours d'une action dépend de nombreux facteurs. Déjà, les qualités intrinsèques de la société, qui peuvent être dégagées à la lecture des comptes de l'entreprise, sont déterminantes. Ces qualités sont cependant liées au secteur d'activité dans lequel ladite entreprise opère. En effet, certains secteurs se caractérisent par une très grande régularité d'activité, alors que d'autres sont au contraire plus "fantaisistes".

Cependant, au-delà des caractéristiques propres de la société et de son secteur d'activité, le cours de ses actions est aussi déterminé par le climat économique. La bourse fait partie de l'économie et, par conséquent, est sensible à son évolution.

Expansion et récession

L'activité économique se caractérise (depuis l'entrée dans l'ère industrielle au début du XIXe siècle) par son cycle plus ou moins régulier de phases d'expansion et de récession. Expansion et récession correspondent respectivement à une augmentation ou à une diminution du volume de la production industrielle. Expansion et récession ressortent des mesures de croissance du PIB (produit intérieur brut).

L'ensemble des économies développées a connu une longue période de croissance de 1945 à 1973 (les trente glorieuses) avec des périodes courtes de récession ou de stagnation. Depuis 1974, l'économie mondiale est plongée dans une phase de recul même si des reprises peuvent se manifester ça et là - comme l'expansion de la fin des années quatre-vingt suivie d'un fort ralentissement au début des années quatre-vingt-dix.

En termes boursiers, les cycles économiques ont une importance capitale. En période de croissance, le chiffre d'affaires et le résultat des entreprises augmentent, ce qui se traduit par une hausse des cours de bourse. L'inverse se produit en phase de récession. L'économie des années 1987 et 1988 nous offre un cas d'école. En moyenne, les résultats des entreprises françaises ont progressé de14 % en 1987 et de 18 % en 1988. Le mouvement s'est accompagné d'un assainissement financier : la plupart des entreprises ont réduit leurs dettes et ont accru l'autofinancement de leurs investissements. L'expansion la plus forte a concerné l'année 1988 où la demande intérieure, soutenue par la consommation des ménages et le boom de l'investissement, a nourri les carnets de commandes des entreprises alors que la productivité s'améliorait. Ces performances n'ont pas manqué de hisser la cote vers de nouveaux sommets, effaçant les mauvais souvenirs du krach d'octobre 1987. Malheureusement, après avoir digéré cette belle croissance, les entreprises ont faibli devant une récession naissante, celle des années quatre-vingt-dix. La faiblesse de la consommation, le manque de dynamisme des exportations et les révisions - en baisse - de plans d'investissement ont rapidement dégarni les carnets de commandes : les bénéfices ont reculé. En toute logique, la bourse souffrait et ne parvenait pas à retrouver ses meilleurs niveaux. En 1992, par exemple, les plus importantes sociétés de la cote enregistraient en moyenne des reculs de leur bénéfice de l'ordre de 10%. Et, aucune amélioration notable n'était prévisible pour 1993.

Tous les secteurs économiques ne connaissent pas l'expansion ou la récession en même temps. Les incidences de la conjoncture sont contrastées selon l'activité.

Les activités dites "cycliques" sont les plus sensibles aux alternances expansion / récession. Par exemple, les constructeurs d'automobiles sont très favorisés par une croissance économique : l'augmentation des revenus des ménages s'oriente vers des biens de consommation durables. Le phénomène sera d'autant plus fort que le niveau de vie de la population sera élevé. Mais, en cas de recul du pouvoir d'achat, ce type de biens est très vite délaissé au profit d'une consommation plus basique. Et, dans ce type d'entreprise, le volume de vente a un effet multiplicateur sur les résultats : les usines et les équipements exigent de lourds amortissements qui demeurent pendant les crises. D'où le qualificatif de "cyclique".

A l'opposé, il existe des activités qui ne subissent pas - ou peu - l'influence des cycles économiques. Ainsi, dans les économies développées, les achats de produits alimentaires ne sont ni dopés par un développement économique rapide, ni pénalisés par les récessions. Les résultats de ces entreprises peuvent donc connaître une croissance régulière.

Partant de ces constats, les investisseurs ont une préférence pour les valeurs de sociétés "cycliques" dans les phases d'expansion : leurs résultats s'accroient en principe beaucoup plus rapidement que leurs ventes. En revanche, pendant les récessions, ils vendent les valeurs cycliques - qui chutent les premières - et se reportent sur les moins sensibles dont les résultats peuvent continuer à progresser.

De plus, la bourse a tendance à anticiper les mouvements conjoncturels. De manière pratique, il semble donc qu'il faille acheter à la fin d'une récession, lorsque les cours commencent à augmenter. C'est le moment où la bourse anticipe une reprise même si l'économie continue d'être déprimée.

A l'inverse, il est souhaitable de vendre à la fin d'un cycle de croissance au moment où les cours sont au plus haut.

Certes, il faut bien reconnaître qu'il est assez difficile de déceler le passage de la récession à l'expansion ou vice versa. Les analyses a posteriori sont souvent justes, mais peu utiles en matière boursière !

Inflation et désinflation

L'inflation correspond à une hausse de l'ensemble des prix. Elle se traduit par une perte de pouvoir d'achat et par une érosion de la valeur de la monnaie.

Le phénomène de l'inflation conduit généralement à des comportements de fuite devant la monnaie. En effet, vous préférez vous débarrasser d'un actif qui perd de sa valeur au fur et à mesure que le temps passe. Vous essayez alors de placer vos avoirs monétaires dans des biens réels qui conservent leur valeur en monnaie constante (hors effet de l'inflation). Les valeurs mobilières sont de ces actifs susceptibles de vous protéger contre l'inflation. Elles représentent le patrimoine de sociétés industrielles ou de services, composé de biens physiques (immobilisations foncières et industrielles) et / ou incorporels (procédés, brevets, fonds de commerce ...). De plus, l'activité de ces sociétés, et en particulier leurs facturations, suivent en général le processus d'ensemble de la hausse des prix.

L'inflation se traduit donc par une montée des cours de bourse. Mais pour que la hausse soit réelle, il faut que l'augmentation des cours soit supérieure au taux d'inflation. Dans le même ordre d'idées, les véritables résultats des sociétés doivent s'apprécier en monnaie constante.

La désinflation devrait à priori avoir un effet contraire et se traduire par une baisse des cours ou une moindre progression. En effet, il devient moins coûteux de détenir du liquide : vous êtes susceptible de moins investir en actions ou en obligations.

Les taux d'intérêt

Qu'est-ce qu'un taux d'intérêt ? Le taux d'intérêt, c'est le prix que vous demandez pour renoncer momentanément à une somme déterminée. Supposons que vous disposiez de 100 francs et que vous les prêtiez pour une période d'un an. Vous renoncez pendant ce temps à utiliser vos 100 francs; vous vous privez de la possibilité de réaliser certaines affaires pendant un an. Si vous aviez gardé cet argent, vous auriez pu l'employer pour en tirer un revenu... Pour toutes ces occasions perdues, vous devez recevoir un dédommagement : le prix de la renonciation, c'est le taux d'intérêt. Le taux d'intérêt sera a priori d'autant plus élevé si vous prêtez votre argent pour longtemps : plus vous prêtez longtemps, plus vous renoncez à gagner de l'argent avec vos capitaux.

Le taux d'inflation a un effet mécanique sur les taux d'intérêt. En effet, si vous prêtez 100 francs aujourd'hui pour un an et que les prix montent de 10% dans cet intervalle, lorsque vous serez remboursé, vous n'aurez plus que 90 francs en termes de pouvoir d'achat. Pour ne rien perdre, les taux d'intérêt doivent alors dépasser 10 %.

Lorsque le taux d'inflation s'accroit, les taux d'intérêt suivent, et inversement. A partir de 1982, les taux d'inflation ont eu tendance à se réduire dans l'ensemble des pays développés et les taux d'intérêt se sont progressivement détendus.

Les variations des taux d'intérêt sont d'une importance extrême pour les cours de bourse. En effet, les investisseurs comparent en général le rendement moyen offert par les obligations avec le rendement moyen des actions, celui des actions devant être légèrement supérieur pour "payer" le risque pris par l'actionnaire entrepreneur. De la sorte, toute hausse des taux - et des rendements des obligations - amenuise cette différence de rendement, détournant les investisseurs vers les obligations sans risque : délaissées, les actions baissent. La baisse s'arrête lorsque la différence de rendement avec une obligation rémunère correctement le "risque".

Les taux de change

Depuis 1971, la valeur des monnaies les unes par rapport aux autres est déterminée par le libre jeu de l'offre et de la demande : c'est le régime des changes flottants.

Indépendamment du régime de change, certaines monnaies ont une tendance structurelle à baisser au cours des années par rapport aux autres eu égard aux performances relatives des économies. Le relèvement des taux d'intérêt permet alors la défense de la monnaie : si le loyer de l'argent est plus élevé en France, les investisseurs étrangers auront tendance à placer leurs capitaux dans notre pays. Cette tendance va créer une conversion de devises étrangères en francs, c'est-à-dire une demande de francs et une offre de devises concernées. Résultat : le franc monte parallèlement à la hausse des taux français. Ainsi, toute politique de défense d'une devise a tendance à monter la pressions sur les taux d'intérêt, ce qui provoque un effet désastreux sur l'évolution de la bourse.

La trop grande force du mark allemand a longtemps tenu les taux français au plus haut niveau, étouffant presque notre

économie. En fait, l'Allemagne craignait avant tout une remontée de l'inflation : pour l'éviter, il lui a suffi de monter ses taux d'un cran à chaque fois que la menace se précisait. Mais comme le franc et le mark sont liés dans le cadre du Système Monétaire Européen, la France a tenu ses taux un peu plus haut que ceux de l'Allemagne, afin que le franc résiste au mark. Comme quoi l'évolution des devises peut toucher indirectement la bourse.
La tendance des devises est également très importante quand on souhaite placer de l'argent sur les bourses étrangères. En effet, le gain réalisé sur les valeurs cotées sur ces places peut être annulé par une variation défavorable de la devise nationale.

Par exemple, vous achetez l'action d'une société anglaise Y cotée à la Bourse de Londres, et vous la conservez deux mois : elle passe de 10 £ à 11 £, soit un gain de 10% en capital. Si dans le même temps, la livre britannique baisse de 10% par rapport au franc, vous n'aurez rien gagné.

CHAPITRE 7

APPRÉCIER UNE VALEUR

L'évaluation d'un titre s'appuie sur trois analyses indissociables: Avant tout, un investisseur va être guidée par une perception intuitive de l'entreprise : que produit elle, quel est son marché, comment le ressent-il ? Y croit-il ou non ?

Ensuite, l'analyse financière permettra d'apprécier la capacité de l'entreprise à dégager des profits. Elle fournira également des informations sur la solidité de l'entreprise. Le bilan et compte de résultat seront vos instruments de base.

Cette analyse constitue l'étape préliminaire indispensable au choix d'un titre. La décision finale d'achat ou de vente du titre n'interviendra qu'après le déchiffrage complet des données boursières, c'est-à-dire la comparaison du prix de l'action par rapport aux autres titres de la cote.

ANALYSE INTUITIVE

\+

ANALYSE FONDAMENTALE

\+

ANALYSE BOURSIERE

↓

DÉCISION
ACHAT - VENTE

L'ANALYSE INTUITIVE

Les 10 clés de l'investisseur

Outre les données macro-économiques (telles que la conjoncture économique, la fiscalité des entreprises, le climat social), l'analyse d'une valeur suppose l'examen de l'ensemble du secteur. Une série de questions types peut simplifier la démarche en parvenant à un résultat satisfaisant.

Le produit vendu

Peter Lynch (l'un des gestionnaires les plus réputés du monde) considère qu'un investisseur ne doit s'intéresser qu'à ce qu'il est capable de comprendre. On peut faire plus de profits en achetant une société qui fabrique des capsules pour les bouteilles - une activité simple - qu'en misant sur un spécialiste du satellite d'espionnage - auquel on ne comprend presque rien. Bref, les meilleures idées sont souvent les plus simples. Se préparer à investir consiste avant tout à être en éveil pour collecter le maximum d'informations sur une société et son secteur d'activité.

Attention également aux jugements rapides. Si une société est présente sur un marché très porteur (tel que l'informatique, l'espace...), les chances de plus-value ne sont pas forcément plus importantes. Ainsi, un secteur traditionnel qui connaît un retournement peut justifier une multiplication des cours. Bien souvent, les valeurs d'un tel secteur ont été délaissées, d'où un renouveau d'autant plus vif.

Enfin, il faut se fier à son bon sens. Il n'est pas logique d'acheter le titre d'un constructeur automobile dont on n'aime guère les véhicules : inutile de miser sur un constructeur allemand si on vient d'acheter une voiture japonaise, la considérant plus compétitive. La cohérence est de rigueur.

La part de marché

S'il accroit sensiblement les débouchés, le développement des échanges internationaux provoque la disparition des sociétés de petite dimension. Les parts de marché ne se rapportent plus à des chiffres nationaux, mais à des données européennes ou mondiales. Moins ressentie par les sociétés très spécialisées ou peu capitalistiques (qui nécessitent moins d'investissements pour se tailler une part de marché), cette mondialisation incite les multinationales à accélérer leur concentration afin de diluer leurs coûts fixes sur une production étendue.

Les sociétés de taille réduite ne résistent pas à la pression d'une telle concurrence : elles disparaissent du marché ou se rapprochent de groupes plus importants. Ainsi, la position de la société sur son marché apparaît comme un élément déterminent de sa pérennité.

Deux tactiques boursières sont dès lors possibles. Les grandes valeurs offrent un potentiel intéressant en raison du renforcement de leur position dominante. Appelés "blue chips", ces titres constituent souvent le "fonds d'un portefeuille ": leur performance boursière est souvent proche de la moyenne.

Malgré un risque plus important, les sociétés de petite dimension peuvent être plus attrayantes. Plus hasardeuses, leur croissance peut néanmoins être beaucoup plus rapide que celle des "monstres tentaculaires" qui dominent le marché. Et, si elles ne parviennent pas à se hisser au top des palmarès, ces sociétés peuvent être rachetées à des prix intéressants pour les actionnaires. Par exemple, l'approche du marché unique européen a provoqué de véritables courses à la position dominante : les groupes les plus fortunés satisfont leurs appétits de taille à force de surenchères sur les plus petits.

Le cours des produits

Bon nombre de sociétés n'ont pas la maîtrise des prix de vente de leurs produits. Par exemple, un producteur de sucre, de pétrole, d'aluminium, de pâte à papier, d'or, et plus généralement de toute matière première, est tributaire du cours mondial de sa production. Et l'incidence de ce cours se ressent tôt ou tard sur les résultats. Souvent, les boursiers jouent les effets multiplicateurs de l'évolution de ces cours. Ramenée à une équation simpliste, la variation d'un point du prix de vente se traduit en effet par un point - de plus ou de moins - sur la marge de l'entreprise avant impôts.

Dans ce cas, l'entreprise gagnante sera celle qui obtient les prix de revient les plus faibles par rapport à ses concurrentes.

La sensibilité aux données macro-économiques

Certains indices de sensibilité sont particulièrement révélateurs des perspectives d'une affaire :

- le nombre de logements construits pour les cimentiers et les entreprise de bâtiment.

- les crédits alloués aux grands travaux pour le bâtiment et les travaux publics.

- les commandes de l'Etat, particulièrement pour l'armement et les télécommunications.

- le pouvoir d'achat pour tous les biens de consommation durables (par exemple les automobiles).

- la consommation pour la distribution.

- le marché de l'immobilier "pierre" pour toutes les sociétés foncières.

- le contingentement de la masse monétaire et l'évolution des taux d'intérêt pour les banques.

- etc ...

Les matières premières et l'énergie

Toute industrie consomme des matières premières et de l'énergie. Une variation de leurs prix se traduit par une augmentation ou une réduction des charges. En principe ces mouvements finissent par se répercuter sur les prix de vente finaux : les résultats ne devraient pas être touchés. Toutefois, l'adaptation des prix de vente n'est pas immédiate : une baisse des matières premières consommées ou de l'énergie avantage dans un premier temps l'entreprise, qui dégage un surplus de bénéfice. A l'inverse, quand le prix de l'énergie monte, l'entreprise est d'abord pénalisée. De plus elle peut-être amenée à limiter l'envolée de ses tarifs pour préserver sa compétitivité.

En somme, une variation de cours des approvisionnements produit un effet positif ou négatif sur la rentabilité. De fait les activités de première transformation ou très gourmandes en énergie sont plus fortement touchées.

Par exemple, une envolée des cours mondiaux du pétrole est favorable aux entreprises de recherche pétrolière mais ne l'est pas pour les papetiers, les cimentiers ou les producteurs de sucre.

Les devises

Si la société importe des matières premières ou des produits finis pour son activité, l'évolution de la devise servant de base au règlement se conjuguera aux variations des prix de ces biens exprimés dans leur monnaie locale. Par exemple, la plupart des matières premières et le pétrole sont réglées en dollars : l'évolution de cette monnaie peut produire un effet non négligeable sur les résultats.

Si la société exporte, l'impact est l'inverse du précédent. Une entreprise qui a profité pleinement de la hausse du dollar subira d'autant plus son recul. Toutefois, une société qui exporte en Europe est peu sensible aux devises : le Système Monétaire Européen fixe normalement les parités de change.... mais attention aux dévaluations!

Une hausse de la devise d'exportation se traduit toujours par un accroissement des bénéfices de la société. Si cette société exprime toujours ses prix en devise, le prix ne change pas pour l'importateur étranger mais la société perçoit plus de francs après conversion de cette devise. Un supplément de recette qui gonfle d'autant le résultat. Dans l'hypothèse d'une baisse de la devise d'exportation, les effets sont malheureusement inverses. Les effets sur les résultats sont tout à fait différents lorsque la société est produit localement : payer ses coûts en dollars et vendre sa production en dollars n'a qu'une incidence limitée sur les comptes. Il convient donc de rechercher des informations sur les marchés étrangers d'une entreprise avant de porter un jugement définitif.

La diversification

Très souvent, les groupes industriels sont très concentrés sur un produit et ses dérivés, notamment dans les secteurs les plus lourds. Cependant, lorsqu'il y a diversification réelle, il convient de se poser cette série de questions pour chaque secteur, considérant alors une société comme la somme d'entreprises différentes.

L'activité unique expose l'entreprise à un risque important : celui de la dépendance totale d'un seul débouché. L'illustration en est donnée par les entreprises de bâtiment ou de biens de consommation durables (comme les automobiles) plus durement touchées pendant la crise économique.

Un tel constat a incité de nombreuses sociétés à se diversifier pour pallier ce risque. Au demeurant bénéfique, une diversification peut cependant présenter de lourds inconvénients. D'abord, les différences de métiers rendent souvent la gestion d'une affaire délicate. Ensuite, au sein d'économies qui se mondialisent, mieux vaut être fortement présent dans un seul métier qu'insignifiant dans plusieurs ! D'un objectif de limitation de risque produit, la société se place en marge de ses marchés et remet en cause sa pérennité. Par exemple, l'approche des années quatre-vingt-dix a donné lieu en France à des "recentrages sur les métiers de base", comme les nomment les analystes.

Enfin, dans l'optique d'un investisseur, mieux vaut obtenir une diversification par constitution de plusieurs lignes de titres de sociétés spécialisées que par l'achat de quelques sociétés trop diversifiées! C'est le meilleur moyen de profiter du savoir-faire de chacun des spécialistes.

Les taux d'intérêt

L'influence des taux d'intérêt sur le secteur bancaire est en principe immédiate. Toute hausse des taux d'intérêt pénalise la banque sur son refinancement, dont le coût augmente. A l'inverse, une baisse les taux dope les résultats des banques. L'évolution des taux n'a de répercussion que sur les établissements distributeurs de crédit. Les banques d'affaire ne sont évidemment pas concernées.

Les banques ne sont pas seules touchées. Les entreprises du secteur industriel le sont également. Une hausse des taux d'intérêt renchérit le loyer de l'argent : une société endettée paiera plus d'intérêt à son banquier et verra son résultat se réduire. Et inversement ! Certes, dans l'ensemble les entreprises se sont considérablement désendettées depuis 1980. Mais les dettes à court terme, liées à l'activité avec le besoin en fonds de roulement, portent intérêt à un taux proche de celui du marché. D'où une certaine sensibilité.

La deuxième sensibilité au taux est indirecte et tient à la rentabilité de l'entreprise. Par exemple, la rentabilité des capitaux propres d'une société est de 10 % : c'est-à-dire que 100 francs investis dans l'activité de la société rapportent 10 francs en un an. Si le taux d'intérêt est de 8 %, la société pourra s'endetter : 100 francs empruntés coûtent 8 francs par an. Les 100 francs consacrés à l'activité en génèrent 10, soit 2 de plus. Mais, si le taux d'intérêt passe à 12%, l'entreprise ne tire plus profit de l'endettement. N'aurait-elle pas besoin d'endettement que l'effet taux jouerait. En effet, les liquidités dont dispose la société ont une rentabilité plus élevée en placement au taux d'intérêt du marché qu'investies dans le développement de la société. En somme, la hausse des taux réduit les opportunités d'investissement pour les sociétés. Et une entreprise qui n'assure pas pleinement sa croissance connaît généralement une contre-performance boursière !

La productivité

Lorsqu'une société augmente sa productivité, c'est-à-dire le nombre d'unités produites par employé ou par machine, elle a deux possibilités : essayer d'accroître sa part de marché ou gagner plus d'argent.

En effet, une meilleure productivité diminue les coûts de production à l'unité : l'entreprise peut en profiter pour réduire ses prix de vente ou améliorer la qualité des biens. Dans les deux cas elle conforte sa position par rapport à la concurrence. Si la société ne transforme pas sa hausse de productivité en plus de compétitivité, elle réalise simplement des profits plus importants, un but tout à fait louable si la position sur le marché est déjà très forte.

L'utilisation des capacités de production

Deux menaces planent sur une affaire qui tourne à plein régime. D'une part, faute de pouvoir produire plus, elle doit refuser de nouveaux clients ou allonger les délais de livraison. Inutile de souligner l'effet commercial de telles contraintes ! D'autre part, la société peut passer à la vitesse supérieure. Si l'activité est peu capitalistique, une simple réorganisation peut suffire (le cas des services) pour croître sans souci. Mais si la production exige de lourds investissements en matériel, l'accession à la taille supérieure commencera par coûter cher : le coût du financement du capital et les charges fixes qui suivent la prise en compte de nouvelles installations.

Certes, il est préférable d'utiliser au maximum ses capacités de production. Toutefois, l'atteinte de la surchauffe peut remettre en cause les bienfaits du développement.

En clair, la bourse préfère les montées en régime que les changements de vitesse !

Attention ! Ce n'est pas forcément la réponse à ces questions qui est importante. Le simple fait que plusieurs investisseurs se posent la même question en même temps peut suffire à faire varier le cours d'une valeur.

Par exemple, lorsque le prix de la pâte à papier monte, les valeurs papetières baissent avant même que soit connue la réelle portée d'une telle modification des paramètres. A l'inverse, à l'annonce d'une la baisse des taxes sur les automobiles, les valeurs de ce secteur enregistrent immédiatement une progression de leurs cours avant que les analystes financiers aient eu le temps de mesurer précisément l'effet de cette mesure.

Il ne faut jamais oublier qu'un cours de bourse est le résultat d'anticipations, pas le reflet d'un passé. Contre toute logique apparente, la réaction de la bourse est tout à fait fondée. Certes, un cours de bourse représente partiellement la performance passée, mais il est surtout conditionné par les perspectives de l'affaire. Or, l'avenir d'une entreprise peut être modifié par l'évolution d'une variable telle que le prix des matières premières ou le cours d'une devise. C'est pourquoi un mouvement enregistré sur ces paramètres ne doit pas être ignoré : l'investisseur le plus rapide sera souvent le meilleur. Mais de tels réflexes supposent une connaissance approfondie des comptes de la société.

L'ANALYSE FINANCIERE

A votre disposition, un rapport annuel de l'activité dans lequel vous trouvez un bilan et un compte de résultat : sur quels postes devez-vous porter votre attention ?

Le bilan

Premier impératif : toujours commencer l'examen par le bilan consolidé. Les seuls états financiers de la société-mère s'avèrent parfois inutilisables. En effet, selon la structure juridique du groupe, la société-mère peut réaliser une bonne partie de l'activité ou tenir à la seule fonction de holding.

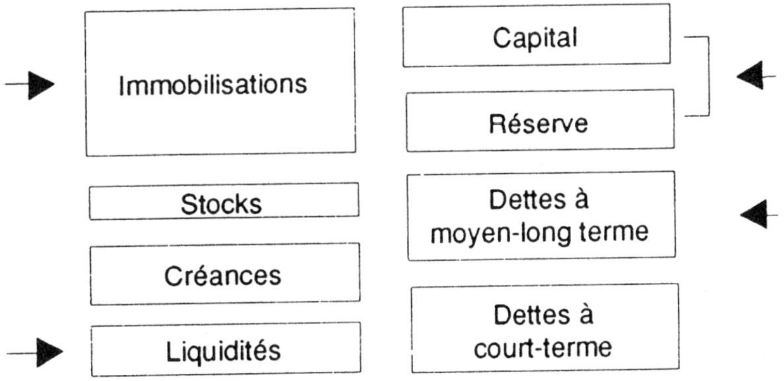

Les fonds propres

Capital + réserves = fonds propres. C'est la situation nette du groupe. Vous devez vous en soucier en premier lieu. Il arrive parfois qu'elle soit inexistante. On dit même qu'une situation nette est négative ! C'est-à-dire que les fonds propres ont été annulés par les pertes et que la société perd encore de l'argent... qu'elle ne récupérera pas sur ses fonds propres ! Les banques pourvoient alors à ses besoins. Dans ce cas, il faut être audacieux pour acheter des titres : il faudrait être certain du redressement et une telle situation oblige la société à faire un coup "d'accordéon" sur le capital (augmentation suivie d'une réduction) qui est rarement bien vu par les boursiers.

Important ne signifie pas préoccupant ! Ainsi, une société peut avoir une situation nette apparemment faible et connaître une croissance fulgurante. C'est, par exemple, le cas de l'informatique. Autre secteur peu riche de fonds propres : la distribution. En principe, ces secteurs d'activité n'ont pas de besoin en fonds de roulement : leurs clients les paient de suite et leurs fournisseurs sont réglés à terme. La croissance - aussi rapide soit elle - n'a donc pas de contrepartie dans la situation nette. La société s'enrichit simplement chaque année de la mise en réserve d'une part des résultats. Au contraire, les industries lourdes ont souvent de gros besoins en fonds de roulement qui doivent se compenser - au moins en partie - par des capitaux propres. Sinon, la situation financière serait périlleuse : la croissance devenant impossible.

En somme , tout est relatif ! La situation nette doit simplement être en rapport avec le type d'activité, le niveau des ventes et la croissance ! Il n'existe malheureusement pas de ratio miracle en la matière.

En aucun cas la situation nette n'a de relation directe avec la valeur boursière de l'entreprise. En effet, les boursiers calculent souvent la part de situation nette revenant à chaque action pour la comparer au cours de bourse. Cela n'a aucune signification. D'abord, les capitaux propres ne comptabilisent pas la valeur du fonds de commerce : personne ne sait l'apprécier objectivement ! Ensuite, la bourse évalue les perspectives de la société (la future valeur du fonds de commerce) et non sa situation actuelle. Demeure cependant l'aspect sécurisant des capitaux propres : c'est ce qui reste dans les caisses en cas de liquidation totale. Mais une entreprise doit-elle s'apprécier dans l'hypothèse de sa liquidation future ? Certainement pas !

Les dettes a moyen et long terme

Leur niveau est primordial, mais l'appréciation doit être relative, c'est-à-dire être effectuée par rapport aux fonds propres.

Ainsi, on peut se livrer à la mesure suivante:

$$\frac{\text{fonds propres}}{\text{fonds propres + dettes moyen et long terme}}$$

Le dénominateur représente les capitaux permanents. Il est préférable que ce ratio soit élevé. S'il l'est, cela signifie que le groupe dispose encore d'une capacité d'endettement et, par là-même, de la possibilité de financer sa croissance par endettement. Lorsque le taux d'endettement sur capitaux permanents est faible ou proche de zéro, la société pourra saisir toute opportunité de croissance externe : cette stratégie sera supportée par les banques qui accepteront de prêter de l'argent.

Remarques

- Les analystes financiers fondent souvent leur raisonnement sur la notion d'endettement net. Il s'agit de l'endettement à moyen et long terme réduit des liquidités disponibles à long terme. En effet, même si elles ne sont que la contrepartie d'une activité génératrice de cash, donc, d'un crédit fournisseur à court terme, ces liquidités sont récurrentes et demeurent tant que durent les ventes. Elles peuvent alors être considérées comme une ressource longue.

- L'endettement est souvent rapporté à la marge brute d'autofinancement. Cette approche est plus dynamique que le taux d'endettement sur capitaux permanents. L'indicateur s'exprime en années : l'endettement net de l'entreprise s'écrit en multiple de la marge brute d'autofinancement. Les comparaisons d'indicateurs entre sociétés du même secteur permettent alors d'apprécier plus objectivement le montant de la dette.

Les immobilisations

Ce poste mérite un examen approfondi. Les actifs peuvent contenir un immeuble figurant au bilan pour une valeur dérisoire. Dans ce cas, la réévaluation du bien peut conforter ou rétablir un équilibre, notamment lorsque la situation nette est bien entamée par des pertes antérieures. Ce serait alors moins catastrophique. Au lieu d'un immeuble, il peut s'agir de titres de participation figurant pour leur valeur d'acquisition alors que leur valeur boursière peut être bien supérieure.

Pour une société dont le seul objet est la gestion d'un patrimoine, il convient de "décortiquer" ce poste et de réévaluer chaque bien ou participation. Globalement, deux questions sont essentielles :

- Existe-t-il des immeubles ? Et où ?
- La société a-t-elle des participations dans des sociétés cotées ? Quelle est leur valeur actuelle ?

les stocks

Durant les années de folle croissance, nul ne se souciait du niveau des stocks. Pourtant, ces derniers coûtent très cher aux entreprises. Pour un franc de stock, il faut trouver un franc de financement : l'argent se loue au taux d'intérêt. Outre cette charge directe, les stocks mobilisent cet argent ... qui ne peut s'employer à financer la croissance.

C'est pourquoi, depuis quelques années, les sociétés s'emploient à réduire au maximum les stocks. Parfois de simples méthodes d'organisation - souvent importées du Japon - peuvent diminuer le niveau des stocks dans des proportions importantes. Un stock bien géré tourne le plus vite possible.

Plus que la valeur globale d'un stock, c'est son potentiel de réduction qui constitue une information intéressante.

Autre aspect : la valeur du stock. Par exemple, les transformateurs de matières premières et les industries pétrolières constituent des stocks. Ces derniers se valorisent sur la base de cours internationaux, non établis par l'entreprise. Toute réduction de ces cours - par rapport au cours d'achat - devra faire l'objet de provisions qui affecteront directement le résultat net. A l'inverse, une valorisation des stocks, au-delà des provisions déjà constituées, ne se transformera pas en bénéfice comptable pour la société. Même si la valeur réelle et actuelle du stock est supérieure à sa valeur d'acquisition, la législation comptable n'autorise pas la prise en compte de cette plus value potentielle dans les comptes. Le potentiel de valorisation restera donc latent.

Les liquidités

Elles ne sont pas toujours positives. Il faut en chercher le montant et le rapporter à la taille de la société. En effet, lorsqu'elles sont relativement importantes, elles peuvent permettre à un groupe de saisir plus facilement une opportunité de rachat d'une autre affaire. Il existe deux situations de liquidités. Les affaires gourmandes en capitaux et en besoin en fonds de roulement disposent rarement de liquidités : elles sont plutôt débitrices nettes et sont grevées par les intérêts de leurs dettes à court terme. Cela concerne en général l'industrie. Plus favorisées, les entreprises qui ont un crédit fournisseur long et des règlements immédiats de la clientèle sont riches de liquidités importantes. Il s'agit essentiellement des sociétés de services (informatique, distribution ...) ou des entreprises liées aux grands contrats internationaux (bâtiment, armement, ...) qui reçoivent des avances ou des paiements fractionnaires pendant la réalisation du contrat. Les liquidités peuvent être employées. La société peut les placer au taux du marché et percevoir des intérêts : la grande distribution réalise souvent plus de la moitié de son bénéfice en produits financiers. En outre, compte tenu de la stabilité à long terme de ces liquidités, elle peut saisir des opportunités de croissance et les financer à l'aide de ces ressources

Une entreprise qui réorganise totalement ses structures peut également faire entrer du "cash en caisse". En gérant plus finement, ses créances clients elle peut encaisser des sommes importantes : cela peut tenir à un simple " rapatriement " accéléré des impayés à l'appui d'un système informatique plus performant. Si l'efficacité de l'organisation est durable, les liquidités supplémentaires le seront également. Ainsi, toute réduction du besoin en fonds de roulement est créatrice de liquidités. Ces dernières pourront s'employer à réduire l'endettement ou accroître les placements à terme : le résultat augmentera.

Le compte de résultat

Comme pour le bilan, il est préférable de se référer aux comptes consolidés. Mieux vaut retrancher du bénéfice consolidé la part revenant aux minoritaires. En effet, dans un groupe de sociétés, la société mère ne possède pas 100% de chacune des filiales : les parts - détenues par les minoritaires - donnent droit au bénéfice. Le revenu réel de la société mère est réduit de cette part revenant aux minoritaires. On parle alors de bénéfice consolidé "part du groupe" ou "hors intérêts minoritaires".

Résultat

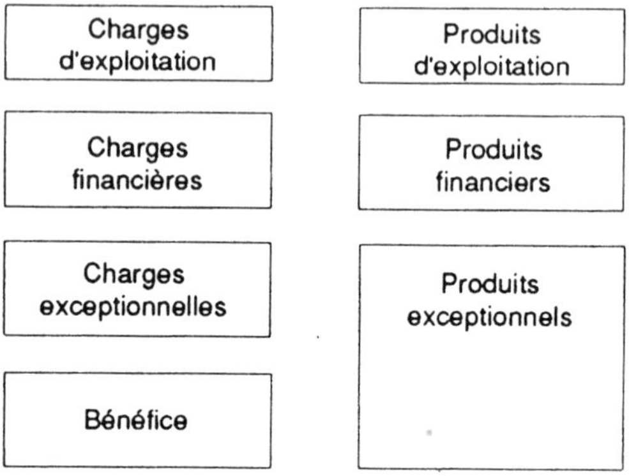

Les charges d'exploitation

Plus que le montant des charges d'exploitation, c'est leur évolution qui est intéressante, et plus particulièrement la cause de ces évolutions.
Sont répercutées dans ce poste : les variations des cours des matières premières et du prix de l'énergie, les charges financières, etc.... D'où l'effet sur le bénéfice !

• Charges de personnel.

Il existe des décalages entre la baisse d'activité et la baisse de la masse salariale qui ne sont pas bénéfiques à l'entreprise. Il est également préférable que ces charges ne s'accroient pas plus vite que le chiffre d'affaires.

La comparaison entre la masse salariale et le chiffre d'affaires pourra être effectuée. Par exemple, pour une vente de 100 francs l'entreprise a dépensé 30 francs en salaires et charges sociales. Une augmentation brute de 10 % des salaires, soit 3 francs de plus pour 100 francs de vente, devra se traduire par une augmentation de 3 % du chiffre d'affaires. Sinon la société dégagera un résultat d'exploitation moins élevé. Cette comparaison permet de détecter une sensibilité à l'évolution des salaires. Le secteur automobile en est une excellente illustration : toute hausse des salaires a un impact non négligeable sur les profits. Toutefois, la variation de ces charges pourra être compensée par l'amélioration de la productivité.

• Dotation aux amortissements.

Lorsque la société procède à de lourds investissements, la dotation aux amortissements augmente et pèse sur les bénéfices. Ces investissements doivent donc avoir un effet sur la rentabilité (ou la croissance), qui ne tarde pas à se faire sentir. Toutefois, il ne faut pas se fier aux apparences ! Si l'entreprise applique l'amortissement dégressif, les dotations aux amortissements diminueront d'année en année. De fait, dans les comptes des premiers exercices, les charges d'amortissement peuvent masquer les profits potentiels (qui ressortiront les années suivantes). Et le cours d'une valeur contient une large part d'anticipation !

L'amortissement est une charge non décaissée. Les dotations aux amortissements sont comptabilisées mais n'ont pas donné lieu à un paiement contrairement aux fournitures extérieures, salaires, etc...

L'amortissement est une façon de compenser (en réserve financière) la perte de valeur des investissements d'hier pour prévoir ceux de demain : la notion même de marge brute d'autofinancement (MBA). Dans le cas d'amortissements dégressifs, les résultats des premiers exercices sont pénalisés et l'accroissement de la MBA annule cet effet.

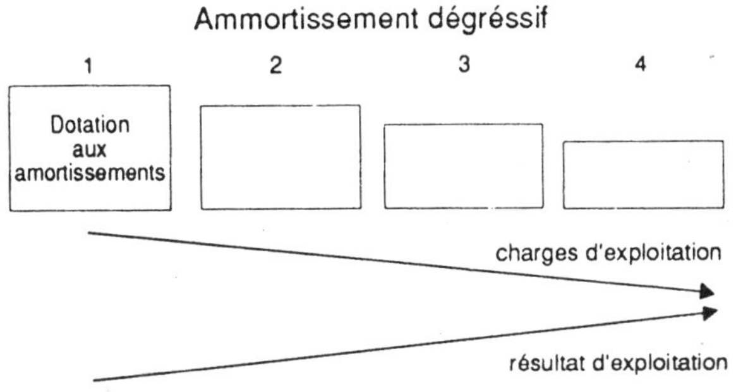

• Dotation aux provisions.

Pour toute dépréciation potentielle d'un actif non amorti ou tout risque de non paiement de la clientèle, l'entreprise a le droit de constituer une provision. Cela revient à constater aujourd'hui une charge dont l'origine est actuelle mais qui sera effective plus tard. Par exemple, une société achète un terrain - c'est-à-dire un actif qui ne peut être amorti - pour 1.000.000 francs. Aujourd'hui ce terrain ne vaut plus que 600.000 francs. Il n'existe aucune charge actuelle mais il est certain que la revente du terrain ferait perdre 400 000 francs. La société constitue alors une provision de 400.000 francs : une réserve qui couvrira la perte le jour de sa réalisation. Autre exemple, la créance douteuse. Un client doit 100.000 francs à 90 jours. Entre temps le client est déclaré en faillite. L'appréciation de la situation financière du client laisse espérer un paiement de 30.000 francs au plus : l'entreprise est presque certaine de perdre 70.000 francs. Elle passera dans ses comptes de charges une dotation aux provisions pour 70.000 francs.

La dotation aux provisions étant une charge pour l'entreprise, elle réduit d'autant le profit.

Souvent, les analyses financières ou les avis de sociétés font état de politique prudente en matière de provisions. Cela concerne surtout les sociétés liées à des contrats internationaux (bâtiment, grands travaux) qui ont des créances sur des pays peu solvables. Une société prudente constituera donc le maximum de provisions, quitte à afficher un résultat peu brillant. Cette attitude est plus rassurante qu'une faible dotation laissant un bénéfice aux apparences plus satisfaisantes pour la bourse.

La prudence en matière de provisions peut être induite par la fiscalité des sociétés. Par exemple, en République Fédérale d'Allemagne, les sociétés, fortement taxées sur leurs bénéfices, préfèrent doter au maximum leurs comptes de provisions. Les bénéfices n'apparaissent pas dans les comptes et sont capitalisées en réserves exagérées : les provisions.

Il est alors évident que la valeur d'une société prudente - dans sa politique de provisions - est plus élevée que celle d'une société moins rigoureuse.

• Sous-traitance

Outre les achats d'énergie et de matières premières, bon nombre d'entreprises font appel aux sous-traitants. Une augmentation des matières achetées par le sous-traitant peut se traduire par une hausse de ses prix : les charges du client s'accroient. De la sorte, il peut être procédé à une analyse des rapports de force existant entre les sous-traitants et l'entreprise. Si le débouché du sous-traitant est quasi-unique, pas de danger, le client fixe le prix ! Et inversement. Attention, si vous misez sur un sous-traitant, vous devez mener le raisonnement à l'envers.

• Impôts

La pression fiscale peut changer une société, dynamique ou non. Par exemple, en quelques exercices le taux de l'impôt sur les sociétés françaises est passé de 50 à moins de 40%. Pour 100 francs de bénéfice brut, il en restait 50 après impôts, et plus de 60 aujourd'hui.

Les produits d'exploitation

Il s'agit principalement des ventes : le chiffre d'affaires.

La seule évolution du chiffre d'affaires n'est pas significative. L'interprétation est meilleure si l'on mesure les évolutions en volume de ventes, c'est-à-dire les tonnages ou unités vendus. Un accroissement des ventes exprimées en volume améliore généralement la rentabilité en permettant de réaliser des économies d'échelle. Malheureusement, la baisse des volumes produit l'effet inverse. Néanmoins, l'augmentation en francs du chiffre d'affaires - hors taxes - peut simplement traduire une hausse des tarifs favorable à la rentabilité, au moins à court terme !

La notion d'économie d'échelle tient à la répartition des charges fixes de fonctionnement. Une industrie légère (services divers : informatique, publicité, communication, travail temporaire...) est en principe peu gourmande en capitaux. Mis à part les locaux abritant les employés, les investissements restent minimes. Ce type d'activité ne connaît pas les économies d'échelle. Au contraire, parfois, la taille est un handicap : la rentabilité s'essouffle en raison des lourdeurs d'organisation.

Toute industrie très capitalistique bénéficie d'un effet de levier lié à la hausse des volumes : la dernière unité vendue rapporte plus que la précédente. Par exemple, un constructeur automobile est équipé pour produire un million d'automobiles par an. Les charges fixes incompressibles (amortissement du matériel, maintenance, coût des locaux...) totalisent 10 milliards de francs.

Si ce constructeur ne produit que 800.000 véhicules, le coût fixe par unité atteint: 12.500 francs (10 milliards / 800.000) . Pour un million de véhicules produits, cette charge fixe unitaire revient à 10.000 francs (10 milliards / 1.000.000). Soit 2.500 francs de moins pour chaque véhicule. De la sorte, en passant de 800.000 à 1.000.000 d'unités la production génère 250 millions de résultat d'exploitation supplémentaires (2.500 x 1.000.000).

Deuxième raisonnement possible : puisque les charges fixe sont absorbés par les 800.000 véhicules à raison de 12.500 francs l'unité, chaque unité supplémentaire ne supporte plus de frais fixes. Pour 200.000 unités en plus, l'économie est bien égale à: 200.000 x 12.500, soit 250 millions de francs.

Les économies d'échelle ne sont pas sans limite. Dans l'exemple choisi, le constructeur est équipé pour produire un million de véhicules, pas un de plus ! Au-delà, le profit risque même de reculer dans un premier temps. En effet, pour dépasser le seuil du million, le producteur devra agrandir ses locaux, commander d'autres équipements et accroître ses effectifs de maintenance. Ce qui provoque des charges fixes additionnelles.

Les charges et produits financiers

Ce sont surtout les charges d'intérêt pour divers emprunts contractés (court, moyen et long terme), mais également les charges sur cession de valeurs mobilières et les "différences négatives" de change (dépréciation de créance par baisse de devises). Côté produit, se trouvent les revenus procurés par le placement de la trésorerie en dépôts à terme, parts de fonds communs divers (produits de cession et dividendes encaissés). Figurent aussi les "différences positives" de change.
La plupart des entreprises industrielles supportent des charges financières. Pour les apprécier, il convient de déduire les produits afin d' obtenir les charges financières nettes.

Le ratio suivant peut être calculé :

$$\frac{\text{charges financières nettes}}{\text{chiffre d'affaires}}$$

Son évolution est significative. Dans certains cas, ce ratio peut être plus élevé que le taux de marge nette. De la sorte, une

société peut connaître une progression de ses résultats par une réduction de son endettement ou une baisse des taux d'intérêt.
A l'inverse, il existe des groupes qui enregistrent des produits financiers. Il s'agit notamment des groupes de distribution ou de quelques groupes industriels qui manipulent d'importantes disponibilités.

Les charges et produits exceptionnels

Ces comptes enregistrent notamment les plus ou moins-values sur cessions d'éléments d'actif. Ainsi, lorsqu'une société cède un immeuble bien situé qui figure à l'actif depuis longtemps, la plus-value peut être importante. Il convient alors de retraiter le résultat net apparent pour retrancher cette plus-value qui, n'étant pas le fait de l'activité de base, n'est pas récurrente.

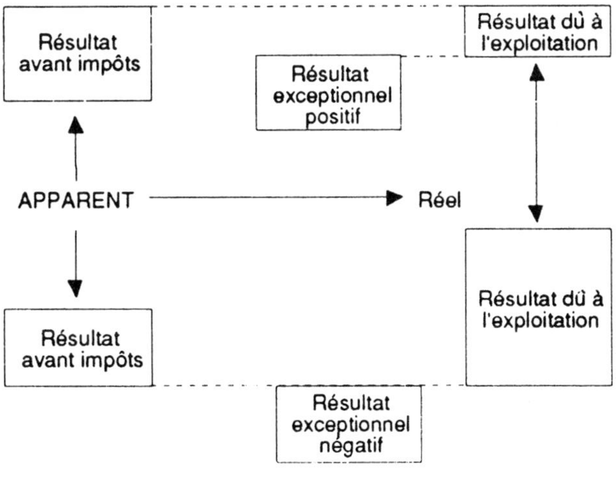

A l'inverse, pour mieux apprécier le potentiel à moyen terme d'une société, il faut considérer les résultats hors charges exceptionnelles dues à diverses restructurations (surtout les indemnités de licenciement).

Remarque

Plusieurs sociétés cotées s'efforcent de ventiler leur résultat d'exploitation et leur résultat exceptionnel dans leurs communiqués financiers.

La valeur ajoutée

Il s'agit de la différence entre la production et la consommation. C'est la richesse créée par l'entreprise.

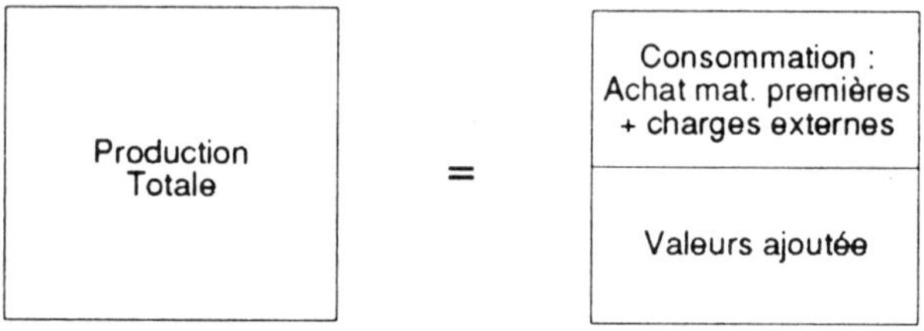

Il est essentiel de savoir si le groupe déplace sa production vers des produits à plus forte valeur ajoutée. Dans cette hypothèse, il confirmerait son savoir-faire et par conséquent, son positionnement sur le marché. Avec une plus forte valeur ajoutée, la rentabilité s'accroit souvent car l'entreprise maîtrise mieux la richesse qu'elle produit. Les produits à forte valeur ajoutée s'opposent aux biens de grande consommation qui génèrent de la richesse par les seules économies d'échelle.

Cette valeur ajoutée se répartit entre les salariés (masse salariale), l'entreprise (bénéfices mis en réserves), les actionnaires (dividendes) et l'Etat (impôts).

La comparaison des taux de valeur ajoutée (rapport entre valeur ajoutée et production) de diverses entreprises d'un même secteur d'activité peut permettre de mieux situer l'affaire.

La marge brute d'autofinancement (MBA)

Cette donnée est aussi importante que le résultat net de l'entreprise.

MBA = Résultat net hors éléments exceptionnels + dotation aux amortissement et provisions

La MBA mesure en quelque sorte le solde des produits encaissés et des charges décaissées. Ce qui reste à l'entreprise après avoir vendu sa production et réglé ses charges.

Pour être plus précis, il faut retrancher la partie distribuée des bénéfices :

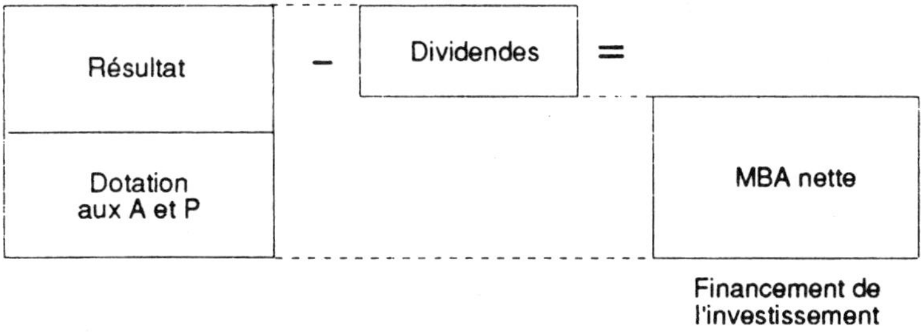

La MBA nette doit être rapportée aux investissements. Lorsque ces derniers dépassent la MBA nette, la société doit, soit augmenter son capital par appel au marché, soit s'endetter.

D'où la notion de capacité d'autofinancement : quelle somme la société peut investir sans avoir recours à l'extérieur (épargne publique ou emprunts bancaires).

Lorsque la capacité d'autofinancement dépasse le montant total des investissements, l'entreprise peut consacrer l'excédent à rembourser ses dettes ou conforter sa trésorerie.

Remarque

- Ce concept met en évidence l'importance de la politique d'amortissement de la société : dégressif ou linéaire. L'amortissement dégressif pénalise le résultat et dope la MBA.

- Pour de nombreux groupes industriels en redressement, la MBA est hors de proportion avec le résultat apparent.

Le besoin en fonds de roulement (BFR)

Il existe deux types d'activité : l'une génère d'autant plus de liquidités que les facturations s'accroient, l'autre exige des financements qui augmentent parallèlement au développement des affaires.

Tout simplement parce que les délais de règlement diffèrent : les achats ou les charges sont réglés tel jour et les ventes sont réellement encaissées un autre jour.

Par exemple, une société encaisse ses ventes trois mois après leur réalisation effective alors que l'ensemble de ses paiements aux fournisseurs et les charges diverses sont réglées à un mois. Sans compter le stock minimum qu'impose toute activité commerciale : la société doit avancer le montant du stock. Pour financer son cycle d'exploitation, cette société devra disposer d'une somme équivalente à environ deux mois (3-1) de chiffre d'affaires (il n'est pas tenu compte de la marge entre ventes et charges pour simplifier le calcul, d'où les deux mois). Et, tant que dure cette activité, la société aura besoin de cette somme. Les analystes financiers estiment alors que ce besoin doit être couvert par une ressource de financement longue. Cette dernière, appelée fonds de roulement, est constituée de la différence entre les capitaux permanents (fonds propres et endettement à long terme) et les immobilisations nettes (après amortissements et provisions).

Si le besoin en fonds de roulement n'est pas couvert par le fonds de roulement, il peut exister un déséquilibre financier : une partie d'un besoin à long terme serait couverte par des ressources à court terme. La solution ? Soit diminuer le besoin en fonds de roulement : en augmentant le délai de paiement aux fournisseurs, en réduisant celui des clients et en abaissant au maximum les stocks. Soit augmenter le fonds de roulement en cédant des immobilisations inutiles à l'exploitation ou en augmentant les capitaux permanents.

De pair avec la croissance de l'activité, le besoin en fonds de roulement s'élève : le fonds de roulement doit suivre pour que la croissance reste saine.

En revanche, d'autres sociétés ont une croissance génératrice de trésorerie. Elles n'ont pas de besoin en fonds de roulement et peuvent ainsi connaître une expansion très rapide sans risque de déséquilibre financier.

D'un côté des sociétés doivent se procurer des ressources pour progresser, limitant donc leurs possibilités de croissance interne et externe sans appel au marché; de l'autre, des affaires peuvent mener de front croissance interne et rachat de sociétés sans recours obligatoire au marché financier.

La marge nette

C'est le rapport entre le résultat net hors éléments exceptionnels et le chiffre d'affaires (hors taxes de préférence).

$$\text{marge nette} = \frac{\text{résultat net hors éléments exceptionnels}}{\text{chiffre d'affaires hors taxes}}$$

Deux questions sont essentielles :

- Comment évolue la marge nette depuis le dernier exercice ?

- A quel niveau se situe-t-elle par rapport aux autres sociétés du secteur ? La marge nette est en effet la base de comparaison de sociétés de même type d'activité.

Le report fiscal déficitaire

Lorsqu'une société a enregistré de lourdes pertes dans le passé et renoue avec les bénéfices, elle dispose d'un report fiscal déficitaire équivalent, lui évitant (à concurrence d'un montant de profit équivalent au report fiscal) d'acquitter l'impôt sur le bénéfice des sociétés. Ainsi, lorsque sont établies des estimations de résultats pour les exercices à venir, il vaut mieux tenir compte d'une imposition théorique pro-forma pour obtenir une mesure réelle de la capacité bénéficiaire.

CE QU'IL FAUT RETENIR

L'analyse financière est l'auscultation des comptes de la société : les états financiers passés et les prévisions.

• Une série de questions détermine les facteurs de sensibilité d'une société et permet de prendre des décisions d'achat ou de vente.

- Quel est l'avenir de son marché ?
- Quelle est sa part de marché ?
- L'entreprise vend elle un produit sensible à des cours mondiaux ?
- Quel indicateur économique est primordial ?
- La société consomme-t-elle des matières premières ?
- Existe-t-il une devise importante pour la société ?
- L'affaire est-elle diversifiée ?
- Quelle est l'influence des taux d'intérêt ?
- Existe-t-il des réserves de productivité ?
- Les capacités de production sont elles pleinement utilisées ?

• Quelques postes du bilan méritent une attention particulière : les fonds propre, l'endettement, les immobilisations, les stocks, les liquidités

L'évolution et le rapprochement de ces postes déterminent la structure financière de la société : seule une solidité du bilan tolère une croissance sans heurt sur les résultats.

• Le résultat est conditionné par l'évolution des charges et des produits de la société. Les frais de personnel, les achats et les dotations aux amortissements sont primordiaux. Outre le résultat d'exploitation - né de l'activité de base de la société - le bénéfice net totalise le résultat financier (différence entre les produits de la trésorerie ou des placements à court terme et les intérêts d'emprunts) et le résultat exceptionnel regroupant les opérations qui ne sont pas dues à l'exploitation directe (plus ou moins-value sur la vente d'un actif, frais de restructuration ...)

• La différence entre production et consommation extérieure de la société forme la valeur ajoutée. Plus elle est élevée, plus l'entreprise a la "maîtrise" de son résultat.

• La marge brute d'autofinancement (MBA) est le cumul du bénéfice net et des dotations aux amortissements et provisions. La MBA donne la mesure de la capacité propre de financement de la société.

• La marge nette est le rapport entre le bénéfice net et le chiffre d'affaires.

L'ANALYSE BOURSIERE

L'analyse boursière prend essentiellement appui sur un critère fondamental : le cours de l'action. Elle constate une situation actuelle. L'interprétation de ses résultats fournit des bases de comparaison de titres, qui viennent en appui des conclusions de l'analyse financière.

La capitalisation boursière

Elle exprime la valeur boursière globale de la société :

Capitalisation boursière	=	Nombre d'actions d'actions	x	cours de l'action

Elle varie continuellement en fonction des cours. Le nombre d'actions s'entend de toutes les actions composant le capital et admises à la cote. Attention ! Sur la cote officielle, le nombre d'actions figurant n'est pas toujours précis. Il faut parfois y rajouter les actions récemment créées et provenant de l'exercice de bons de souscription ou de conversion en actions d'obligations convertibles. De plus, lorsqu'il existe des actions à dividende prioritaire (ADP), des actions nouvelles (qui ne sont pas immédiatement confondues avec les anciennes), ou des certificats d'investissement, il faut les intégrer au calcul : ils sont aussi l'expression de la valeur de l'entreprise.

Capitalisation boursière	=	Nombre d'actions ordinaires admises à la Cote	x	cours de l'action
	+	Nombre d'ADP	x	cours de l'ADP
	+	Nombre de certificats d'investissement	x	cours du certificat
	+	Nombre d'actions nouvelles	x	cours de l'action nouvelle

Le niveau de capitalisation boursière constitue un indicateur intéressant sur la sensibilité d'une valeur. En général, les sociétés à très forte capitalisation boursière sont dites "lourdes", donc moins susceptibles de connaître une envolée des cours sur une courte période .

Par exemple, une société qui capitalise 500 millions de francs peut voir son cours décupler en quelques années. Cela est plus difficilement envisageable pour une capitalisation de plusieurs dizaines de milliards de francs.

Fin Juin 1992, les cinq plus fortes capitalisations boursières de la Bourse de Paris étaient les suivantes (d'après le numéro spécial du 13 Juillet 1992 de Business Week : "The global 1000") :

Elf Aquitaine	*53,6*	*18.865*
LVMH	*48,9*	*14.758*
Peugeot	*42,4*	*11.942*
Eurotunnel	*39,4*	*11.723*
Saint-Gobain	*35,6*	*9.929*

Des chiffres à comparer aux grands groupes multinationaux étrangers. Les cinq premières places mondiales reviennent à Royal Dutch / Shell Group - une européenne en tête - avec près de 78 milliards de dollars, cinq fois Elf-Aquitaine, puis Nippon Telegraph & Telephone (Japon), Exxon (USA), Philip Morris (USA) et General Electric (USA). Un véritable renversement de tendance. Trois ans plus tôt, 53 des 100 premières entreprises étaient japonaises et seulement 35, américaines. Mieux, le Japon occupait les cinq premiers rangs, excluant les géants américains. Le dégonflement de la bulle financière japonaise et la progression de l'indice des valeurs aux Etats-Unis ont rétabli une plus juste hiérarchie des prix. Sur les 100 plus fortes capitalisations mondiales, près de 40 sont américaines et 22 sont japonaises. Elf-Aquitaine, la première française, ne s'inscrit qu'en 59ème position mondiale.

Les cours ajustés

Connaître l'évolution des cours d'une société est indispensable. Outre l'analyse graphique, elle permet de connaître avec précision les niveaux atteints par les cours.

Encore faut-il comparer des cours comparables ! Une société cotée procède souvent à des attributions d'actions gratuites, à des émissions en numéraire ou bien encore à des divisions de titres. Ces opérations modifient le cours de la valeur : s'il n'en est pas tenu compte sur les cours antérieurs à l'opération, les comparaisons ne sont plus valables. Le fait de reprendre les cours antérieurs à ces opérations s'appelle l'ajustement. On parle alors de cours ajustés.

Attention ! En cas d'opération, tous les cours antérieurs doivent être ajustés.

La division du nominal

Afin de rendre le marché du titre plus liquide certaines sociétés procèdent à la division du nominal de l'action, ce qui revient à multiplier le nombre d'actions en circulation.

Par exemple, une société divise par 3 le nominal de son action, 75 francs : il y aura 3 fois plus d'actions en circulation.

Au niveau de l'ajustement des cours, c'est simple, il suffit de procéder à la même division. Si le cours de l'action était 3000 francs, il passera à 1000 francs. Le coefficient d'ajustement est égal à 1/3.

Plus généralement lorsqu'une société divise le nominal par N le coefficient d'ajustement

est égal à $\frac{1}{N}$

Tous les cours antérieurs à l'opération, en l'occurrence la division, doivent être ajustés. Le coefficient d'ajustement est appliqué à chacun de ces cours.

Exemple graphique

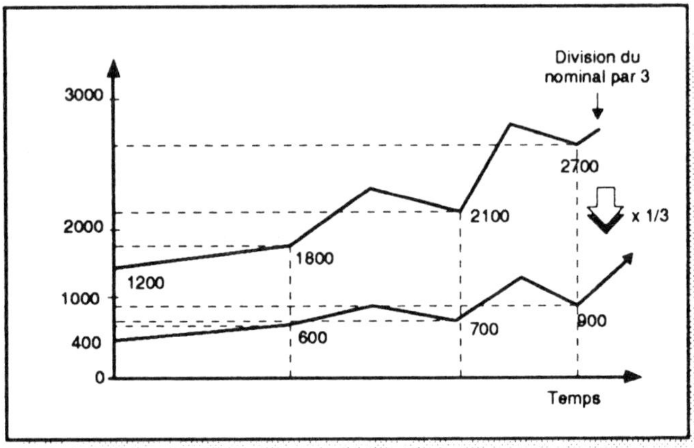

L'attribution gratuite

Les sociétés récompensent souvent leurs actionnaires par des distributions gratuites d'actions. Mais il ne faut pas se fier aux apparences et, si vous possédez plus d'actions après l'attribution, votre fortune n'en est pas accrue pour autant. Le droit sur l'actif net social est préservé, mais simplement réparti sur un plus grand nombre d'actions.

Par exemple, si une société compte 100 000 actions pour un actif net de 100 millions de francs, l'actif net par titre est de 1000 francs. La société distribue une action gratuite pour deux anciennes : celui qui possède deux actions (soit 2 x 1000 francs d'actifs) se retrouve avec trois actions. L'actif total n'est pas accru par cette opération : l'actif par titre après distribution est proche de 667 francs, soit 2000 divisé par 3. L'actif net par titre étant réduit, les cours doivent l'être dans les mêmes proportions. Dans l'exemple, le coefficient d'ajustement serait égal à 2/3.

Cependant les attributions ne sont pas toujours effectuées dans des proportions simples (une pour deux, trois... dix) mais peuvent se réaliser à raison de deux gratuites pour cinq !

D'une façon générale lorsqu'une société attribue n actions gratuites pour N détenues, le coefficient d'ajustement est égal à : $\frac{N}{N + n}$

Exemple graphique

La société ABC attribue une gratuite pour trois. Le coefficient est égal à : 3 / (3 +1) soit 0,75

Tous les cours antérieurs à l'opération doivent être ajustés.

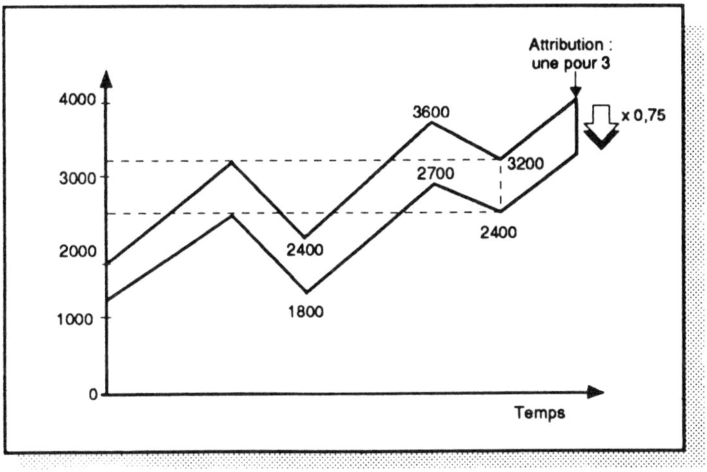

Le droit d'attribution

L'attribution gratuite donne lieu au détachement de droits d'attribution. Dans le premier exemple, l'actionnaire ancien aurait eu besoin de réunir deux droits pour obtenir une action gratuite. Les droits, une fois détachés, ont une vie boursière indépendante (de courte durée, il est vrai). Il peut alors être intéressant de calculer leurs cours théoriques.

ABC cote 1 000 francs. Il est attribué une action gratuite pour deux. Soit un total de trois actions pour une valeur totale de 2 000 francs, soit 667 francs l'action.

Le cours du droit s'obtient par différence entre cours droit attaché et cours ex-droit (droit détaché), soit: 1 000 - 667 = 333

La réunion de deux droits (2 x 333) correspond au prix de l'action nouvelle (à l'arrondi près).

Voici deux formules générales pour le calcul du droit théorique.

Attribution de n actions pour N anciennes

- le jour de l'opération :

$$\text{cours théorique droit d'attribution} = \left(1 - \frac{N}{N + n}\right) \times \text{cours de l'action droit attaché}$$

- après le lancement de l'opération :

$$\text{droit d'attribution} = \frac{n}{N} \times \text{cours de l'action ex-droit}$$

Le droit est détaché le jour du lancement de l'opération. Après le lancement de l'attribution il faut utiliser la deuxième formule.

Exemple

Attribution gratuite deux pour sept. Avant détachement du droit le cours de l'action est 1000 francs.

Le coefficient d'ajustement est égal à : 7 / (7 + 2) = 7 / 9

Le cours de l'action nouvelle est donc : 1 000 x 7 / 9 = 777,7

Le cours théorique du droit d'attribution s'établit bien à :

droit = (1 - 7 / 9) x 1000 = 222,2

ou = (2 / 7) x 777,7 = 222,2

Quelques séances après l'opération, l'action cote 820 francs. Le cours théorique du droit s'exprime sur la base de ce cours :

droit = 820 x (2 / 7) = 234,30

L'augmentation de capital en numéraire

S'agissant des émissions en numéraire le raisonnement est quelque peu différent. En effet, l'argent frais qui rentre dans les caisses de la société gonfle l'actif net social. Le calcul du coefficient d'ajustement doit tenir compte de l'augmentation du patrimoine de la société.

Exemple

Une société émet une action à 700 francs pour deux anciennes. Le cours de l'action ancienne est de 1 000 francs. Vous possédez deux actions, soit 2 000 francs. Vous souscrivez à l'émission et versez 700 francs pour obtenir une action nouvelle. Votre "fortune" totale est bien égale à 2 700 francs (2000 + 700) pour trois actions, soit 900 francs par action : c'est le cours théorique de l'action ex-droit.

Le coefficient d'ajustement devra intégrer le cours de l'action de la veille de l'opération (c'est-à-dire avant le détachement du droit) et le prix d'émission de l'action nouvelle.

Dans l'exemple le coefficient serait :

$$\frac{(2 \times 1\,000 + 900)/3}{1000} = 0,9$$

Une société émet n actions nouvelles à "a" francs pour N actions anciennes, cotant "c" francs la veille de l'opération. Si "c" est supérieur à "a" :

$$\text{Coefficient d'ajustement} = \frac{Nc + na}{N + n} / c = \frac{\text{cours théorique ex-droit}}{\text{cours droit attaché}}$$

Remarques

- Pour qu'un droit soit détaché, il faut que "c" soit supérieur à "a". L'émission doit se faire à un prix inférieur au cours de l'action. Dans la cas contraire (possible, mais peu fréquent) il n'y aurait aucun droit détaché (puisque l'actionnaire ancien voit sa "fortune" par action augmentée) : nul besoin d'ajuster les cours.

- Le coefficient s'applique à tous les cours antérieurs à l'opération.

Le droit de souscription

Comme dans le cas de l'attribution, un droit est détaché. Il s'agit cette fois-ci d'un droit de souscription qui a également une vie boursière égale à la durée de l'opération. Sa valeur théorique est constituée de la différence entre le cours droit attaché et le cours ex-droit. Il faudra calculer la valeur théorique du droit sur la base du cours ex-droit une fois l'opération lancée.

Emission de n actions à "a" francs pour N anciennes cotant "c"* francs la veille de l'opération.

- Le jour de l'opération :

$$\text{cours théorique du droit de souscription} = \left(1 - \frac{Nc + na}{N + n} / c\right) \times c$$

- Après le lancement de l'opération :

$$\text{cours théorique du droit de souscription} = (\text{cours ex-droit} - a)\,\frac{n}{N}$$

** c supposé supérieur à a*

REMARQUE

La deuxième formule s'appuie sur la stabilité du patrimoine avant et après opération.
Émission de n titres pour N actions détenues :
n x prix d'emission + N x cours droit attaché =
(N + n) x cours ex-droit
Or : cours droit attaché = cours ex droit + droit
D'où une simplification de l'équation:
n x prix d'émission + N x droit = n x cours ex droit

EXEMPLE

Emission 2 pour 5 à 650 francs. La veille de l'opération l'action cote 1 000 francs. Coefficient d'ajustement :

$$\frac{(5 \times 1\,000 + 2 \times 650) / 7}{1000} = 900 / 1000 = 0{,}9$$

cours théorique du droit le jour de l'opération :
(1 - 0,9) x 1 000 soit 100 francs

Supposons que quelques séances plus tard le cours de l'action ex-droit atteigne 950 francs :

cours théorique du droit = (950 - 650) x (2 / 5) = 120 francs

Vérification : 2 x 650 + 5 x 120 = 2 x 950. Exact !

Si le cours avait chuté à 750 francs, le droit aurait une valeur de :
(750 - 650) x (2 / 5) = 40 francs
Vérification : 2 x 650 + 5 x 40 = 2 x 750 Exact !

Le droit de souscription donne un effet de levier important sur les variations de l'action : de 900 à 950 francs, l'action a progressé de 5,5 % et le droit de 20 %.

Mais le levier joue dans les deux sens : de 900 à 750 francs l'action a perdu 16,7% et le droit a perdu .....60 %!

Le droit de souscription est un excellent "véhicule" à fort potentiel pour jouer la hausse d'une action.

REMARQUE

Le dividende peut être intégré dans le calcul : voir Annexe 1.

Le regroupement d'actions

A l'inverse de la division du nominal, il peut y avoir des regroupements d'actions (qui font en principe suite à des réductions de capital pour éponger les pertes). C'est très simple. L'actionnaire reçoit "n" actions nouvelles pour N anciennes, n étant évidemment inférieur à N !

Par exemple, il est décidé par une société de regrouper ses actions à raison d'une nouvelle pour douze anciennes. Vous détenez 36 actions à 100 francs, soit 3 600 francs. Vous recevez en échange 3 actions (36 divisé par 12) dont le cours théorique sera 1 200 francs (3 600 divisé par 3)!

> Lorsqu'il est remis une action nouvelle pour N anciennes le coefficient d'ajustement est égal à : N

REMARQUE

Il arrive souvent que plusieurs opérations sur le capital se produisent simultanément. Cela complique les calculs. Pour les curieux amateurs de chiffres, voir Annexe 2.

L'ajustement des parités de conversion d'obligation ou d'exercice de bon de souscription

Lorsqu'il existe des obligations convertibles ou des bons de souscription d'actions, il faut ajuster les parités. Il suffit d'appliquer l'inverse du coefficient d'ajustement à la parité.

Les convertibles

Une convertible donne droit à n actions. Si une opération est lancée sur le capital, la convertible donne droit à :

n x (1 / coefficient d'ajustement) actions

Exemple

• *Attribution gratuite 2 pour 5. Coefficient = 5 / 7*

S'il existe une convertible donnant droit à une action, la parité deviendra : 1 x (7 / 5) = 1,4 action pour une obligation.

• *Division par 5. coefficient = (1 / 5) = 0,2.*

la parité deviendrait (1 / 0,2) = 5 actions pour une obligation.

• *Émission à 700 francs pour deux anciennes à 1 000 francs.*

coefficient = (2 x 1 000 + 700) / 3 / 1000 = 0,9

la parité devient : (1 / 0,9) = 1,111 action pour une obligation.

Les bons de souscription

Un bon de souscription donne droit à n actions pour une souscription de "y" francs. Si une opération a lieu, pour la même souscription de "y" francs, le bon donnera droit à :

n x (1 / coefficient d'ajustement) actions

AJUSTEMENT : RÉCAPITULATIFS

Toute opération modifiant le nombre d'actions en circulation doit donner lieu à un ajustement de cours qui s'effectue par application d'un coefficient à tous les cours précédant l'opération.

Les opérations de base sont de quatre types :

- division du nominal
- attribution gratuite
- émission en numéraire
- regroupement d'actions

• Division du nominal : lorsque le nominal est divisé par N, le coefficient d'ajustement est : 1 / N

• Attribution gratuite de n nouvelles pour N anciennes :

coefficient = N / (N + n)

cours théorique du droit cours droit d'attribution le jour de l'opération:

$$\left(1 - \frac{N}{N+n}\right) \times \text{cours de l'action droit attaché}$$

cours théorique du droit après l'opération :

(n / N) x cours de l'action ex-droit

• Emission en numéraire de n actions à "a" francs pour N anciennes à "c" francs. Si c > a, le coefficient d'ajustement est :

((Nc + na) / (N + n)) / c

le droit de souscription théorique le jour de l'opération est :

(1 - coefficient) x c.

droit théorique après l'opération :

(n / N) x (cour ex-droit - a)

• Regroupement d'actions : remise de n actions nouvelles pour N anciennes. Le coefficient est égal à N.

• Plusieurs opérations peuvent avoir lieu simultanément. Une seule question essentielle :

- Quel est l'ordre des opérations ?
- Pour le calcul des droits théoriques : sur quel cours de l'action doit-on appliquer les formules ?

• Existence d'obligations convertibles ou de bons de souscription d'actions :

Les parités de conversion ou d'exercice doivent être modifiées. Si le bon ou l'obligation donnait droit à n actions, il ouvrira désormais droit à : n x (1 / coefficient d'ajustement)

Le bénéfice par action (BPA)

C'est un indicateur très précieux qui va servir de base au calcul de multiple de capitalisation, l'instrument le plus utilisé pour évaluer une action.

Sa définition théorique est simple :

$$BPA = \frac{\text{bénéfice net de l'exercice}}{\text{nombre total d'action composant le capital}}$$

Mais encore faut-il utiliser les bons indicateurs pour le calculer. Premier problème, le bénéfice net de l'exercice retenu est celui qui sert à l'analyse financière, c'est-à-dire le résultat net consolidé part du groupe (éventuellement retraité des éléments exceptionnels). Et si le résultat est une perte : le calcul est inutile, on ne mesure pas la perte par action!

Deuxième élément - la complication naît ici ! -, le nombre d'actions composant le capital n'est pas forcément celui que vous trouverez dans la cote. En effet, que se passe-t-il si la société réalise une opération sur le capital, s'il existe des obligations convertibles ou des bons de souscription ? D'abord, le nombre d'actions à prendre en compte est actuel : les titres existant et les actions nouvelles récemment créées lors d'une attribution ou d'une émission. De même, en cas de division ou regroupement récent, il faut raisonner sur le nombre d'actions nouvelles. Ensuite, s'il existe des actions à dividende prioritaire ou des certificats d'investissement, leur nombre total entre dans le calcul (ils ont aussi droit aux bénéfices). Le nombre total d'actions est donc égal à : nombre d'actions ordinaires + nombre d'APD + nombre de CI. Enfin, à l'approche de la fin d'exercice, lorsqu'une société procède à une attribution ou une émission en numéraire, il n'est pas rare que les actions émises aient une jouissance limitée à la moitié de l'exercice en cours. Dans ce cas, la solution est simple: demi-jouissance égal demi-nombre ! On ne prend en compte que la moitié des actions émises lors de l'augmentation de capital.

Exemple

L'exercice d'une société s'achève le 31.12.1992. Le capital est composé de 100 000 actions. Le résultat net prévu est de l'ordre de 11 millions de francs. En août, cette société a émis 20 000 actions nouvelles donnant jouissance au 1° juillet 1989.

Nombre d'actions à prendre en compte :
100 000 + (1 / 2) x 20 000 = 110 000
BPA = 11 000 000 /110 000 = 100

Le bénéfice par action dilué

Il repose essentiellement sur deux points : la dilution provenant d'une opération sur le capital à venir et certaine, et, la dilution provenant d'une conversion potentielle des obligations convertibles.

L'opération sur le capital

Division, attribution et regroupement d'actions modifieront évidemment le nombre d'actions, donc le BPA. Certes, la variation du cours (après détachement du droit, division ou regroupement) annulera, ou au moins limitera, la variation du BPA.

Exemple

Le 01.11, une société annonce qu'elle va distribuer le 01.12 une gratuite pour cinq. Le nombre d'actions anciennes est 100 000. Le bénéfice net devrait approcher 12 millions de francs. Le cours du titre est de 1 000 francs.

le 01.11 : BPA = 12 000 000 / 100 000 = 120 francs

le 01.12 : le BPA sera de 12 000 000 / (100 000 + 20 000) = 100 francs

L'augmentation de capital, elle, amène une complication supplémentaire. Le droit détaché est souvent de faible importance, mais le nombre d'actions augmente quand même. Cela signifie que le BPA diminuera dans une proportion plus importante que le cours (par détachement du droit). Mais, pour être rigoureux, le calcul devra intégrer le revenu procuré par les fonds provenant de l'augmentation de capital.

Exemple

Le 01.06 une société annonce qu'une augmentation de capital sera lancée le 20.06. Il s'agit de l'émission d'une action à 700 francs pour 5 anciennes, alors que le cours est de 1 000 francs.

Le capital est composé de 100 000 actions et le bénéfice est estimé à 12 millions de francs

Le 01.06 BPA = 12 000 000 / 100 000 = 120 francs.

Par l'augmentation de capital la société recueille 14 millions de francs : 20 000 actions nouvelles (1 pour 5) à 700 francs. Afin de traiter objectivement la dilution, la plupart des analystes financiers estiment que la somme rapporte au moins le taux sans risque jusqu'à la fin de l'exercice. Dans l'exemple, la société disposera des fonds pendant 6 mois jusqu'au 31 décembre. Avec un taux sans risque de 10 % l'an, cette somme rapportera :

14 000 000 x 10% x 1/2 = 700 000 francs.

En prenant un taux d'imposition de 33%, les 700 000 francs de revenu brut apporteront 469 000 francs de plus au résultat net : 700 000 - 700 000 x 33%. Le résultat net de la société sera donc : 12 000 000 + 469 000 = 12 469 000 francs; à répartir sur le nouveau nombre d'actions :

BPA = 12 469 000 / (100 000 + 20 000) = 103,90

Après détachement du droit, le cours théorique de l'action serait :

(5 x 1 000 + 700) / 6 = 950

En somme, le cours a baissé de 5% pendant que le bénéfice par action reculait de plus de 13% : nous verrons que cela a une influence notable sur l'évaluation du titre.

Remarques

- La rémunération des fonds est obtenue par l'application du taux sans risque dans le calcul. En effet, avec l'argent recueilli la société pourra : accroître ses liquidités (placées au taux sans risque); réduire son endettement (et économiser l'intérêt sur le montant du désendettement), ou bien ne pas recourir à l'endettement pour financer un projet (et ne pas supporter la charge d'intérêt correspondante).

- En cas d'actions de demi-jouissance, la variation du BPA serait moindre (voir plus haut).

L'existence d'obligations convertibles

Devenu très fréquente, la conversion potentielle de la totalité des obligations convertibles modifie le BPA. A la lecture du rapport annuel d'activité, vous pouvez ainsi découvrir l'existence d'obligations convertibles. Une seule solution : l'examen détaillé point par point de la situation.

• La conversion est-elle possible ? Par exemple, l'observation est effectuée en 1993 et il existe de nombreuses obligations convertibles à partir de 1995 : il ne faut pas en tenir compte avant cette année-là.

• Une analyse rigoureuse amène à ne pas en tenir compte tant que le détenteur d'obligations convertibles n'a pas intérêt à faire valoir son droit. Supposons une obligation convertible en une action. L'obligation est remboursable à 3 000 francs, l'action cote 1 500 francs. La conversion n'a pas lieu : il est inutile de les comptabiliser.

• Une fois écartées ces deux questions, il faut décortiquer l'obligation et relever particulièrement :

- le nombre d'obligations en circulation. Attention ! Il se convertit des obligations à tout moment. Pour le calcul, seules comptent celles qui n'ont pas été converties (les "converties" ont donné lieu à la création d'actions comprises dans le capital).

- la parité de conversion : une obligation peut donner droit à une, comme à dix actions.

- la valeur nominale des obligations.

- le taux d'intérêt servi aux obligations.

• En cas de conversion, la société économisera l'intérêt servi aux obligations. Converties, ces dernières deviennent des actions qui confortent le capital.

Exemple

Janvier 1993. Une société a émis en 1990, 50 000 obligations convertibles aux caractéristiques suivantes :

- nominal : 2 500 francs

- taux d'intérêt : 7%

- parité de conversion : 2 actions pour une obligation

- l'obligation est convertible à tout moment et remboursable en 1998.

Le capital de la société est divisé en 1 000 000 actions. Le résultat net pour l'année 1993 est estimé à 100 millions de francs. L'action cote 1 500 francs.

Admettons que 10 000 obligations aient déjà été converties, cela signifie que le nombre d'actions actuellement en circulation est : 1 020 000 (1 000 000 + 20 000) où 20 000 = 10 000 x 2 (la parité de conversion).

Il reste donc 40 000 obligations non converties.

Première question. A-t-on le droit et a-t-on intérêt à convertir ? Dans ce cas, oui. D'une part l'obligation est convertible à tout moment, et, d'autre part elle donne droit à 2 actions. L'action cote 1 500 francs et 3 000 (1500 x 2) est supérieur à 2 500, le prix de remboursement.

Deuxième question. Puisque 40 000 obligations peuvent être converties à tout moment, que se passerait-il si elles l'étaient toutes immédiatement ? Tout d'abord il serait créé 80 000 actions supplémentaires (40 000 x 2). Ensuite - c'est un point très important -, la société n'aurait plus à payer la charge d'intérêt : les obligations (dettes) se transformeraient en actions (fonds propres). La société réaliserait un profit d'autant plus élevé.

Le montant de la charge d'intérêt correspondant à ces 40 000 obligations est égal à: 40 000 x 2 500 x 7% = 7 millions de francs.

Mais il faut encore intégrer les effets de la fiscalité. En effet, toute réduction de charge brute (avant impôt) doit être considérée comme un profit supplémentaire. Ainsi, en supposant un taux d'imposition à 33%, il faut ajouter au bénéfice de la société 67% des intérêts non versés (le net d'impôts!).

67% x 7 millions = 4,69 millions de francs.

Le profit total de la société serait alors : 104,9 millions (100 + 4,9) à répartir sur 1 100 000 actions :1 020 000 + 80 000

Le BPA dilué des obligations convertibles - c'est son nom! - serait alors : 104,9 millions / 1 100 000 = 95,36 francs

Avant dilution ce BPA était de :
100 millions / 1 020 000 = 98 francs

La dilution provenant d'obligations convertibles accroit le nombre potentiel d'actions et augmente le bénéfice net.

REMARQUE

Le BPA dilué des obligations convertibles peut être supérieur au BPA non dilué. A condition que le résultat ne soit pas très important. Dans l'exemple précédent, si le bénéfice avait été de 50 millions, le BPA non dilué aurait été égal à :
50 000 000 / 1 020 000 = 49 francs
et le BPA dilué à : 54 900 000 / 1 100 000 = 49,90 francs

L'existence de bons de souscription

Il est rare qu'il y ait intérêt à exercer un bon de souscription avant son échéance. De la sorte, il est inutile de diluer le BPA. Le jour de l'échéance, il suffira de prendre en compte les actions provenant de l'exercice de bons (si toutefois l'exercice est potentiellement intéressant). Ces actions figureront dans le nombre d'actions admises à la cote.

Cependant, de nombreuses analyses financières ou des articles de presse spécialisée donnent des calculs dilués de l'exercice des bons de souscription. Il convient alors de répercuter dans les comptes le revenu tiré des fonds provenant de l'exercice des bons. Le résultat net, enrichi de ce produit supplémentaire, se répartira sur toutes les actions (anciennes et des bons exercés).

Exemple

Le capital d'une société est formé de 1 100 000 actions. Le cours de bourse est 1 000 francs. Il y a trois ans, la société a émis 100 000 obligations à bon de souscription d'actions. A chaque obligation est attaché un bon donnant le droit de souscrire 2 actions nouvelles pour 1600 francs (800 francs l'une). Les bons tomberont à échéance dans deux ans et aujourd'hui aucun bon n'a été exercé.

Pour l'exercice en cours et clos le 31 décembre, le bénéfice estimé de la société est de 125 millions de francs.

Que se passerait-t-il si tous les bons étaient exercés actuellement?

Le taux sans risque avoisine 10 %.

En cas d'exercice des 100 000 bons de souscription, 200 000 actions nouvelles seraient souscrites à 800 francs. La société collecterait 160 millions de francs.

Le revenu tiré du placement de cette somme (ou l'économie sur endettement) serait 16 millions de francs (160 millions x 10 %) l'an.

Il reste 9 mois à courir jusqu'à la fin de l'exercice : le revenu brut est de 12 millions (16 millions x 9 / 12). Après une imposition de 33%, le résultat net de la société serait augmenté d'environ 8 millions de francs, soit un total de 133 millions (125 + 8).

Un résultat à répartir sur 1.200.000 actions (1.000.000 anciennes et 200 000 nouvelles) :
BPA 133 000 000 / 1 200 000 = 110,83.

Avant exercice des bons, le BPA était de 125 francs. La prise en compte des bons dilue le bénéfice par action.

REMARQUE

L'exercice de bons de souscription d'actions, s'il entraîne la création d'actions nouvelles, ne donne pas lieu au détachement de droits. En effet, au même titre que les émissions d'actions, la distribution ou l'émission de bons de souscription - attachés ou non à une obligation ou une action - est en principe réservée aux anciens actionnaires à concurrence de leur part de capital. Il n'existe alors aucune réduction de patrimoine pour l'ancien actionnaire s'il souscrit aux bons ou aux produits (action ou obligation) qui le portent.

Le bénéfice par action ajusté

Le BPA de l'année en cours est dilué et les BPA des années précédentes sont ajustés. Par exemple, dans le courant 1993, une opération sur le capital donne lieu à dilution du BPA de 1993, et à l'ajustement du BPA de 1992. Cet ajustement se fait simplement par application du coefficient aux BPA précédents. En fait, on ajuste les BPA antérieurs tout comme on ajuste les cours : cet exercice est impératif pour apprécier l'évolution boursière d'une société.

EXEMPLE

• Cas d'une division, d'une attribution ou d'un regroupement d'actions ayant lieu courant 1993.

On applique le coefficient au BPA 1992.

Si ce BPA est de 100 francs, il deviendra :

100 x (1 / N) : une division par N.

100 x N / (N + n) : une attribution de n nouvelles pour N anciennes.

100 x N : une nouvelle pour N anciennes.

• Cas de l'émission en numéraire :

Une société, dont le capital était composé de 1 000 000 actions au 31.12.1992, va émettre dans un mois, à fin mars 1993, une action nouvelle à 700 francs pour 5 anciennes.

Le bénéfice de l'exercice 1992 s'est élevé à 123 millions de francs.

Il est prévu un bénéfice de 140 millions en 1993.

L'action cote 1 000 francs le jour du calcul.

BPA dilué de 1993 : 140 000 000 / 1 200 000 = 116,7 francs.

BPA au 31.12.1992 non ajusté; sur la base de 1 000 000 actions existant à cette date : 123 000 000 / 1 000 000 = 123 francs

coefficient d'ajustement : $\frac{(5 \times 1\,000 + 700) / 6}{1\,000} = 0{,}95$

BPA ajusté = 123 x 0,95 = 116,8 francs.

Dans l'exemple, en dépit d'une progression du bénéfice net proche de 14 %, le bénéfice par action n'a pas varié. Ainsi, en cas d'émission en numéraire la société doit enregistrer une progression de son bénéfice pour maintenir le bénéfice par action à son ancien niveau.

REMARQUE

- L'ajustement des BPA est nécessaire puisqu'il permet de maintenir les rapports cours / BPA antérieurement établis. Les cours et le BPA antérieurs à l'opération sont en effet ajustés dans des proportions strictement identiques.

- La dilution d'un BPA liée à l'existence d'obligations convertibles ne donne pas lieu à l'ajustement des anciens BPA.

Le multiple de capitalisation

C'est le fameux PER : Price Earning Ratio.

Il s'agit du cours de l'action divisé par le bénéfice par action (BPA).

PER = multiple de capitalisation = cours de l'action / BPA

REMARQUES

- Tout comme la capitalisation boursière, le multiple d'une action varie constamment en fonction du cours.

- Lorsqu'il existe des actions à dividende prioritaire ou des certificats d'investissement, on peut calculer un multiple en divisant le cours de ces titres par le même BPA : ces produits donnent droit au bénéfice, comme une action ordinaire. ADP et CI ayant généralement un cours moindre, leur multiple est alors plus faible que celui de l'action.

- Si le multiple d'un titre est de N, on dit que "la valeur se paye N fois ses bénéfices", ou qu'elle "capitalise N fois ses bénéfices".

Apprécier un multiple

Raisonnons sur le multiple de l'année en cours. Il peut apparaître évident qu'une valeur à faible multiple soit moins chère qu'une valeur à multiple élevé. Malheureusement, ce n'est pas aussi simple. Le multiple est une donnée statique, une photographie à un instant précis. Ce n'est donc pas suffisant pour émettre un jugement. Il convient alors de raisonner dans une optique comparative et dynamique. On peut en tirer quelques règles, ou plutôt quelques évidences !

• Le multiple d'une valeur ne doit pas s'apprécier isolément mais par rapport à la moyenne du marché et au multiple du secteur ou d'une valeur comparable.

• L'augmentation des résultats de la société - que ce soit par redressement ou forte croissance - modifie le jugement. Plus elle est forte, plus le multiple est élevé.

Cela peut s'expliquer aisément. Prenons l'exemple de deux titres. Le premier a un bénéfice par action de 100 francs pour l'exercice 1992, 120 francs estimé pour 1993 et 150 francs estimé pour 1994. Si son cours est de 1000 francs, son multiple de capitalisation est de 10 pour le BPA 1992, de 8,3 pour le BPA 1993 et de 6,7 pour celui de 1994.

Le deuxième titre a également un bénéfice de 100 francs pour l'exercice 1992, mais de seulement 80 francs pour 1993 et de 50 francs pour 1994. Son cours de 500 francs fait apparaître un multiple de capitalisation de 5 sur le BPA 1992. Apparemment, le deuxième titre est moins cher que le premier. Mais cela devient faux si l'on se fie aux anticipations de bénéfices des exercices suivants. En effet, le deuxième titre, à 500 francs, aura un multiple de 12,5 sur le BPA de 1993 et de 20 sur celui de 1994. Soit un multiple sur le BPA de 1994 trois fois plus élevé que le multiple du premier titre.

Ainsi, plus la croissance des bénéfices est forte, plus le multiple sur le bénéfice actuel est relativement élevé : une valeur à fort multiple actuel peut donc être moins chère qu'une valeur à faible multiple.

• Les secteurs d'activité très cycliques ont en principe des multiples faibles (sauf dans l'hypothèse d'un redressement). En effet, un secteur cyclique a généralement une très faible visibilité de la croissance de ses résultats. Cette incertitude justifie alors un prix immédiat plus réduit, donc un multiple faible.

• Il peut y avoir une raison non fondamentale à un faible multiple, sans que ce dernier soit pourtant susceptible de correction. Ainsi, une valeur à marché étroit se "paie" souvent moins cher : les opérateurs parviennent difficilement à travailler un petit marché. L'achat d'une telle valeur ne sera pas nécessairement gagnant.

Ces observations peuvent vraisemblablement servir d'explication aux multiples plus élevés des affaires à croissance rapide, et aux multiples peu élevés de nombreuses affaires du comptant en raison de l'étroitesse des volumes de transactions.

La relation entre taux d'intérêt et PER

Le raisonnement s'appuie sur le PER moyen d'un marché. L'évolution des taux d'intérêt conditionne en effet le PER moyen du marché.

La démarche s'analyse en plusieurs étapes :

1 - Déterminer le taux d'actualisation des bénéfices.

Premier exercice : il faut actualiser la série des BPA estimés pour les futurs exercices. Actualiser un BPA, c'est rechercher une valeur immédiate (actuelle) du futur BPA. Cela s'obtient en appliquant aux BPA un coefficient d'actualisation, fondé sur un taux d'intérêt. La variable recherchée est le taux qui égalisera le cours de bourse actuel et le cumul des bénéfices futurs (sur de très nombreuses années) actualisés à ce taux :

cours = somme des bénéfices futurs actualisés au taux recherché.

La donnée nécessaire est un taux moyen pour l'ensemble du marché des actions.

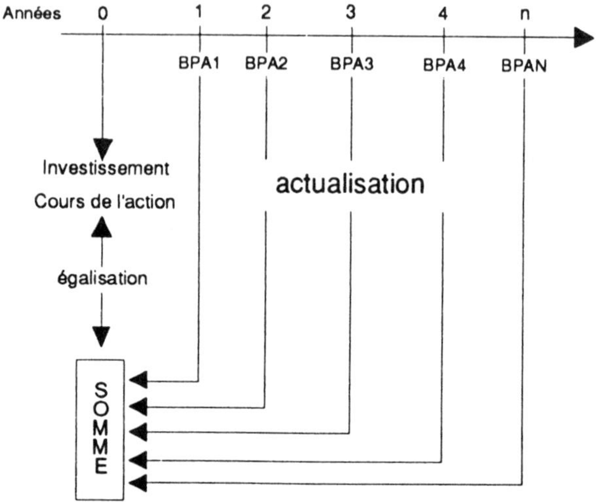

2 - Reprendre le mécanisme de cotation des obligations. Une hausse des taux fait baisser le cours des obligations, et inversement. En voici une illustration :

Une obligation A est émise à 1 000 francs au taux du marché, 10%. Elle rapporte 100 francs par an.

Le taux du marché varie quelques semaines plus tard :

• 1° hypothèse : 12 %

A 12 %, une obligation B de 1 000 francs nouvellement émise rapportera 120 francs par an. A l'évidence, les investisseurs se porteront sur cette obligation à l'émission et délaisseront l'ancienne A, qui ne procure que 100 francs. Le cours de A baissera ... jusqu'à un rapport équivalent à B, soit 12 %. Pour que A rapporte 12 %, son cours devra être :

100 / 0,12 = 833 francs (833 x 12% = 100 francs)

• 2° hypothèse: 8 %

Une obligation C émise à 8 % ne produit que 80 francs d'intérêt. Les souscripteurs préféreront acheter A qui donne 100 francs. Le cours de A s'élèvera mécaniquement : son taux avoisinera 8%.

Le cours de A sera :

100 / 0,08 = 1 250 francs

En somme, le cours des obligations évolue en sens inverse des taux d'intérêt à moyen ou long terme.

REMARQUE

Sur un marché, le taux d'intérêt réel d'une obligation, c'est-à-dire celui qui égalise son cours actuel et les coupons et remboursements actualisés, est un taux actuariel : le revenu que rapporte effectivement l'obligation.

3 - Rechercher le taux de rendement actuariel moyen du marché obligataire. Par simplification, ce taux peut être assimilé au taux moyen des émissions obligataires - qui s'effectuent, en principe, à un taux proche de celui du marché.

4 - Comparer le taux d'actualisation des bénéfices et le taux de rendement actuariel des obligations. Théoriquement, le premier doit être supérieur au second. L'écart entre les deux s'appelle la prime de risque. En effet, le revenu d'une action est plus aléatoire que celui d'une obligation : cette incertitude est compensée par une rémunération supplémentaire, la prime de risque.

Historiquement, la norme de la prime de risque est voisine de 2 %.

Qu'arrive-t-il lorsque les taux montent ?

Une hausse des taux se traduit par un recul du cours des obligations, donc par une progression automatique du taux de rendement actuariel. De fait, la prime de risque - constituée de la différence entre le taux d'actualisation des bénéfices et le taux actuariel des obligations - se rétrécie. Il devient alors moins intéressant d'investir en actions : le risque ne procure plus un revenu supplémentaire assez élevé. Délaissées, les actions vont baisser jusqu'au niveau qui rétablira une prime de risque "normale".

A l'inverse, une baisse des taux - le cours des obligations augmente - diminue le taux actuariel et accroit d'autant la prime de risque. Devenues plus attrayantes, les actions vont grimper !

En somme, une hausse des taux pénalise actions et obligations, et une baisse des taux les dope conjointement.

Taux ↑ → Prime de risque ↓ → actions ↓

Taux ↓ → Prime de risque ↑ → actions ↑

Avant le krach de 1987, la prime de risque était particulièrement basse par rapport à sa norme historique. Cependant, une prime de risque faible n'entraîne pas forcément une baisse des actions : les investisseurs peuvent anticiper une baisse des taux. Si cette dernière a lieu, la prime de risque redeviendra normale.

Remarque

Sans aller jusqu'au raisonnement mathématique du taux d'actualisation des bénéfices, une approche plus intuitive est possible. Au bénéfice par action de l'année en cours peut être rajouté l'estimation du prochain exercice (voire du suivant). Cette somme sera comparée aux intérêts fixes qui auraient été perçus par un placement d'un montant équivalent au cours sur des obligations. Si les bénéfices cumulés sont supérieurs aux coupons théoriques, l'action est intéressante. Sinon, mieux vaut la vendre sauf si les perspectives de la société sont exceptionnelles.

Par exemple, début janvier 1993, pour un cours de 1000 francs, le bénéfice estimé de 1993 est de 60 francs par action, de 80 francs pour 1994 et de 100 pour 1995. La somme des bénéfices par action est égale à 240 francs.

Si le taux d'intérêt est 7 %, 1000 francs rapporteraient 210 francs en trois ans (1000 x 7 % x 3), soit moins que l'action.

Pour un taux de 8 % cette rémunération devient 240 francs, la même que l'action. Le risque de l'action ne porte pas de revenu supplémentaire : mieux vaut la vendre et choisir l'obligation.

Le PER et les concentrations de sociétés

Toute opération qui aboutit à un changement de contrôle d'une société rend inefficace une évaluation (dite rationnelle) fondée sur un PER. Lorsqu'une entreprise en rachète une autre, elle vise l'accroissement de sa part de marché et cherche à obtenir le maximum de synergies. Elle peut aussi vouloir entrer sur un nouveau marché (recherche de diversification).

Les critères d'évaluation ne sont plus les classiques multiples de capitalisation. D'abord, la société rachetée se révèle souvent beaucoup plus rentable après son intégration dans un nouveau groupe. Trois situations sont possibles. La société absorbée est très dynamique mais pourrait croître encore plus vite avec une dimension financière et commerciale supérieure : ce que lui donne son nouveau propriétaire. Autre cas, la société reprise est vieillissante et mal gérée : le nouveau venu va procéder au nettoyage en profondeur et redonner de la vigueur aux résultats. Reste la société bien gérée mais qui souffre de sa position secondaire sur son marché : le repreneur pourra développer l'affaire en améliorant sa position globale sur le marché. En outre, le rachat d'une société permet de capitaliser sans délai un savoir-faire, une position commerciale et une organisation de production.

Ainsi, il peut être moins coûteux de racheter - même à un prix très élevé - une activité existante que de la créer ex-nihilo. Il faudrait en effet investir lourdement pour mettre en place les installations, développer un savoir-faire et se positionner sur le marché. Plusieurs années seraient nécessaires pour imposer une marque jusque là inconnue : soit de folles dépenses publicitaires pour monter en puissance!

En somme, le prix à payer pour une reprise de société est lié à la position stratégique des protagonistes, à l'empressement des repreneurs à créer des groupes puissants, et aux disponibilités des acheteurs. Ces derniers se livrent souvent à des batailles : les enchères peuvent porter les prix - et les PER - à des niveaux démesurés ! Le PER n'est plus un instrument d'analyse suffisant pour évaluer les sociétés rachetables. Il peut être très intéressant de se placer sur des sociétés cibles.

1 - Rechercher les victimes :

Le contexte économique est déterminant. Lorsqu'il existe des sociétés aux positions dominantes et des affaires de taille plus modeste, l'extension et l'unification des marchés provoque des mouvements de concentration. Le grand marché européen - voire mondial - et ses implications commerciales en est une excellente illustration. Plus question de rester en marge sur un marché unique et étendu : il faut être présent dans tous les pays du continent ou disparaître. Deux solutions : la fuite en avant ou se laisser happer par un plus gros. Tout l'art de la situation spéciale - c'est le non donné aux affaires en équilibre instable - consiste à rechercher les secteurs qui ont besoin de concentration. Il s'agit alors d'investir dans les sociétés qui sont en position délicate :

leur survie ne peut être assurée que par l'intégration dans un autre groupe. Les proies les plus faciles sont alors les sociétés dont le capital est mal contrôlé (ou pas du tout tenu). Nul besoin de convaincre les dirigeants de vendre, il suffit de lancer une offre publique d'achat ou d'échange.

2 - L'offre publique :

- L'offre publique d'achat (OPA) porte sur une partie ou sur la totalité du capital d'une société. Le paiement est généralement effectué en espèces. Par exemple, la société A se propose de racheter l'ensemble du capital de la société B au prix de 100 francs l'action, en espèces.

Pour l'actionnaire de la société convoitée il peut être recommandé d'apporter ses titres à l'offre publique. En effet, le prix proposé est en principe supérieur aux cours récents et les critères d'évaluation des repreneurs ne sont plus fondés sur PER et rendement ! Autant en tirer profit de suite ou espérer la surenchère d'un concurrent.

L'offre publique d'échange (OPE) propose à l'actionnaire un paiement en titres de l'acheteur au lieu des espèces. La société A rachète 100% du capital de B en proposant de remettre 2 actions A pour toute action B apportée à l'offre.

Ces offres sont souvent aussi intéressantes que les OPA. Toutefois, il convient d'apprécier les qualités de l'acheteur avant d'en accepter les titres, même si l'échange est attrayant sur la base des derniers cours (2 titres A peuvent valoir par exemple 1,5 fois le cours de B). Mais que vaut réellement A ?

Remarques

- A l'occasion d'une OPE l'acheteur peut verser une soulte en espèces en sus de ses titres.

La société A propose 2 de ses titres et 20 francs en espèces pour chaque titre B apporté à l'offre.

- Il arrive souvent aux sociétés mères des groupes de lancer une offre publique d'échange sur leurs propres filiales pour en récupérer les intérêts minoritaires.

3 - La procédure d'offre publique :

- Les formalités de l'attaquant :

Il devra déposer son dossier au Conseil des Bourses de Valeurs. Ce dernier dispose alors d'un délai de cinq jours de bourse pour donner son avis sur la recevabilité de l'offre. Devront être mentionnés l'objectif de l'offre, "éventuellement le nombre de titres présentés en réponse en-deçà duquel l'initiateur se réserve la faculté de renoncer à son opération", précise le règlement général du CBV. Dès que le Conseil est saisi, la Société des Bourses Françaises suspend la cotation et informe le Ministre de l'Economie et la COB. La période d'offre commence avec la publication de l'avis public de dépôt du projet : les cotations peuvent reprendre deux jours plus tard. La durée de l'offre ne peut être inférieure à 20 jours.

En fait, pendant une offre, il est toujours possible d'acheter ou de vendre des titres. Parfois, il peut être plus facile de vendre directement ses titres que de les porter à l'offre, d'autant que le cours de bourse sera certainement proche du prix de l'offre. Attention, si la valeur est cotée sur le marché à règlement mensuel, la faculté de traiter à terme ne sera plus valable pendant l'offre : il faudra disposer des espèces pour acheter et des titres pour vendre.

- La surenchère :

A condition d'être lancée au moins cinq jours avant la fin de la première offre, une offre concurrente pourra être lancée. L'initiateur de la première offre disposera alors de cinq jours pour confirmer ou réviser sa position, voire se retirer.

Dans la plupart des cas, la surenchère devra correspondre à un prix au moins supérieur de 2% à celui de l'offre précédente.

- Franchissement de seuil:

Lorsqu'une personne physique ou une société - agissant seul ou de concert - détient plus de 33,33 % du capital ou des droits de vote d'une société cotée, elle doit le déclarer au Conseil des Bourses de Valeurs et lancer une offre publique sur la totalité du capital. Sauf, notamment, en cas de réduction de cette participation ou de la présence d'autres actionnaires majoritaires.

- L'offre simplifiée :

A l'occasion d'un échange de bloc de contrôle d'une société (donnant la majorité), une procédure de maintien de cours peut être engagée. A la demande des autorités, l'acheteur du bloc de contrôle devra s'engager (vis-à-vis de tous les actionnaires) à acheter sur le marché toutes les actions offertes à un prix au moins équivalent à celui de l'échange du bloc de contrôle. Cette sorte d'offre publique simplifiée a pour but de protéger les actionnaires minoritaires : ils peuvent profiter du maintien de cours s'ils estiment que le nouveau "maître de l'affaire" n'est pas à leur convenance ou que le prix est attrayant.

La procédure simplifiée peut aussi être utilisée pour une offre limitée à moins de 10% du capital, dans le seul but de prendre une participation.

Difficile rachat de concurrents

Racheter un concurrent, un fournisseur, ou conquérir la planète en profitant des synergies - où règne la fameuse inégalité 1 + 1 > 2 ! - est un langage d'homme d'affaires. Mais pas forcément celui de l'actionnaire minoritaire. Dans un premier temps, le racheteur devra financer son opération, qu'elle soit une offre publique d'achat ou une acquisition de bloc de contrôle. S'agirait-il d'une offre publique d'échange ou d'une fusion payée en titres, l'opération pourrait être néanmoins coûteuse : elle donne lieu à une dilution des bénéfices. Le mode de financement importe peu : l'endettement exige le paiement d'intérêts et l'emploi de la trésorerie prive du revenu de son placement.

Ainsi, pour le repreneur, la situation peut s'examiner sous plusieurs angles. D'abord, que devient sa position sur le marché : l'accession à un quasi monopole peut accroître -à terme- les profits. Quel est le prix réel de l'opération ? Il suffit de retrancher le coût réel du financement aux profits (directs et indirects) procurés par l'entité acquise.

Existe-t-il un moyen de financement interne ? Il est possible que la société rachetée recèle d'importants actifs inutiles que le repreneur pourra céder : il allégera le coût du financement, l'opération devient plus rentable.

Demeure également un problème comptable : la survaleur. Il s'agit de la différence entre le prix d'achat d'une société et la valeur des actifs tangibles figurant à son bilan. Cette survaleur - le goodwill - représente en quelque sorte le prix du fonds de commerce de la société rachetée. Trois traitements comptables sont possibles : amortir la survaleur sur une très longue durée (de 20 à 40 ans aux Etats-Unis), l'imputer directement (en moins) sur la situation nette du repreneur (comme en Grande-Bretagne), ou bien encore ne rien faire. Dans le premier cas, l'amortissement pèse sur les résultats du repreneur. Dans le deuxième, la survaleur peut être telle que l'actif net devienne négatif après sa déduction.

Le cas particulier des LMBO. Leverage Management Buy Out ou rachat à crédit d'une entreprise par les managers, le LMBO - qui n'implique pas toujours les dirigeants: les américains parlent de Leverage Buy Out, LBO - s'effectue par constitution d'un holding (une coquille vide). Doté de peu de fonds propres, le holding va racheter l'entreprise convoitée à l'aide d'un endettement (souvent très important). Pour un franc en fonds propre, le holding peut obtenir plus de 3 francs d'endettement en France et 7 à 8 francs aux Etats Unis. L'effet de levier n'est pas négligeable.

Pour payer les intérêts et assurer le remboursement des dettes, la société holding percevra des dividendes de la société rachetée. C'est pourquoi la réussite d'un LMBO passe par une gestion de la société rachetée plus rigoureuse et plus profitable : il faut des dividendes (et en amont des bénéfices) pour régler la charge de la dette. Toutefois, la société holding peut fusionner avec l'entreprise rachetée: l'endettement du holding est désormais assimilé à l'endettement de l'ensemble. La situation financière de la société rachetée est fragilisée en conséquence.

Ce type de fusion est très fréquent aux Etats-Unis, et plus rare en France. Après la fusion, l'ensemble est souvent restructuré et désendetté par de nombreuses cessions d'actifs.

Le record en matière de LBO revient au conglomérat Nabisco qui a été racheté pour 25 milliards de dollars (plus de 150 milliards de francs) par la société KKR (spécialiste du LBO).

Remarque

Le Rachat d'une entreprise par ses salariés (RES) est une variante de LBO. Les opérateurs sont des salariés (dirigeants ou non) de la société qui sera rachetée par un holding. Ce dernier est alors constitué par les salariés qui agissent souvent avec l'aide d'investisseurs.

La décote

Le multiple de capitalisation ne convient pas à tous les titres. Certaines sociétés exigent d'autres outils d'évaluation, comme les holdings et les immobilières. Il est préférable de réévaluer le patrimoine de ces sociétés. Bien souvent, le patrimoine figure au bilan pour une valeur historique, qu'il s'agisse d'immeubles ou de titres.

• Les immeubles sont souvent évalués à l'aide de deux méthodes:

- surface x prix au mètre carré, en prenant le prix au mètre carré pratiqué dans la ville, le quartier, la rue.

- multiple appliqué aux loyers. Il s'agit de connaître la rentabilité moyenne du même type d'immeuble en tenant compte de la distinction : à usage de bureaux ou d'habitation. Si le taux est, par exemple, estimé à 5 %, il suffit de multiplier le montant des loyers par 20 : 1 / 5 %

• Les titres de sociétés cotées s'évaluent simplement par multiplication du nombre de titres par le cours de bourse.

• Les participations dans des sociétés non cotées peuvent s'évaluer par application d'un multiple théorique aux bénéfices. Ce multiple sera par exemple celui d'une société cotée du même secteur et aux caractéristiques semblables.

Les actifs réévalués sont totalisés. Mais reste l'endettement à moyen et long terme: il est retranché de l'actif réévalué pour obtenir l'actif net réévalué. Il suffit alors de comparer l'actif net réévalué et la capitalisation boursière de la société. Si cette dernière est inférieure à l'actif net réévalué, il existe une décote. Dans le cas contraire, c'est une surcote. Décote et surcote s'expriment en pourcentage.

Exemple

Actif net réévalué : 100 millions de francs.

1er cas : Capitalisation boursière = 60 millions de francs. La décote est égale à :

(100 - 60) / 100 = 40 %, c'est-à-dire que la capitalisation boursière est inférieure de 40 % à l'actif net réévalué.

2e cas : Capitalisation boursière = 130 millions de francs. La surcote est égale à :

(130 - 100) / 100 = 30 %, c'est-à-dire que la capitalisation est supérieure de 30 % à l'actif net réévalué.

Un actif net réévalué par action peut être calculé. Cet indicateur est alors comparé au cours de l'action. Les deux méthodes sont équivalentes.

La bonne décote

Une décote voisine de 20 % est généralement jugée "normale". Il faut bien tenir compte de l'impôt que cette société acquitterait sur ses plus-values en cas de liquidation. Une décote plus importante est possible pour une mauvaise qualité des participations ou pour un portefeuille axé sur des secteurs difficiles. Par exemple, des participations dont les cours décroissent sans cesse peuvent justifier une forte décote. A l'inverse, une surcote est envisageable si les participations sont porteuses d'espoir, tant en raison des secteurs concernés que du dynamisme des sociétés composant le portefeuille.

Le rendement

La mesure

Mesure de la partie distribuée des bénéfices, le rendement est la division du dividende global par le cours de l'action. Il s'exprime en pourcentage.

$$\text{Rendement} = \frac{\text{dividende global}}{\text{cours}}$$

Le dividende global

Il s'agit du dividende net versé à chaque action augmenté de l'avoir fiscal. Par exemple, si le dividende net payé par la société est égal à 10 francs, l'avoir fiscal s'élève à 5 francs (50 % de 10 francs) : le dividende global est de 15 francs.

Si le cours de l'action est de 300 francs, le rendement est :

15 / 300 = 0,05 = 5 %

Remarque

Les coupons de sociétés étrangères ne donnent pas le droit à l'avoir fiscal. Le rendement s'obtient alors par le rapport entre dividende net et cours de l'action.

Le rendement adéquat

Dans de nombreux cas le rendement d'une action n'est pas significatif - par exemple 1 % -, mais les actionnaires y sont restés sensibles. Cependant, un bon rendement peut difficilement constituer une raison valable d'achat d'une action : il ne peut être le seul critère de jugement. Encore faut-il, en effet, que ce rendement soit durable et que la société reste profitable !

L'actionnaire n'est pas lésé avec un rendement faible : la partie du bénéfice non distribuée est utilisée à l'investissement. Et, lorsque la société est dynamique et bien gérée, cette politique est plus profitable à l'actionnaire qui récupérera bien plus que le rendement sous forme de plus-value.

Le versement des dividendes en actions

Une société peut décider de verser ses dividendes en actions. Un prix d'émission généralement avantageux est fixé : au lieu de recevoir un dividende sur chaque titre détenu, l'actionnaire a la possibilité de recevoir une action nouvelle. Si le nombre d'actions reçues n'est pas entier, l'actionnaire verse un complément ou reçoit quelques coupons en espèce. Le droit à l'avoir fiscal n'est pas retiré.

Exemple

Vous détenez 45 actions.

La société décide de verser 10 francs de dividende net par titre et donne la possibilité de régler son dividende en actions nouvelles à 400 francs. Soit une action nouvelle pour 40 anciennes (et autant de dividendes).

Vous pouvez :
- recevoir 45 x 10 francs en espèce.
- obtenir une action nouvelle et recevoir 5 x 10 francs.
- verser 350 francs (400-50) et obtenir deux actions nouvelles.

Dans tous les cas vous disposerez d'un avoir fiscal de 225 francs (450 x 50 %).

Le cas particulier des sociétés immobilières

Les sociétés foncières classiques

Ce sont les Sociétés Anonymes Immobilières et Foncières appelées aussi "foncières classiques". Les SAIF sont des sociétés de droit commun (qui paient l'impôt). Elles gèrent un patrimoine qui leur appartient. La composition de ce patrimoine peut être très diverse : habitation, bureaux, industrie et commerce.

Appréciation : leur rendement est souvent très faible. On les apprécie en principe à partir de leur patrimoine réévalué pour déceler décote ou surcote.

Les anciennes formes de sociétés immobilières

Ce sont des immobilières dites conventionnées, qui ont vocation à disparaître dans leur forme actuelle : les SII, Société Immobilière d'Investissement et les Sicomi, sociétés immobilières pour le commerce et l'industrie (qui réalisent notamment des opérations de crédit-bail). En respectant certaines contraintes (de programmes : préférence pour les bureaux, les locaux commerciaux et l'habitation, ...), elles ne payaient pas l'impôt sur les sociétés. En contrepartie, elles devaient distribuer au moins 85% de leur bénéfice et leurs dividendes ne donnaient pas droit à l'avoir fiscal.

Désormais, les Sicomi doivent se transformer en sociétés foncières classiques et les SII n'en n'ont pas l'obligation mais elles ont devancé l'appel. En adoptant ce statut, elles pourront se livrer à toute opération immobilière sans restriction, comme une foncière classique.

Appréciation : elles s'apprécient sur la base du rendement. Toutefois, le patrimoine réévalué complétera l'analyse dans la mesure où elles disposent d'actifs importants. Attention, les Sicomi sont considérées comme des "valeurs de taux" : leur production de crédit-bail les rend sensibles à l'évolution du loyer de l'argent.

Les sociétés industrielles à patrimoine immobilier

Pendant les années de profits importants, des sociétés d'origine industrielle se sont souvent constituées des patrimoines immobiliers (terrains ou constructions) importants : elles utilisaient leur bénéfice dans le "refuge" de la pierre, ou leurs nombreuses implantations les ont incité à acquérir des terrains.

Lorsque les actifs sont bien situés (et achetés à des prix dérisoires dans un passé lointain), la réévaluation des biens peut faire apparaître un patrimoine supérieur à la capitalisation boursière de la société.

Faut-il apprécier ces affaires en terme de décote ou en fonction de leur multiple de capitalisation, leur vocation étant avant tout industrielle ? Il n'existe pas vraiment de réponse. Si les actifs immobiliers sont supérieurs à la valeur boursière, le fonds de commerce est gratuit. Et si, de plus, le multiple est faible, il n'existe pas de risque réel à acheter ces valeurs.

CE QU'IL FAUT RETENIR

• La capitalisation boursière exprime la valeur vénale de la société en bourse. C'est le nombre total de titres multiplié par le cours du jour.

• Toute opération engagée sur le capital et modifiant le nombre d'actions en circulation implique un ajustement des cours antérieurs à l'opération.

• Le bénéfice par action est le bénéfice net consolidé qui revient à chaque titre : c'est le bénéfice consolidé divisé par le nombre total de titres. Si une opération modifie le nombre d'actions ou s'il existe des obligations convertibles en actions : il faut calculer un bénéfice par action dilué.

• Le multiple de capitalisation, appelé aussi PER est le cours de l'action divisé par le bénéfice par action. C'est le prix réel d'une action.

• Il existe une relation entre taux d'intérêt et PER : une hausse des taux abaisse le cours des obligations et des actions. Et inversement.

• Le PER n'a plus de signification précise lorsque la société fait l'objet d'une Offre Publique d'Achat, d'une Offre Publique d'Echange, ou d'un maintien de cours.

• La décote (ou surcote) est la différence, exprimée en pourcentage, qui peut exister entre la capitalisation boursière et la situation nette réévaluée de la société.

• Le rendement représente le taux de revenu instantané d'une action. Il est égal au dividende avoir fiscal compris divisé par le cours de l'action.

• Les sociétés immobilières s'apprécient par leur rendement et par l'ampleur de la décote de leur cours sur la valeur réelle du patrimoine.

UN NOUVEAU MONDE

CHAPITRE 8

LES MARCHES A TERME

Des marchés où les transactions se règlent à crédit : telle pourrait être la définition du terme. Ce sont des marchés où s'échangent des contrats : l'acheteur s'engage aujourd'hui sur une quantité de biens qu'il recevra et réglera demain. Et, le vendeur cède aujourd'hui un bien qu'il livrera demain; il sera réglé plus tard !

Ces contrats répondent à plusieurs besoins. Prenons l'exemple du pétrole.

- Un producteur de ciment évalue ses besoins en énergie : il devra disposer de 10 000 barils de pétrole brut dans six mois.

Une hausse du pétrole lui serait défavorable : le baril de pétrole brut vaut 15 dollars.

Il achète alors 10 000 barils sur le marché à terme du pétrole brut à une échéance de 6 mois. Le prix de 15 dollars le baril est assuré pour la période même si le pétrole venait à monter : il peut soit exiger la livraison des 10 000 barils au bout de 6 mois, soit les revendre avant sur le même marché.

- Au même moment, un producteur de pétrole voudra assurer son prix de vente : il produira 10 000 barils avant six mois et a établi son budget sur 15 dollars le baril. Craignant une baisse des cours, il vendra à terme (échéance six mois) 10 000 barils de pétrole. Quelle que soit l'évolution du cours du pétrole dans les six mois, le producteur est assuré de trouver preneur à 15 dollars le baril.

Au bout de six mois le pétrolier livrera 10 000 barils au producteur de ciment. Il s'agit d'un contrat à terme avec livraison in fine.

Un marché à terme organisé ? Même principe de base appliqué à des milliers d'opérations traitées simultanément sans rencontre des intervenants. Sur un tel marché, la plupart des contrats n'arrivent pas à échéance : l'acheteur initial l'a revendu à un autre opérateur et le vendeur initial l'a racheté.

Lorsqu'un contrat initialement acheté est revendu, avant échéance, il n'y a pas livraison de biens mais perception d'une plus-value (cas de la hausse du cours du contrat) ou versement de la moins-value (cours en baisse) à une chambre de compensation représentée par le courtier.

Tous les contrats n'imposent pas une livraison de biens. Un contrat avec livraison impose un mouvement réel de biens à l'échéance. A l'inverse, un contrat sans livraison arrivé à échéance se solde par un échange monétaire. Les perdants versent des sommes à l'intermédiaire. Sommes qui sont reversées aux gagnants. Malgré leur aspect spéculatif, les marchés sans livraison sont un excellent moyen de couverture : le résultat de l'opération annule les variations de prix sur le marché physique.

Monsieur X prend un engagement à six mois sur le pétrole à 15 dollars. Il croit à sa hausse et en achète 10 000 barils. Monsieur Y pense l'inverse. Il vend 10 000 barils à 15 dollars et à six mois d'échéance. L'action se déroule dans un marché (supposé) sans livraison.

A l'échéance :

- le baril vaut 20 dollars.

Monsieur X a eu raison, il percevra 50 000 dollars : (20 - 15) x 10 000.

Une somme que lui versera Monsieur Y qui a perdu son pari.

- le baril vaut 11 dollars :

Monsieur Y a gagné : il avait vendu le baril à 15 dollars. Il reçoit alors 40 000 dollars que lui remet Monsieur X.

Cette transaction s'apparente à un échange de pari : le support du pari peut être le cours du pétrole, celui de la tulipe, du blé, ... Qu'importe ! Il s'agit d'un échange d'obligations contractuelles.

Au-delà des paris (le cas des spéculateurs) ces marchés servent de couverture. Par exemple, un exportateur craint une chute des monnaies de la zone dollar, devise de référence de ses ventes. Il vend alors un nombre de dollars correspondant au total de ses factures. L'importateur, pénalisé par une hausse de la même devise, achète des dollars à terme. Qu'il y ait ou non livraison de dollars la couverture sera parfaite.

LES MARCHÉS À TERME SUR INDICES BOURSIERS

De l'achat des valeurs de l'indice...

La méthode consiste à acquérir chacune des valeurs composant un indice. Il convient de les acheter dans des proportions qui correspondent à leur poids relatif dans l'indice (les pondérations). Ainsi, avec un indice pondéré des capita-lisations boursières, il faudra, par exemple, placer le dixième du portefeuille en valeur A si cette société compte pour le dixième de la capitalisation totale de l'indice.

Il est donc impossible d'intervenir sur l'ensemble des valeurs de l'indice. Et ce développement ne prenait en compte qu'une stratégie d'achat de l'indice. Que faudrait penser de la vente de l'indice ? Un problème dont la solution est simple : les contrats à terme.

Aux contrats à terme sur indice

Un indice boursier est un instrument financier tout à fait nécessaire à une gestion rationnelle de portefeuilles. Et, facteur primordial de sa réussite, son utilisation est assez simple.

Définition

Comme l'indique le mot anglais "future", ce contrat est un engagement futur (à terme) sur un indice boursier.

L'indice sous-jacent

Avant de procéder à la cotation de contrats sur indice, encore faut-il déterminer l'indice support de l'engagement. Cet indice est appelé "indice sous-jacent".

Les contrats portent sur des indices sélectionnés pour leur simplicité et leur représentativité du marché. Aux Etats-Unis, il s'agit par exemple du fameux contrat sur l'indice Standard and Poor's 500 négocié à Chicago, un indice de 500 valeurs. En France, l'indice de la Société des Bourses Françaises (CAC 40) en comprend 40.

Remarque

Aux Etats-Unis, il existe des contrats sur indices sectoriels. Le principe de base est identique : au lieu de ramener le raisonnement à un marché, il suffit de l'appliquer à un simple secteur de la cote.

L'indice CAC 40 à Paris

Il s'agit d'un indice de 40 valeurs françaises sélectionnées pour leur représentativité du marché. Cet indicateur est très fortement corrélé à l'indice le plus large de la Société des Bourses Françaises : le SBF 240. Le CAC 40 est géré par un conseil scientifique qui peut conseiller le retrait de valeurs - en cas d'OPA ou de suspension de cotation - pour les remplacer par des valeurs de la liste complémentaire. La base de l'indice a été fixée à 1000 le 31 décembre 1987.
La négociation des contrats à terme est assurée par Matif SA.

Le prix du contrat

• La valeur du contrat en francs est fixée à 200 fois le cours de l'indice. Proche de 1 800 points début 1993, son prix était 360 000 francs (1 800 x 200).
• L'échelon minimal de cotation (appelé "tick" en américain) est de 0,1 point d'indice ou 20 francs.

Exemple

L'indice CAC 40 base 1000 à fin 1987 est égal à 1800 points au moment de l'engagement.

Le "future" cote 1815 points. Le point vaut 200 francs.

L'achat ou la vente du contrat porte sur un montant total de 363 000 francs (1815 x 200).

Les échéances

Les contrats portent sur quatre échéances glissantes : les trois mois les plus proches du mois en cours et une échéance trimestrielle. Ainsi, l'échéance la plus éloignée est de 4 ou 6 mois.

L'échéance.

L'observation statistique a démontré que les échéances les plus courtes font l'objet d'échanges plus fournis, et sont par conséquent beaucoup plus liquides.

L'acheteur peut revendre et le vendeur peut racheter avant l'échéance : la raison d'être du marché ! L'expérience a mis en évidence, chiffres à l'appui, que les contrats arrivent rarement à échéance. Les opérateurs liquident leurs positions avant cette date.

Exemple

Le 1er décembre 1992, Monsieur X achète un "future" sur le CAC 40 échéance décembre 1992. Ce contrat cote 1815 points. Le 15 décembre 1992, le "future" a progressé et vaut 1850 points. Monsieur X décide de le revendre. Il gagne la différence entre 1850, le cours de vente, et 1815, le cours d'achat; soit 35 points.

Le calcul en temps réel

Prendre un engagement sur un indice ne peut s'envisager à l'appui des données de la séance précédente. Disposer d'une information parfaite et continue sur l'indice sous-jacent est impératif. Les calculs sont effectués en temps réel et communiqués à intervalles très rapprochés (par exemple toutes les 30 secondes ou toutes les minutes). L'indice prendra appui sur les cours cotés les plus récents : l'investisseur aura à sa disposition un thermomètre sensible du marché.

Le système de compensation des résultats

Le contrat porte sur l'indice sous-jacent précédemment évoqué. Toutefois, il ne met pas réellement en jeu les valeurs qui composent l'indice. Il s'agit d'une prise d'engagement sur un prix de l'indice, à payer (pour l'acheteur) ou à recevoir (pour le vendeur). Le règlement définitif est remis à une date donnée, l'échéance.

Très simple ! Prenons l'exemple de l'acheteur du contrat à terme sur indice :

Jour 1 - Monsieur X achète un contrat sur l'indice CAC 40 au niveau de 1800 points. Il s'engage à acheter l'indice à ce prix le jour de l'échéance.

Echéance : deux hypothèses

• Le CAC 40 est à 1900 points, soit 100 de plus que le jour d'achat. Monsieur X encaissera la différence de 100 points.

• Le CAC 40 est à 1650 points. Monsieur X doit verser la différence de 150 points.

Pour le vendeur de contrat, c'est exactement l'inverse :

Jour 1 - Monsieur Y vend le contrat. Pour l'échéance, il s'engage à vendre l'indice à 1800 points.

Echéance : deux hypothèses

• Le CAC 40 est à 1800 points. Monsieur Y versera 100 points, le montant de sa perte.

• Le CAC 40 est à 1650 points, soit 150 points de moins que le jour 1. Monsieur Y, en tant que vendeur gagnant à la baisse, encaissera son profit de 150 points.

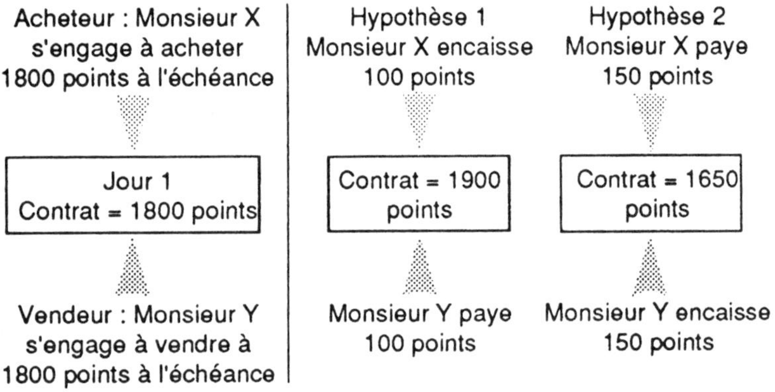

Par ce système de compensation des résultats, l'indice sous-jacent n'est jamais mouvementé, même s'il fixe les gains ou les pertes des parties prenantes. Le marché des "futures" suit une évolution parallèle à l'indice mais fonctionne sans "toucher" aux valeurs de l'indice. En quelque sorte, ce marché est un "satellite" de l'indice et de ses valeurs. Cette simplicité de fonctionnement tolère des opérations d'achat et de vente à découvert.

Sans ce marché, l'acheteur devrait prendre une position sur toutes les valeurs de l'indice (dans des quantités précises). Quant à la vente, elle serait pratiquement impossible : il faudrait vendre à découvert toutes les valeurs de l'indice en respectant les pondérations.

Comme sur tout marché financier organisé, acheteur et vendeur ne se rencontrent pas et cette compensation s'effectue automatiquement par l'intermédiaire qui a enregistré l'ordre. C'est lui qui encaissera la perte réglée par l'opérateur ou versera son gain. L'intermédiaire lui-même s'en remettant à l'organisme de compensation générale pour l'ensemble des opérations de sa clientèle.

La différence entre le cours du future et l'indice

Lorsque le marché fonctionne normalement, il existe une différence entre le cours du future et l'indice sous jacent. Par exemple, si l'indice CAC 40 s'établit à 1830, le "future" aura un cours supérieur à 1830, d'autant plus que l'échéance sera éloignée.

Cette différence n'est pas une prime d'anticipation tout à fait subjective et variable selon les "humeurs". Elle est au contraire objective et liée au taux d'intérêt du placement sans risque et à la distribution des dividendes des sociétés comprises dans l'indice.

Une opération à terme sur indice ne mobilise pas une somme équivalente à la valeur globale de l'indice. Et le détenteur de l'indice à terme ne perçoit pas de dividendes alors que la possession des valeurs de l'indice ouvrirait droit aux dividendes. Avantage de trésorerie et manque à gagner des dividendes justifient un écart de cours entre indice réel et contrat à terme sur indice. Cette différence est appelée la base : généralement, elle est proche de 15 points sur l'indice CAC 40.

Le dépôt de garantie

Comme toutes les opérations sur des marchés à terme, une opération sur future implique un dépôt de garantie auprès de l'intermédiaire. Dans l'hypothèse d'une évolution défavorable du marché, il est évident que, sans cette couverture, l'intermédiaire et le marché dans son ensemble ne bénéficieraient pas de la sécurité financière nécessaire à leur pérennité.

Cette somme est appelée le deposit : elle varie entre 20 000 et 30 000 francs (en fonction de la volatilité des cours) pour un contrat sur indice CAC 40.

Les appels de marge

Chaque jour, l'intermédiaire va calculer le montant du gain ou de la perte potentielle de l'opération sur future. La somme correspondante sera respectivement créditée ou débitée sur le compte du client. En fait, les gains et les pertes sont mouvementés quotidiennement - on appelle cette opération appel de marge - entre les acheteurs et les vendeurs, par les intermédiaires. Eux-mêmes s'en remettront à la chambre de compensation du marché pour équilibrer leurs positions envers leur clientèle.

Gestion de portefeuille et indice

Il est prouvé qu'un portefeuille diversifié comportant de nombreuses lignes se rapproche de l'indice. A long terme les performances d'un tel portefeuille et de l'indice sont très proches.

Les avantages de l'indice

En termes de performance comparative, pas de miracle mais la certitude d'égaler l'indice, donc l'ensemble du marché.

Autre atout, et non des moindres, une parfaite transparence : en achetant l'indice seul (via le contrat à terme) il est impossible de prendre un risque autre que celui du marché. L'écart du rendement du portefeuille par rapport à l'indice est impossible. L'indice est la plus pure expression d'un marché.

Un indice en portefeuille

Qui dispose d'une somme à investir dans le but d'une épargne à moyen terme peut acheter un contrat à terme sur indice. Par une opération unique, il va disposer d'un portefeuille diversifié tant en secteurs qu'en valeurs. Reflet fidèle du marché, le future offre aux investisseurs la chance de profiter des performances d'une place financière sans disposer de la moindre information sur les valeurs de cette bourse. Toutefois, il peut être reproché à la détention d'un contrat sa nature abstraite. Mais, le marché des contrats, par son système de compensation et son appel de marge, est tout aussi sécurisant que l'achat de valeurs à terme ou la détention des titres sous-jacents à l'indice.

L'achat du contrat à terme sur indice

Hors de question de faire jouer l'effet de levier des marchés à terme dans une véritable gestion indicielle. Un franc d'épargne doit correspondre strictement à une position d'un franc sur l'indice.

Par exemple, le portefeuille à investir est de 1 000 000 francs. Son détenteur achètera 1 000 000 francs de bons du Trésor qu'il bloquera chez l'intermédiaire. Ces bons du Trésor dépassent largement le deposit (obligatoire pour intervenir sur un marché à terme) et produiront de l'intérêt. Ces revenus compenseront d'ailleurs l'intérêt fictif acquitté lors de l'achat du contrat sur indice : le contrat a toujours un cours supérieur au niveau de l'indice lui-même. En somme, le portefeuille est composé de bons du Trésor et de contrats sur indice. Et les engagements sous-jacents au contrat sont égaux à l'investissement en bons du Trésor.

A l'échéance du contrat :

Il suffira de recommencer. A l'échéance du premier contrat, le solde (mise initiale plus ou moins le résultat sur contrat) est replacé en contrats sur l'échéance suivante. Et ainsi de suite. Que le cours du premier contrat ait baissé ou progressé à l'échéance, le cours du suivant sera très proche : le cours des contrats est mathématiquement lié au niveau de l'indice. Cette opération est alors un simple roulement.

Nombre de contrats à acheter :

$$\text{Nombre de contrats} = \frac{\text{Montant à investir}}{\text{Niveau de l'indice x valeur du point}}$$

Application

Le 2 janvier 1993, vous disposez de 1 100 000 francs à investir sur le marché.

Indice CAC 40 le 2 janvier 1993 : 1800 points.

Le contrat à terme échéance juin 1993 cote près de 1890 points le même jour. Le point d'indice vaut 200 francs.

Un placement de trésorerie pour six mois rapporte environ 5%.

Nombre de contrats à acheter :

1 100 000 / 1800 x 200 = 3 contrats échéance juin

les 1 100 000 francs sont placés à six mois.

A fin juin :

L'indice a baissé de 20 % : 1800 - 20 % (360) = 1440 points

A l'échéance, le cours du contrat rejoint le niveau de l'indice, soit 1440 points.

Sur les 3 contrats achetés 1890 points:

3 x (1890 - 1440) x 200 francs = 270 000 francs

Il faudra liquider des placements pour 270 000 francs afin de solder la perte auprès de l'intermédiaire.

Parallèlement, un revenu a été perçu.

Rendement sur 6 mois :

1 100 000 x 5% = 55 000 F.

Le solde du portefeuille est alors :

1 100 000 - 270 000 + 55 000 = 885 000 francs

Vous décidez de conserver votre position sur l'indice jusqu'à la fin du mois de décembre 1993. Il suffit alors de laisser les 885 000 francs placés en instruments de trésorerie et de reprendre 3 contrats à terme sur l'échéance de décembre. Pour un indice à 1440 points, il coterait par exemple 1510 points.

A fin décembre, l'indice a progressé de 50% sur son niveau de fin juin : 1440 + 50% (720) = 2160 points.

A l'échéance, le contrat rejoint le niveau de l'indice, soit 2160 points.

Sur les 3 contrats achetés à 1510 points

Profit : 3 x (2160 - 1510) x 200 = 390 000 francs.

Un revenu a été encaissé sur 885 000 francs pendant 6 mois :

885 000 x 5% = 44 000 francs.

Valeur du portefeuille à fin décembre 1993 :

885 000 + 390 000 + 44 000 = 1 319 000 francs.

Soit une performance de près de 20% par rapport à la somme initialement investie. Ce qui correspond bien à la performance de l'indice lui-même : 2160 / 1800 : 20% de hausse.

LES MARCHÉS À TERME SUR TAUX D'INTÉRET

Ils permettent de se couvrir sur l'évolution des taux. Le système de compensation des résultats (des acheteurs et des vendeurs) est identique à celui qui régit le marché d'indice. Toutefois, certains contrats de taux (dont le notionnel) peuvent donner lieu à livraison physique des titres. C'est-à-dire qu'à l'échéance, l'acheteur d'un tel contrat reçoit les titres sous-jacents, le vendeur étant dans l'obligation de s'exécuter.

Les contrats de taux d'intérêt à Paris

Le contrat à terme sur emprunt notionnel

Non seulement le contrat de taux le plus traité en France, le notionnel est parmi les leaders mondiaux de sa catégorie. Une belle réussite en seulement quelques années : le marché français a ouvert ses portes en mars 1986. Il est régi par la société Matif SA, comme les autres contrats de taux parisiens.

• Le notionnel est un emprunt d'Etat théorique d'une durée de 7 à 10 ans, remboursable à l'échéance et au taux d'intérêt de 10 %. Le contrat standard porte sur 500 000 francs. Le notionnel est coté en pourcentage : lorsqu'il réunit les conditions précitées, il vaut 500 000 francs et cote 100 %.

• Les contrats peuvent être conclus pour le mois en cours ou les quelques mois qui suivent.

• Acheter ou vendre un contrat notionnel suppose une garantie (déposit) de l'ordre de 5 % du montant du contrat, soit 25 000 francs pour un cours de 100 %.

L'effet de levier est de 20 fois : 500 000 / 25 000. D'où le danger pour un spéculateur !

• Le jour de son échéance, le vendeur d'un contrat doit livrer les titres sous-jacents. Le vendeur choisit les titres à livrer parmi une liste d'emprunts d'Etat - cette liste est appelée le "gisement" - pour une valeur globale correspondant à l'engagement. L'acheteur du contrat verse - le jour de l'échéance - ce montant au vendeur et devient propriétaire d'emprunts d'Etat du gisement (pour la valeur du contrat).

Le contrat à terme sur BTAN

Ce contrat permet de prendre des positions sur des taux à moyen terme.

• Le contrat représente un BTAN (Bon du Trésor Annuel Normalisé) synthétique de 1 000 000 francs à 8% d'une durée de 4 ans et remboursable in fine.

• Le contrat est coté sur quatre échéances trimestrielles : mars, juin, septembre et décembre.

• Opérer sur le BTAN 4 ans suppose un dépôt de garantie de 5%, soit 50 000 francs pour un contrat standard. Le même effet de levier que le notionnel.

• Lorsque le contrat arrive à échéance, son vendeur devra livrer des emprunts choisis dans le gisement: dans ce cas des BTAN de 3 à 5 ans d'échéance à taux fixe et remboursables in fine seront apportés (pour une valeur équivalente au contrat).

Le contrat Pibor 3 mois

Lancé le 8 septembre 1988, il s'agit d'un contrat sur taux à court terme qui ne donne pas lieu à livraison physique d'emprunts.

• D'une valeur nominale de 5 000 000 francs et d'une durée de 90 jours, le contrat sur Pibor 3 mois s'appuie sur le PIBOR (Paris Interbank Offered Rate) à 3 mois, c'est-à-dire le taux offert sur le franc français.

• Le contrat reflète l'évolution des taux par son mécanisme de cotation. Le PIBOR 3 mois étant un taux de rendement in fine, le cours est un indice (à deux décimales) : 100 moins le taux PIBOR 3 mois exprimé en pourcentage annuel.

Exemple

Au cours de 93,56 le taux implicite est de 100 - 93,56 = 6,44% annuellement.

Pour un taux de 7,5 %, le cours du contrat est 100 - 7,5 = 92,5

• Le contrat est coté sur l'une des échéances trimestrielles : mars, juin, septembre et décembre.

• Le déposit requis s'établit à 0,3% du nominal du contrat, soit 15 000 francs.

• A l'échéance du contrat, les opérateurs ne s'échangent aucun titre : le perdant verse l'équivalent de sa moins-value à la chambre de compensation, laquelle reversera la somme au gagnant.

L'Euro-Deutsche Mark 3 mois

Lancé le 9 mai 1989, le contrat sur Euro-DM 3 mois a un système de fonctionnement comparable à celui du PIBOR 3 mois : mêmes principes de cotation, échéances et système de compensation à l'échéance.

La valeur nominale du contrat est de 1 000 000 DM et le

déposit représente 0,1 % de la valeur nominale, soit 1 000 DM pour un contrat cotant 100 points.

Remarques

- Il existe des contrats d'options négociables sur le notionnel depuis le 14 janvier 1988. Leur principe est comparable à celui qui régit tous les contrats d'options.

- En fonction des variations de cours quotidiennes, il est procédé à des appels de marge par les intermédiaires pour assurer la sécurité du marché.

- Selon la sensibilité du portefeuille à couvrir ou la nature du risque, l'opérateur pourra intervenir sur des taux courts (PIBOR 3 mois et Euro-DM 3 mois), des taux à moyen terme (BTAN 4 ans) et les taux longs (le notionnel).

L'utilité des marchés de taux d'intérêt

Les taux d'intérêt dépendent de l'économie (et particulièrement des tensions inflationnistes) et de l'évolution des monnaies.

Quoi qu'il en soit, les entreprises ont souvent besoin d'établir des comptes prévisionnels fiables. De même, le détenteur d'un portefeuille obligataire - dont la valeur est tributaire des taux - voudra limiter ou éliminer le risque d'une dévalorisation de ses actifs liée aux mouvements des taux. Les marchés à terme répondent à ces impératifs.

Quelques situations simples (et courantes) illustrent ces besoins.

1 - Une société d'assurance vie percevra 100 millions de francs de primes d'assurance-vie dans deux mois : la disponibilité de cette somme est certaine. Dans deux mois, ce montant sera placé en obligations d'échéance à moyen terme. Or, l'assureur craint une baisse des taux... et une réduction de la rémunération des 100 millions à placer.

La solution est simple : il achètera aujourd'hui des contrats notionnels - pour une valeur de 100 millions - et assurera la rémunération de son portefeuille au taux du jour de sa décision d'achat. Quand il percevra les 100 millions, il pourra soit dégager le résultat sur les contrats (en les vendant sur le marché) et placer le solde (100 millions plus ou moins le résultat) en obligations au cours du jour, soit demander la livraison des titres obligataires sous- jacents aux contrats à terme.

2 - Une entreprise s'apprête à émettre un emprunt obligataire dans trois mois. Mais l'entrepreneur craint une hausse des taux d'intérêt, ce qui alourdirait la charge d'intérêt. Pour couvrir ce risque, il va vendre des contrats à terme sur taux d'intérêt. Si son hypothèse de hausse des taux se produit, le cours des contrats baissera : le cours d'une obligation évolue à l'inverse des taux. Il réalisera une plus-value. Placée au taux du marché (le jour de l'emprunt), cette plus-value procurera un revenu qui allégera d'autant l'intérêt de l'emprunt obligataire lors de son émission. Dans le cas contraire (baisse des taux), le résultat sur la vente des contrats sera une moins-value. Cette dernière alourdira le coût de l'endettement. Cependant cet endettement aura été contracté à un taux (et donc un coût) finalement moins élevé : les taux ont baissé.

3 - Un investisseur détient un portefeuille d'obligations.

La valeur liquidative de ces actifs se déprécierait dans l'hypothèse d'une hausse des taux. Sans le marché à terme sur taux d'intérêt, l'élimination du risque serait possible par une cession de toutes les lignes du portefeuille. Si la crainte de hausse des taux était seulement passagère, la vente serait suivie d'un rachat : un aller- retour rapide difficile à réaliser et coûteux. A l'aide des contrats à terme, tout change. Un contrat sur taux d'intérêt baisse lorsque les taux montent. La vente de contrats, si elle ne supprime pas l'effet de la hausse des taux sur le portefeuille, compense la perte de valeur de ce dernier par un gain équivalent sur le marché à terme. C'est une opération de couverture de portefeuille. Cette technique évite de vendre les lignes de titres du portefeuille et permet de réagir immédiatement à la menace d'une variation défavorable des taux.

Un inconvénient. Au lieu de s'élever, les taux baissent : le portefeuille obligataire se valorise mais cette plus-value est annulée par une perte équivalente sur la vente des contrats.

CE QU'IL FAUT RETENIR

• Sur les marchés à terme, il s'échange des contrats sur des marchandises, des indices boursiers ou des taux d'intérêt.

• Un contrat à terme peut donner lieu à livraison. Dans ce cas, l'acheteur devra prendre livraison de la marchandise (ou tout autre bien, comme des obligations) et l'acquitter. Une marchandise que le vendeur devra livrer.

• Un contrat à terme sur indice permet de prendre position sur un indice de marché sans détenir directement les valeurs qui composent cet indice. Par un système de compensation des résultats, le gagnant (en cas de hausse s'il est acheteur de contrat ou de baisse s'il est vendeur) reçoit le profit de son opération de l'intermédiaire. Lequel prendra cette somme chez le perdant qui a pris la position inverse.

• A Paris, on négocie des contrats à terme sur l'indice CAC 40. Le contrat porte sur un indice à 200 francs le point, sur quatre échéances (les trois mois les plus proches et l'échéance trimestrielle suivante).

• Les contrats sur indice sont utilisés, entre autres, pour la gestion indicielle : cette technique consiste à répliquer la performance de l'indice en utilisant les contrats et des instruments de trésorerie.

• Il existe à Paris un certain nombre de contrats à terme sur les taux d'intérêt : le contrat notionnel pour les taux longs (en tête des échanges), le BTAN 4 ans pour les taux à moyen terme, le Pibor pour les taux courts à Paris et l'Euro-Deutsche Mark 3 mois.

• Les contrats sur taux d'intérêt sont surtout utilisés pour couvrir des portefeuilles d'obligations ou pour atténuer les effets des variations de taux sur les comptes des entreprises.

• Pour intervenir sur un contrat à terme, il faut déposer une somme de garantie chez l'intermédiaire : le deposit. Il est variable selon les contrats : environ 20.000 francs pour le CAC 40.

CHAPITRE 9

LES BONS ET LES OPTIONS

LES BONS DE SOUSCRIPTION D'ACTIONS

Une fois détachés des obligations ou actions au moment de l'émission, ils ont une "vie" boursière propre.

Ils sont traités au comptant, tout comme les actions du comptant de la cote officielle. En matière de variation de cours, il n'existe pas vraiment de limite. Il arrive souvent qu'un bon soit indiqué offert ou demandé sans qu'il ne soit procédé à des échanges.

Définition

Il n'est pas une action et ne donne donc aucun droit sur la gestion, les bénéfices et l'actif net de la société.

Il s'agit simplement d'un droit sur une action. C'est le droit d'acheter une certaine quantité d'actions déterminée pour un prix fixe, jusqu'à une date établie.

• Conditions de quantité :

Un bon peut donner droit à une ou plusieurs actions. Par exemple, un bon peut permettre de souscrire à une, deux, trois... actions.

Plusieurs bons peuvent être nécessaires pour avoir le droit de souscrire une action. Par exemple, deux, trois.... bons peuvent être exigés pour obtenir une seule action.

REMARQUE

En cas d'opération sur le capital de la société (division, regroupement, attribution ou émission) les quantités doivent être ajustées par l'application de l'inverse du coefficient d'ajustement.

• Prix de souscription :

C'est le montant à verser en cas de souscription, c'est-à-dire en cas d'exercice du droit. Cette somme est fixée pour toute la durée de vie du bon.

EXEMPLE

Si un bon donne droit à trois actions pour un prix de souscription fixé à 900 francs, cela veut dire qu'en cas d'exercice du bon vous obtenez trois actions pour 900 francs au total.

• Echéance :

C'est la date limite de validité du bon. Au-delà, le bon ne vaut plus rien s'il n'est pas exercé. Généralement, les bons ont des échéances comprises entre deux et

Le prix du bon

Méthode simpliste : retrancher de la valeur boursière des actions auxquelles vous avez droit le prix de souscription. Par exemple un bon donne droit à deux actions pour 1 000 francs. L'action cote 1 300 francs. Le bon vaudrait 1 600 francs (soit 1 300 x 2 moins 1 000).

La méthode manque de précision. Il faut tenir compte de la date d'échéance. A une échéance de trois ans, le bon est plus cher qu'à un mois. Ainsi, plus on se rapproche de l'échéance, plus le cours théorique du bon se rapprochera de la valeur définie par la précédente méthode.

Le calcul actuariel

Prenons l'exemple d'un bon qui donne droit à une action pour 1000 francs jusqu'au 31.12.1995. Nous sommes le 14.01.1993 et l'action cote 1 100 francs.

Combien devrait coter le bon ?

Le prix d'exercice de 1000 francs ne sera réglé que dans trois ans : il sera actualisé. En effet, 1000 francs demain sont moins que 1000 francs de suite. Pour obtenir cette somme dans trois ans, il vous suffit de placer au taux t une somme moindre.

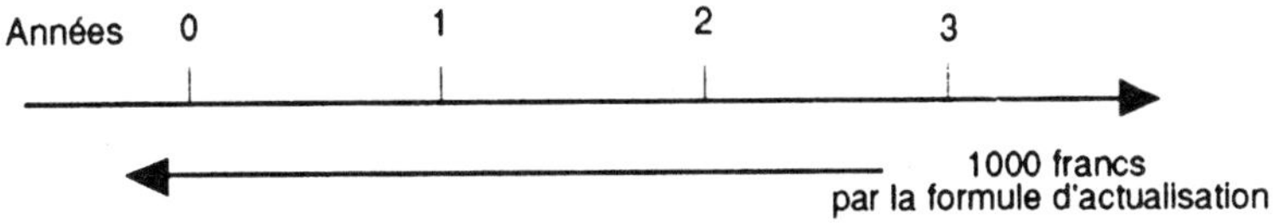

$$s = 1000 \times \frac{1}{(1 + t)^3}$$

La valeur théorique du bon est alors :

cours de l'action - S = cours théorique du bon.

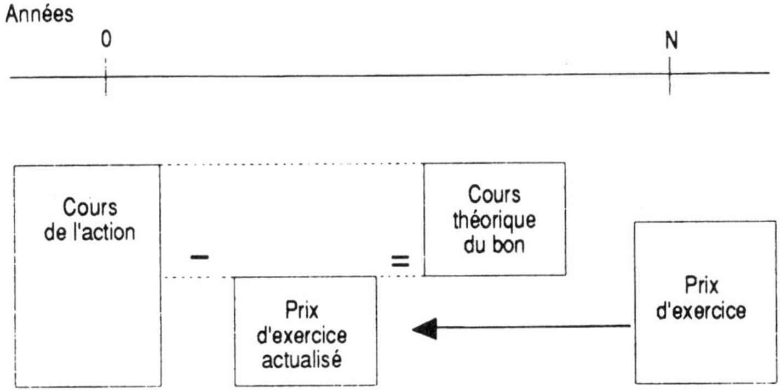

Cette définition générale appelle trois observations :

- Le taux t doit être le taux servi pour un placement sans risque d'une durée équivalente à la durée de vie du bon. Plus t est important, plus S est petit.

- Lorsque la société verse des dividendes, il faut les retrancher du cours théorique du bon puisqu'un possesseur de bon ne les touchera pas, à la différence de l'actionnaire. Pour être rigoureux, il faudrait retrancher du cours chaque dividende prévisionnel actualisé (pour les exercices 1993-94 et 95). Pour simplifier, il suffit de retrancher le dernier dividende connu autant de fois qu'il reste d'exercices à courir.

Si le dernier dividende versé en juin 1989 était de 20 francs, on retranche 3 x 20, soit 60 francs, plus les 30 francs d'avoir fiscal correspondant, au cours théorique du bon. Il faudrait donc retrancher 90 francs pour l'ensemble des dividendes non perçus.

- Chaque franc gagné par l'action se retrouve immédiatement dans le cours théorique du bon. C'est pour cela qu'un bon possède un effet de levier, plus ou moins fort, par rapport à l'action.

Dans l'exemple, si le montant S était 750 francs, le cours théorique (sans dividendes) du bon serait :

pour une action cotant 1 100 francs : 1100 - 750 = 350

pour une action cotant 1 210 francs : 1210 - 750 = 460

Le bon a varié de 110 / 350, soit 37,4 % pour une action qui a progressé de 10% entre 1100 et 1210 francs.

L'effet de levier est donc 37,4 / 10 = 3,74

Remarque

Le calcul est identique si un bon donne droit à 1,2 action. Il suffit de multiplier le cours de l'action par 1,2 et d'appliquer le même coefficient de 1,2 aux dividendes retranchés.

La méthode de Black and Scholes

C'est la deuxième façon de calculer le cours théorique d'un bon de souscription d'actions.

Il s'agit d'une formule assez complexe qui permet d'intégrer, en plus de l'actualisation du prix d'exercice, la probabilité de variation de cours de l'action. Cette probabilité est appréhendée par la notion de volatilité (que l'on retrouve pour les options).

la volatilité

• Définitions :

La volatilité d'une valeur est une mesure de la dispersion des cours fondée sur une étude statistique. Elle donne une indication sur la propension des cours à fluctuer.

Elle exerce une influence sensible sur l'évaluation des bons et des options négociables (voir plus loin).

• Méthode de calcul :

- 1° étape : la rentabilité du support.

La volatilité s'établit à l'appui d'une mesure de la rentabilité de la valeur, c'est-à-dire des variations de cours entre deux intervalles. L'espace entre deux rentabilités peut être défini selon le degré de précision souhaité : l'heure, le jour, la semaine. Si entre deux pointages une valeur progresse de n% sa rentabilité est de n%.

Ct = cours à la date t

$C_{(t-1)}$ = cours à la date t - 1

r_t = rentabilité à la date t

$r_t = C_t - C_{(t-1)} / C_{(t-1)}$

La rentabilité est observée à intervalles réguliers pendant une période assez longue (généralement l'année).

Exemple

$C_{(t-1)} = 100$

$C_t = 110$

$C_{(t+1)} = 132$

$C_{(t+2)} = 138{,}60$

$r_t = (110 - 100) / 100 = 10 / 100 = 0{,}1 = 10\ \%$

$r_{(t+1)} = (132 - 110) / 110 = 22 / 110 = 0{,}2 = 20\ \%$

$r_{(t+2)} = (138{,}60 - 132) / 132 = 6{,}6 / 132 = 0{,}05 = 5\ \%$

r_t, $r_{(t+1)}$ et $r_{(t+2)}$ correspondent respectivement à des mesures effectuées les 1°, 2° et 3° jour.

- 2° étape : la fréquence.

Disposant de la liste des rentabilités, il est procédé au tri. Les rentabilités sont classées afin de définir le nombre de fois où chaque rentabilité est apparue. Ce nombre s'appelle fréquence.

- 3° étape : le graphe.

Il est admis (et prouvé) que les fréquences d'apparition des rentabilités se répartissent selon une loi de Gauss (dite loi normale). C'est-à-dire que la fréquence la plus élevée correspond à la moyenne des rentabilités. Et plus la rentabilité s'éloigne de la moyenne, plus sa fréquence d'apparition se réduit, de façon à produire la courbe suivante :

M : moyenne des rentabilités observées.

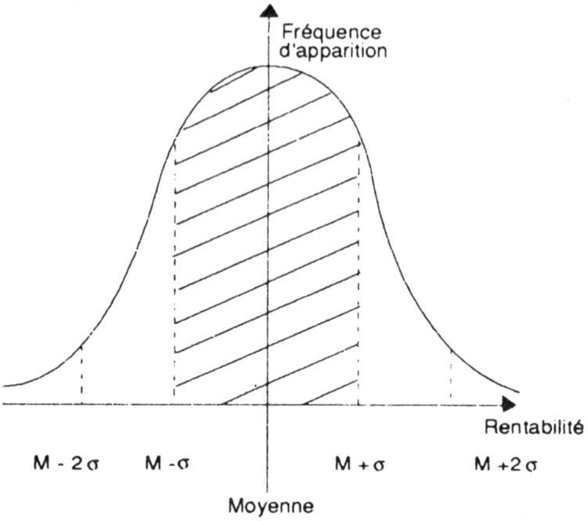

- 4° étape : la volatilité

Fort de l'établissement de ces conclusions, la volatilité est constituée de l'écart-type de cette série de mesures de rentabilités. Sa transcription la plus commune est la lettre grecque sigma (σ).

Selon la loi normale, si M représente la moyenne des rentabilités mesurées :

- les deux-tiers des rentabilités recensées sont comprises entre la moyenne plus ou moins l'écart-type ou M + /- s (M +/- volatilité).

- 95% des rentabilités recensées sont comprises entre la moyenne et plus ou moins deux fois l'écart-type :

M +/- 2 σ (M +/- 2 x volatilité)

Il suffira donc d'une extrapolation sur l'année à venir pour savoir que la rentabilité moyenne quotidienne de la valeur devait avoir 95 chances sur 100 d'être comprise entre M + / -2 σ.

Remarques

- Les boursiers utilisent des mesures annuelles. Simple transformation mathématique ! Par exemple, le passage d'une volatilité quotidienne (mesure de rentabilité à la fin de chaque séance) à une volatilité annuelle demande l'application du coefficient "racine carrée de 250" à la volatilité quotidienne. Pourquoi la racine carrée de 250 ? 250 est environ le nombre de séances de bourse en un an, donc le nombre de rentabilités mesurées en une année.

Pour passer d'une volatilité hebdomadaire (une mesure de rentabilité par semaine) à l'annuelle, le coefficient serait "racine carrée de 52".

Pour la facilité de lecture, la volatilité s'exprime souvent en pourcentage annuel.
- Plus de rigueur aurait imposé un calcul de la volatilité sur la base des logarithmes de rentabilité. Cette notion n'étant guère propice à une meilleure compréhension, oublions-la !

EXEMPLE

Prenons le cas d'un indice. Il est au niveau de 1000 points.

La rentabilité annuelle moyenne de cet indice s'élève à 10 %.

La volatilité s'établit à 15 %.

La rentabilité du support aura (théoriquement) sur l'année à venir :

- 2 chances sur 3 d'être comprise entre :

(M + / - σ), soit 10 % + 15 % = 25 %
10 % - 15 % = - 5 %

Rentabilités qui correspondent à une fourchette de niveau d'indice :

1000 + 25 % (1000) = 1 250
1000 + (- 5 %) (1 000) = 950

- 95 chances sur 100 d'être comprise entre :

(M + / - 2σ), soient 10 % + 2 x 15 % = 40 %
10 % - 2 x 15 % = - 20 %

Rentabilités qui correspondent à une fourchette de niveau d'indice :

1000 + 40 % (1000) = 1 400
1000 - 20 % (1000) = 800

Dans l'année à venir, l'indice a 2 chances sur 3 de varier entre 950 et 1250, et, 95% de chances d'évoluer entre 800 et 1400.

Le même exemple avec une volatilité de 20 % aurait donné à la rentabilité de l'indice deux chances sur trois d'être comprise entre : 10 % - 20 % = -10 % et 10 % + 20 % = 30 %. Soit 900 points et 1300 points comme indices correspondants. Et il y aurait eu 95 chances sur 100 que cette rentabilité évolue entre : 10 % - 2 x 20%, soit -30 % et 10 % + 2 x 20 %, soit 50 %. Un indice pouvant se situer entre 700 et 1 500 points.

Cela met en évidence l'impact de la volatilité. Plus elle est élevée, plus il est probable que les cours bougent. Dans n'importe quel sens ! Une situation satisfaisante qui donne au bon (ou à l'option) une chance accrue de parvenir à l'échéance avec une valeur intrinsèque au moins égale à son cours actuel.

Une augmentation de la volatilité du support permet aux bons de s'apprécier. Un support volatil contient en effet un "potentiel" de variation propre à valoriser les bons. Le principe de la volatilité ne prend pas en considération le sens de la variation mais sa seule amplitude. Ainsi, une forte volatilité est synonyme de possibilité de gain ou de perte pour le bon ou l'option exercés à l'échéance.

Avant tout, le prix d'un bon dépend du cours attendu de l'action et, outre le calcul purement théorique de la volatilité, des perspectives de la société. Ainsi, par l'attrait de l'effet de levier, un bon peut parfois "prendre de l'altitude" avant que l'action ne monte, tout simplement en raison des perspectives favorables de la société !

LES OPTIONS SUR ACTIONS

Rappelons qu'une option est un droit. Il n'existe que deux options : l'option d'achat et l'option de vente.

A la Bourse de Paris, l'option d'achat donne le droit d'acheter 100 titres support au prix d'exercice, et ce jusqu'à l'échéance. Une option de vente donne le droit de vendre 100 titres support au prix d'exercice jusqu'à l'échéance.

L'option peut aussi porter sur un indice boursier ou un contrat de taux d'intérêt : la théorie reste identique.

Deux types d'options négociables : option d'achat et option de vente. Quatre cas de figure : achat et vente d'option d'achat, achat et vente d'option de vente. A nouveaux instruments, nouveaux horizons. Désormais, les simples opérations d'achat ou de vente du support - c'est l'action ou l'indice sur lequel porte l'option - sont enrichies de ces combinaisons. Sans compter les multiples stratégies qui mêlent ces six positions de base.

Le support seul

L'achat du support

Démarche la plus répandue chez les intervenants, l'achat du support constitue le fondement même de l'investissement. Qui croit aux perspectives de développement d'une société achète ses actions. Et qui escompte la hausse d'un marché achète son "future" sur indice.

Que le support soit une seule action ou un "future" sur indice, le gain réalisé par son achat est fonction de son cours.

Il n'est de meilleure démonstration que le graphe du gain ou de la perte réalisé en fonction du cours du support. Cette représentation est dénommée "profil de gain" :

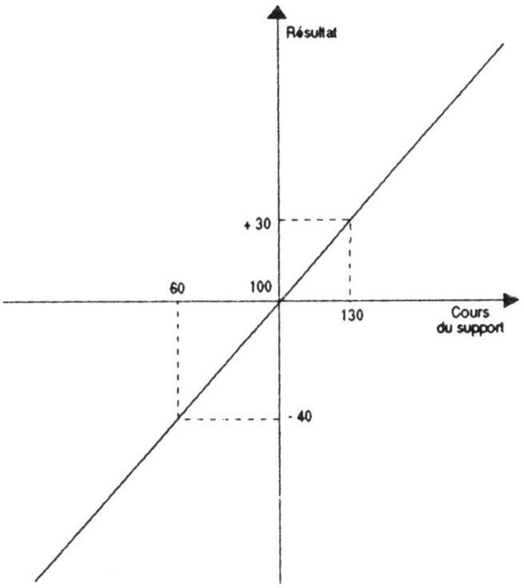

Le support est acheté 100 francs. S'il cote 60 francs la perte est égale à 40 francs. En revanche, le cours de 130 francs permet la réalisation d'un gain de 30 francs.

Stratégie, potentiel et risque :

- ***L'acheteur du support spécule sur la hausse de ce dernier.***
- ***Gain maximum théoriquement illimité : il n'est pas de limite à la hausse des cours.***
- ***Maximum de perte atteint pour un cours du support à zéro. Une perte qui équivaut au cours du support.***

La vente du support

L'inverse de l'achat ! Gagner par la vente du support exige une baisse de ce dernier. Une situation que connaissent tous les vendeurs à découvert sur les marchés d'actions et tous les vendeurs de future sur indice. Convaincu de leur recul, l'opérateur les vend aujourd'hui pour les racheter plus tard.

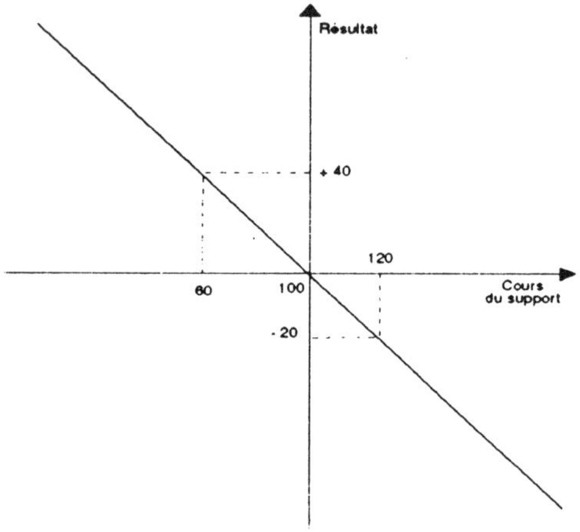

Le support est vendu à 100 francs. Au cours de 60 francs, le gain s'élève à 40 francs. A 120 francs, la vente du support à 100 est perdante de 20 francs.

Stratégie, potentiel et risque :

- ***Le vendeur du support joue la baisse de ce dernier.***
- ***Perte maximale théoriquement illimitée : la hausse des cours peut être infinie !***
- ***Gain maximum touché pour un cours zéro du support. Le profit est l'équivalent du cours de vente.***

Les options seules

Raisonner en options suppose la prise en compte du prix de l'option (appelé prime ou premium dans le jargon boursier). Un prix payé par l'acheteur et encaissé par le vendeur.

Ainsi, le prix de l'option constitue pour l'acheteur une réduction du résultat potentiel. A l'inverse, ce même prix accroit le résultat du vendeur d'option.

Remarque

- Les quatre cas développés sur les options supposeront fixée à l'unité la "quantité de support" sous-jacente à l'option.

- L'étude du gain de chaque position sera effectuée au moment de l'échéance.

L'achat d'une option d'achat (call)

L'acheteur de call dispose du droit d'acheter le support au prix d'exercice jusqu'à l'échéance.

Cette situation n'est profitable qu'en cas de hausse du support. Encore faut il que cette hausse soit suffisante pour absorber le prix du call : le support doit dépasser le prix d'exercice majoré de la prime du call.

Graphique :

L'option d'achat au prix d'exercice de 100 francs a un cours de 10 francs. Tel sera le profil de gain de l'acheteur de cette option au moment de l'échéance :

L'acheteur a payé 10 francs le droit d'acheter le support à 100 francs.

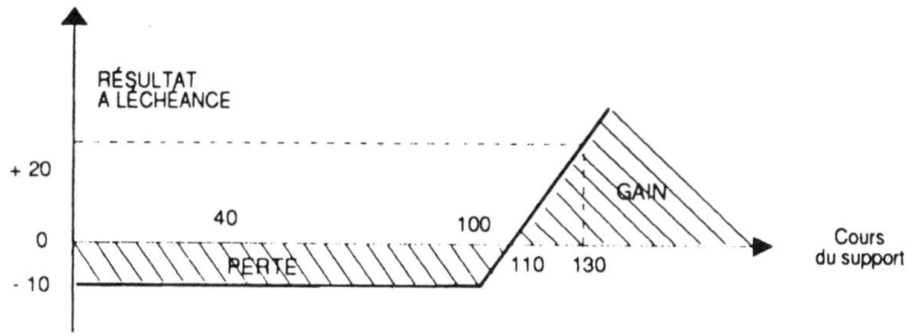

Pour un cours du support supérieur à 100 francs, l'acheteur de call exercera : il sera acheteur du support à 100 francs. Et il ne gagnera qu'après amortissement de la prime du call. Le point mort se situe donc au cours de 110 francs pour le support : le prix d'exercice (100) majoré du premium (10). Pour un support à 130 francs, il exerce. Il achète à 100 (le prix d'exercice) et revend à 130, soit un profit brut de 30 francs à diminuer de la prime de 10 francs. L'opération se solde par un bénéfice net de 20 francs.

En dessous de 110 francs, la position de l'acheteur de call est perdante. Toutefois, cette perte est limitée : s'il n'y trouve aucun intérêt, l'acheteur de call n'exerce pas et perd le montant de la prime de 10 francs. Pour un cours du support à 40 francs, l'acheteur de call n'exerce pas et, de fait, abandonne la prime de 10 francs.

Pour un support compris entre 100 et 110 francs, l'acheteur de call exerce et revend le support à son cours; mais il perd la prime : dans cette zone, sa perte évolue entre 0 et 10 francs !

Stratégie, potentiel et risque :

- ***L'acheteur de call joue la hausse du support. Une hausse supérieure à la prime du call.***
- ***Le gain maximum est théoriquement illimité.***
- ***En aucun cas sa perte ne dépassera la prime du call.***

Un avantage par rapport à l'achat direct du support : la perte maximale (la prime) est moindre. Une stratégie moins risquée mais dont le rendement est inférieur : le point mort est sensiblement plus élevé et la réalisation d'un gain exige donc une progression plus forte du support.

La vente d'une option d'achat

Le vendeur de call est dans la situation inverse de celle de l'acheteur. Il encaisse la prime mais peut être obligé de vendre le support au prix d'exercice. Soumis à la volonté de l'acheteur du call, le vendeur n'a pas intérêt à un dépassement du prix d'exercice. Dans ce cas, l'acheteur exercerait et le vendeur serait contraint de lui livrer le support au prix d'exercice.

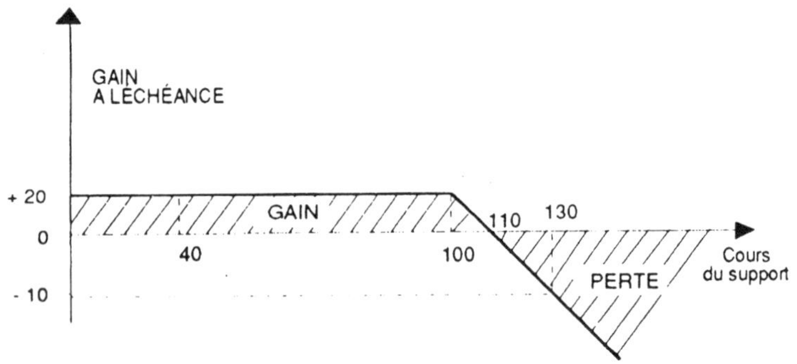

Compte tenu des éléments utilisés pour l'achat de call, le vendeur verra son résultat évoluer de la façon suivante :

Tant que le support n'excède pas 100 francs, l'acheteur du call n'exerce pas : le vendeur gagne la prime de 10 francs. Au-delà de 100 francs, l'acheteur exerce. Le vendeur est alors obligé de lui vendre le support à 100 francs, le prix d'exercice. Un support qu'il va payer plus cher sur le marché. Il perd la différence entre le cours du support et le prix d'exercice. Cette perte doit être diminuée de la prime de 10 francs encaissée. Ainsi, jusqu'à un cours de 110 francs l'opération se solde par un profit compris entre 0 et 10 francs. Au-dessus de 110 francs, ce sont les affres du déficit !

Stratégie, potentiel et risque :

- ***Le vendeur de call joue la stabilité ou l'effritement du support. La forte baisse ne lui est pas particulièrement bénéfique.***
- ***Le gain maximum est limité au montant de la prime.***
- ***La perte maximale est théoriquement illimitée.***

Par rapport à l'acheteur de call, le vendeur s'expose à un risque très important si le cours du support venait à atteindre des sommets vertigineux. De plus, le gain potentiel n'est pas très élevé. Il reste cependant un point positif comparativement à la "vente sèche" du support : la zone de perte commence à un niveau de cours plus élevé (en raison de la prime encaissée).

L'achat d'une option de vente (put)

Un acheteur de put a le droit de vendre le support au prix d'exercice, jusqu'à l'échéance. Cette possibilité n'est intéressante que dans l'hypothèse d'une baisse des cours. Et à condition que cette baisse soit suffisante pour amortir la prime payée pour l'acquisition du put.

L'option de vente au prix d'exercice de 100 francs a un cours de 9 francs. A l'échéance, le profil de gain de l'acheteur du put sera tel qu'il apparaît sur le schéma suivant (voir ci-contre).

L'acheteur du put a payé 9 francs le droit de vendre le support à 100 francs. Pour un cours inférieur à 100 francs, l'acheteur du put a a intérêt à exercer : il sera vendeur du support à 100 francs.

Une vente qui ne lui sera profitable qu'après amortissement total de la prime de 9 francs. De la sorte, le point mort se situe à 91 francs, le prix d'exercice (100) diminué de la prime (9). Pour un cours du support supérieur à 91 francs, la position de l'acheteur de put est perdante. Cependant, sa perte se limitera au montant de la prime : 9 francs.

Par exemple, si le support vaut 60 francs à l'échéance, le put est exercé. La vente du support procure 100 francs (le prix d'exercice), et son rachat coûte 60 francs (son cours). Un gain brut de 40 francs qu'il convient de diminuer des 9 francs de la prime payée. L'opération se solde donc par un gain net de 31 francs.

Pour un cours du support à 120 francs, l'acheteur de put n'exerce pas et abandonne la prime. Résultat : une perte de 9 francs seulement.

Enfin, pour un support compris entre 91 et 100 francs, l'acheteur de put réalise un gain sur le support : il exerce son put et vend le support à 100 francs, le prix d'exercice, et le rachète à son cours sur le marché. Mais il a acquitté la prime. Dans cette zone, sa perte évolue entre 0 et 9 francs.

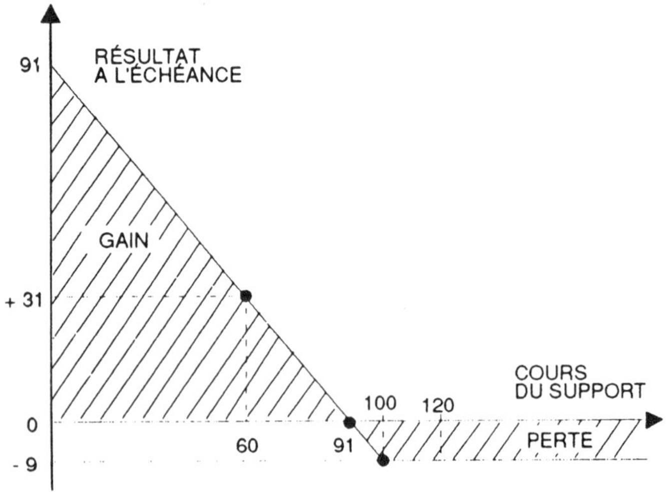

Stratégie, potentiel et risque :

- ***L'acheteur de put joue la baisse du support. Une baisse qui devra être supérieure à la prime.***
- ***le gain maximum est limité au prix d'exercice diminué de la prime. Une hypothèse qui suppose un cours du support nul.***
- ***En aucun cas la perte ne dépassera la prime du put.***

Par rapport à la vente sèche du support, l'achat de put limite la perte potentielle à la prime. Seulement, le point mort étant à un niveau de cours du support plus bas, la réalisation d'un gain impose une baisse du support d'autant plus forte.

La vente d'une option de vente

L'inverse de l'achat de put : le vendeur de put encaisse la prime mais peut se trouver dans l'obligation d'acheter le support au prix d'exercice. Risquant l'exercice de l'acheteur, le vendeur n'a pas intérêt à la baisse du support en dessous du prix d'exercice.

En reprenant les données de l'achat de put, le résultat du vendeur se présentera de la façon suivante :

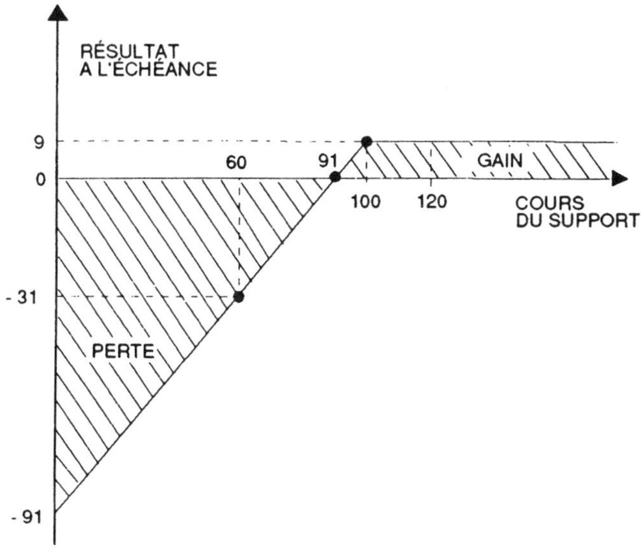

Tant que le support reste au-dessus de 100 francs, l'acheteur du put n'exerce pas : le vendeur gagne la prime de 9 francs.

En dessous de 100 francs, l'acheteur du put exerce et vend le support au prix d'exercice. C'est le vendeur du put qui sera contraint d'acheter ce support à 100 francs. Il le revendra sur le marché, mais à un prix inférieur à 100 francs. Il perdra la différence entre prix d'exercice et cours du support. Perte diminuée de la prime de 9 francs encaissée. Ainsi, jusqu'à un cours de 91 francs, son déficit sera compris entre 0 et 9 francs. En dessous de 91 francs commence la zone de forte perte du vendeur de put.

Stratégie, potentiel et risque :

- ***le vendeur de put joue la hausse légère ou la stabilité du support. Il n'a aucun intérêt à une forte hausse du support.***
- ***Le gain maximum est limité au montant de la prime.***
- ***La perte maximale est atteinte pour un cours du support à zéro. La perte est alors égale au prix d'exercice diminué de la prime.***

Le vendeur de put prend un risque nettement plus important que l'acheteur de put. Il s'expose pleinement à la baisse du support, mais ne profite pas pour autant de la hausse puisque son gain se limite à la prime. Très peu utilisée des investisseurs particuliers, la vente de put est surtout le fait des professionnels.

L'évaluation des options

En 1973, deux américains, Fisher Black et Myron Scholes, ont élaboré une formalisation mathématique permettant d'obtenir le prix théorique d'une option négociable. La recette intègre en particulier une variable nouvelle : la probabilité de variation des cours du support, dont l'importance est capitale. Une autre méthode a été mise au point (encore aux Etats Unis évidemment) : l'évaluation par Cox, Ross-Rubinstein. Subtilité des professionnels, l'utilisation de l'une ou l'autre des méthodes est discutée.

La première a le mérite d'être simple et rapide mais présente quelques lacunes sur les dividendes. Un "défaut de fabrication" (!) que l'autre a éliminé. Il en coûte des calculs bien plus longs et exigeant un matériel informatique plus sophistiqué qu'une simple calculatrice de poche. En tout état de cause, les variables sont identiques.

En fait, vous devez retenir que le prix d'une option se décompose en deux parties : la valeur intrinsèque et la valeur temps.

La valeur intrinsèque

La valeur intrinsèque est la valeur réelle d'une option, la somme brute qui serait retirée après exercice. Cette valeur dépend de deux éléments : le cours du support et le prix d'exercice.

Le cours du support

Prenons le cas de l'option d'achat au prix d'exercice 100 francs. Le problème : quel serait, en cas d'exercice, le prix de l'option en fonction du cours du support ? Etant entendu que l'exercice n'est réalisé que s'il en vaut la peine.

Attention ! Il ne s'agit pas de déterminer le résultat de l'acheteur du call mais de définir le prix de l'option relativement à une variable.

Dernière précision : le prix de l'option est supposé dépendre de cette seule variable. Les autres sont, pour l'instant, totalement exclues du raisonnement.

La solution est simple. D'abord, le support cote moins de 100 francs. Celui qui exercerait un call à prix d'exercice de 100 francs perdrait de l'argent : l'option n'a pas de valeur réelle positive et ne vaut rien (compte tenu du contexte établi). Ensuite, le support dépasse 100 francs. Le call est exercé : le support est acheté 100 francs et vaut plus sur le marché. Cet écart constitue la valeur réelle du call.

En représentation graphique :

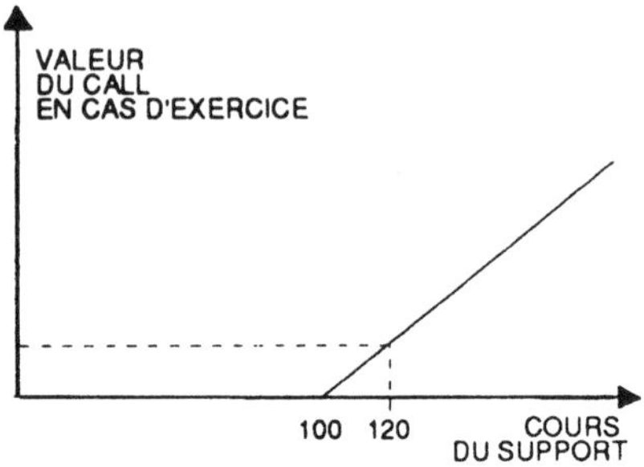

Le support vaut plus que le prix d'exercice : la valeur réelle du call est positive. Le support est inférieur au prix d'exercice : le call a une valeur réelle nulle.

- Le call n'a pas de valeur intrinsèque si le support a un cours inférieur au prix d'exercice.

- Le call a une valeur intrinsèque positive lorsque le support dépasse le prix d'exercice. L'accroissement de cette valeur intrinsèque est alors identique à la valorisation du cours du support..

Même démarche avec l'option de vente au prix d'exercice de 100 francs. En cas d'exercice, quelle serait la valeur réelle de ce put en fonction du cours du support ?

Le support a un cours supérieur à 100 francs : l'exercice fait perdre de l'argent. De la sorte l'option n'a aucune valeur réelle. A l'inverse, pour un cours inférieur à 100 francs, l'exercice est rentable : l'option a une valeur brute égale à la différence entre le prix d'exercice et le cours du support.

En représentation graphique :

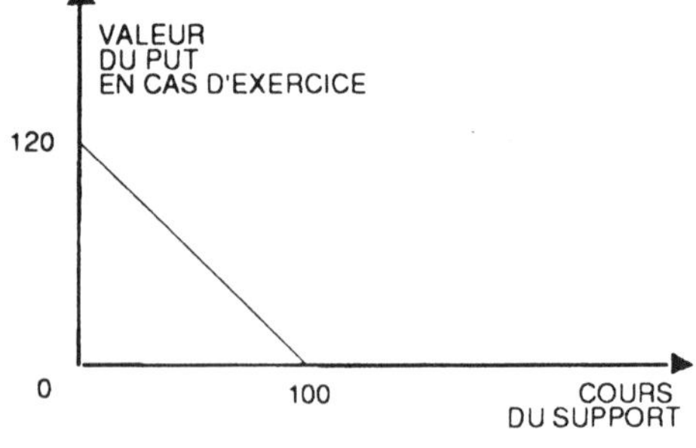

- le put n'a pas de valeur intrinsèque pour un cours du support supérieur au prix d'exercice.

- Le put a une valeur intrinsèque positive lorsque le support a un cours inférieur au prix d'exercice. Cette valeur augmente parallèlement à la diminution du cours du support. Elle connaît un maximum pour un cours zéro du support : le prix d'exercice lui même !

Le prix d'exercice

Compte tenu du précédent raisonnement, l'impact d'une variation du prix d'exercice est très sensible.

A cours du support fixé, une hausse du prix d'exercice réduit la valeur du call et augmente celle du put. Et inversement !

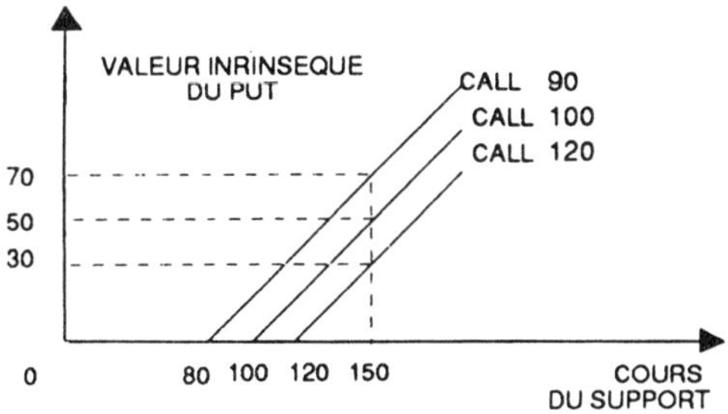

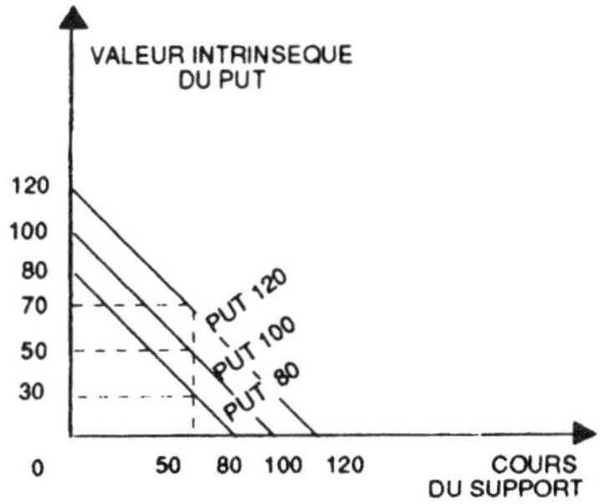

Remarques

- Une option dite en dedans (in the money) a une valeur intrinsèque positive.
- Une option à parité (at the money) a une valeur intrinsèque nulle.
- Une option en dehors (out of the money) aurait théoriquement une valeur intrinsèque négative, donc nulle en pratique.

La valeur temporelle ou spéculative

Jusque là la durée de vie et la probabilité de variation des cours du support n'ont pas été utilisés mais ils contribuent largement au "pricing" des options. Leur prise en compte va permettre d'établir la "valeur temporelle" ou "spéculative" des options.

Définitions

Un simple regard sur la cote des options trahit son existence : le cours des options est supérieur à leur valeur intrinsèque. Même une option très en dehors a un prix sur le marché.

La valeur temporelle ou spéculative s'obtient par différence entre le cours coté de l'option et sa valeur intrinsèque.

Prime de l'option - valeur intrinsèque

= valeur temporelle ou spéculative.

Schématiquement, la prime de l'option en fonction du cours du support est une courbe ayant deux asymptotes : l'horizontale (ligne des abscisses) et la droite des valeurs intrinsèques de l'option.

* A part le cours du support, les autres éléments sont fixés.

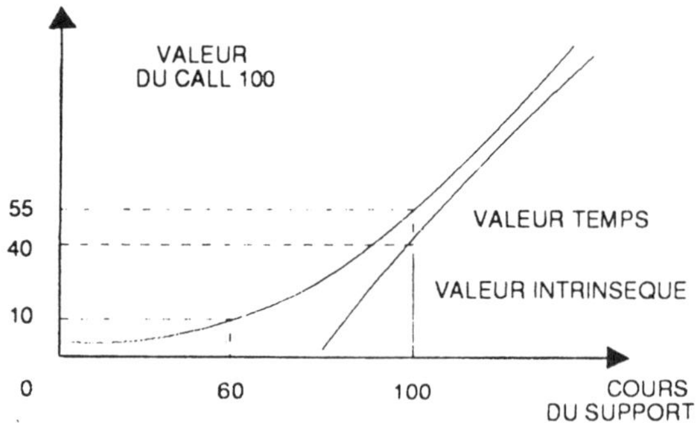

Le support vaut 60 francs : le call n'a pas de valeur intrinsèque. Sa prime de 10 francs est formée de sa seule valeur temps.

Pour un support à 140 francs, le call 100 a une valeur intrinsèque de 40 francs et une valeur temps de 15 francs : 55 - 40.

Même raisonnement pour le put 100 :

Le support cote 120 francs, le put 100 n'a pas de valeur intrinsèque et sa prime de 10 francs constitue sa valeur temps.

Le support à 60 francs, la valeur intrinsèque s'élève à 40 francs. La prime de 54 francs comprend alors 14 francs de valeur temps.

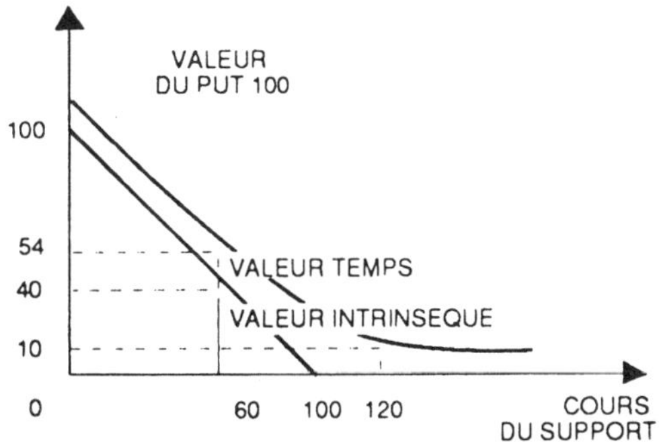

Cette sur-valeur de l'option liée au "temps" n'est pas le seul fait de l'humeur des opérateurs. Certes, elle en dépend, mais les théories permettent d'obtenir un cours en fonction de variables précises.

Difficile d'imaginer la prime d'un call ou d'un put inférieure à sa valeur intrinsèque : il suffirait d'exercer immédiatement pour réaliser, sans aucun risque, un profit. Toutefois, pour les options de type européen (exerçables à l'échéance seulement) cette situation peut se présenter.

Le premium d'une option reste tout de même lié à sa valeur intrinsèque. La formule de Black and Scholes actualise le prix d'exercice et intègre un cours "probable" du support. Le premium ainsi déduit reflète la valeur intrinsèque qu'aurait l'option compte tenu des hypothèses. Le problème est posé : quel sera le bénéfice retiré de l'exercice au moment de l'échéance ?

A l'inverse de l'exercice immédiat, où le calcul s'appuie sur des données actuelles, ce raisonnement intègre le facteur chance. Celle de voir le cours du support évoluer favorablement avant l'échéance. Cette éventualité a un prix : la valeur temporelle au spéculative. L'opérateur paie de suite sans être sûr que l'avenir lui donnera raison. Selon les anticipations, les prix seront plus ou moins élevés.

Les variables étayant le raisonnement et qui conduisent à un prix théorique de l'option sont les suivantes : le cours du support et le prix d'exercice, la volatilité, la durée de vie de l'option et les taux d'intérêt (qui actualisent le prix d'exercice).

L'utilisation de la valeur temps

Le premium d'une option à parité ou en dehors est formée de la seule valeur temps. Pour gagner en achetant des options, il faut que la valeur intrinsèque devienne supérieure à la prime actuelle en se valorisant au moins de l'équivalent de la valeur spéculative. Vendre des options, c'est, au contraire, profiter de l'érosion des cours de l'option : le temps joue contre l'option.

Attention ! La valeur temporelle ne se réduit pas linéairement à l'approche de l'échéance. Loin de l'échéance, elle se réduit faiblement chaque jour. Mais, à quelques jours de l'échéance, elle s'évapore très vite pour disparaître totalement à cette date.

Toutes les autres variables fixées, le graphe de la valeur temporelle de l'option en fonction de sa durée de vie est très explicite :

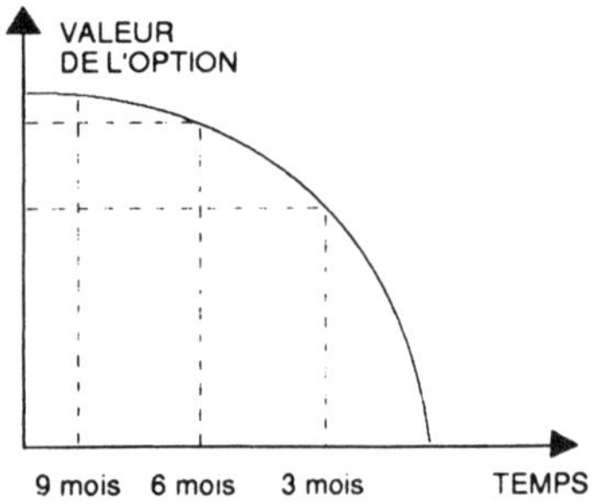

Il s'agit de la seule variation de la valeur temps :

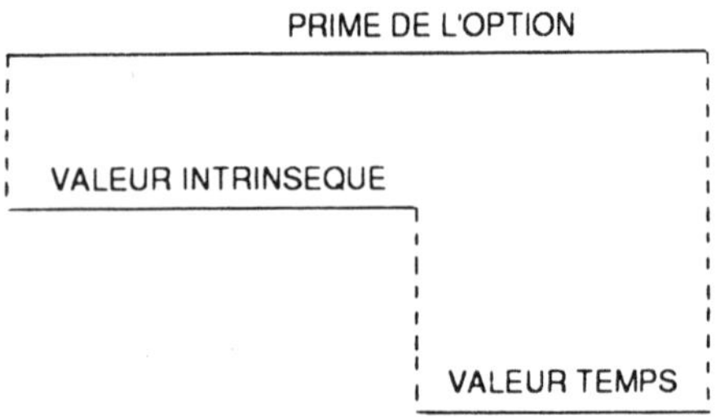

La couverture

L'achat d'option constitue un actif - que l'on paie de suite - et, la vente d'option implique un dépôt de garantie en raison des risques encourus. Le dépôt est calculé en appliquant une variation de 20 % au cours de l'action support afin de rechercher la prime qui correspondrait à ce cours théorique. C'est le prix auquel vous devriez éventuellement racheter votre option qui constituera la base de calcul. Ce calcul est effectué chaque jour, et, en fonction de l'évolution des cours, une couverture complémentaire, l'appel de marge, peut être exigée. Le dépôt de garantie peut alors être réalisé soit en espèces, soit en titres support.

En conclusion, un conseil de prudence s'impose. Un non initié évitera naturellement toutes les stratégies qui portent sur la vente non couverte d'options, les risques de perte étant trop importants.

Les six combinaisons de base - dont quatre sont issues des options - permettent une infinité de stratégies d'options. Charles K. Langford, courtier canadien, en a dénombré 600. Il a réuni les meilleures dans son ouvrage "les options sur titres boursiers" (Editions SEFI). Un autre ouvrage pourra être consulté avec intérêt : Eric Pichet, spécialiste des options négociables d'une société de bourse, indique les bonnes stratégies dans son "Guide Pratique du Monep" (Editions SEFI). Deux ouvrages très pédagogiques qui conviendront à tous les débutants.

CE QU'IL FAUT RETENIR

• Un bon de souscription donne le droit de souscrire une action nouvelle à un prix fixé jusqu'à une date donnée. Par exemple, au début de 1993, un bon donne le droit d'acheter une action à 1000 francs jusqu'à la fin de 1995. Il faut donc que l'action dépasse 1000 francs avant la fin de 1995 pour être gagnant. Les bons sont souvent émis à l'occasion d'une émission d'actions ou d'obligations.

• Il existe plusieurs méthodes pour évaluer les bons de souscription. La première consiste à calculer le profit immédiat qui serait retiré de l'exercice. Une formule plus sophistiqué permet d'obtenir une évaluation directe du bon en fonction, notamment, de la probabilité de variation des cours de l'action (la volatilité), du prix auquel on peut acheter cette action et de la durée de vie du bon.

• Une option d'achat donne le droit d'acheter un actif (appelé actif support) à un prix fixé à l'avance (le prix d'exercice) jusqu'à une date déterminée (l'échéance). Une option de vente donne le droit de vendre l'actif support au prix d'exercice jusqu'à l'échéance. Il s'agit d'un droit, pas d'une obligation, réservé à l'acheteur de l'option; le vendeur devant se soumettre à la volonté de l'acheteur.

• Une option est un contrat standardisé qui peut être échangé autant de fois que l'on veut jusqu'à son échéance.

• Il est possible d'acheter ou de vendre une option. Ainsi, il existe quatre positions de base : achat d'option d'achat, vente d'option d'achat, achat d'option de vente et vente d'option de vente.

• Les options peuvent être évaluées théoriquement en fonction de la probabilité de mouvement des cours du support, de leur durée de vie, et du prix d'exercice.

• A Paris, le marché des options a été créé le 10 septembre 1987 : il s'agit du Monep, le Marché des Options Négociables de Paris. Il offre une trentaine d'actions supports, parmi les plus importantes de la cote, et des options sur l'indice CAC 40.

CONSTITUER UN PORTEFEUILLE

CHAPITRE 10

GÉRER LES VALEURS MOBILIÈRES

UN PORTEFEUILLE SUR MESURE

Avant de constituer un portefeuille, vous devez vous fixer des objectifs. En effet, vous pouvez aussi bien rechercher le maximum de plus-values à court terme que la perception d'un revenu régulier. Ces deux portefeuilles ne contiendront pas le même type de valeurs.

La taille

• **Moins de 50 000 francs.** La somme est suffisante pour un apprenti spéculateur. Avec 50 000 francs, on peut miser sur quatre à cinq titres : c'est le jeu du quitte ou double. On ne gère pas une telle somme en père de famille. Si vous voulez prendre des risques, vous pouvez aller jusqu'à jouer avec les bons de souscription d'actions - qui offrent un effet de levier sur les variations de l'action -, voire avec les options négociables pour les plus virtuoses. Mais attention : on peut vite y perdre sa chemise.

Les plus réticents - ceux qui ont peur de laisser leur mise en un retour de tendance - pourront placer ces 50 000 francs en parts de sicav et de fonds communs de placement. Mais, dans ce cas, il ne faut pas attendre de doubler la mise tous les ans : les parts de sicav et de fonds sont des "morceaux" de portefeuilles généralement constitués dans une optique de valorisation à long terme.

Bref, votre choix dépendra de la variable essentielle : êtes vous un épargnant ou quelqu'un qui accepte de tout perdre si les affaires tournent mal.

• **De 50 000 à 200 000 francs.** Vous pouvez intervenir en bourse directement en bourse, mais vous ne parviendrez tout de même pas à diversifier correctement vos investissements. Si vous décidez de prendre seul le chemin de la bourse, mieux vaut ne pas jouer le risque-tout, sauf si une telle somme représente votre argent de poche!

Vous pouvez panacher : une bonne moitié de gestion collective (les sicav et les fonds communs), un quart en valeurs sûres et le reste en haute voltige. Analysez le risque avant de commencer!

• **De 200 000 à 500 000 francs.** Là, vous pouvez commencer à diversifier un portefeuille, au moins sur dix à vingt valeurs. Toutefois, la somme ne sera pas suffisante pour accéder aux marchés étrangers : mieux vaut vous cantonner aux seules valeurs françaises.

Le panachage est toujours possible : en misant sur quelques valeurs exotiques ou des produits à fort effet de levier, vous donnerez un petit turbo à vos placements ... si vos choix sont judicieux.

• **Plus de 500 000 francs.** Maintenant, il faut être sérieux : vous gérez un petit patrimoine. La somme est suffisante pour vous procurer un revenu complémentaire ou pour rechercher une valorisation à long terme de votre pécule.

Vous pouvez diversifier vos investissements, tant en nombre de titres qu'en zones géographiques. Rien ne vous empêche aussi de consacrer une petite partie de vos actifs à la recherche de plus-values à tout prix. Tout est question de dosage.

La gestion

Le plus important dans le choix du concept, c'est la psychologie de l'investisseur. Par exemple, un portefeuille "agressif" est à déconseiller à un individu anxieux et une recherche du rendement ennuiera le jeune boursier en mal de sensations fortes. Alors, ne croyez pas ceux qui vous promettent la réunion de tous les avantages, car lorsque le marché est chahuté, vous vérifierez par vous-même que les "conseilleurs ne sont pas les payeurs"! Retenez que forte sécurité est toujours incompatible avec plus-values alléchantes. L'argent facile n'existe pas en bourse, ou jamais longtemps. Ainsi, faites le choix de votre bon sens et en tout état de cause, acceptez le risque du marché, sinon il vaut mieux de suite recourir à la méthode du bas de laine, mais gare à l'inflation !

Rechercher le revenu

Un portefeuille axé sur le rendement est composé de valeurs dites de rendement qui distribuent des coupons importants, comme les obligations - elles sont évidemment faites pour procurer un rendement -, certaines valeurs immobilières, les sociétés financières ou les société de développement régional. Au contraire, les valeurs industrielles procurent de faibles rendements : généralement, elles ne distribuent que le tiers de leur résultat en dividendes. Attention, la recherche du rendement ne doit pas occulter le risque de certains titres. N'oubliez pas que les obligations craignent la hausse des taux. Avec les actions, vous devrez vous assurer que le rendement va durer. Lorsqu'une société n'a plus de bénéfices, elle ne peut plus distribuer de dividendes. Et, quand les affaires vont mal, les cours baissent, ce qui revient a laisser en capital les dividendes perçus. En somme, même dans une optique de rendement, vous devez analyser les comptes pour vous assurer de la pérennité des dividendes.

Vous avez une autre solution pour obtenir un revenu à partir d'un portefeuille. Tout simplement, en constituant un portefeuille diversifié de valeurs de grande qualité à très large marché : des "blue chips". Ce sont des titres qui connaissent le plus souvent de lentes progressions régulières. Ainsi, la "course" au dividende a laissé la place à une optique de capitalisation. Pour obtenir le revenu, il suffit de vendre régulièrement des actions. Par exemple, si votre portefeuille se valorise de 10% en un an (en retenant les dividendes et la plus-value), vous vendez des titres pour l'équivalent de cette valorisation. De surcroît, cette formule est plus avantageuse fiscalement (taxation des plus-values). Cela présente tout de même un inconvénient : quand les cours baissent fortement, vous n'avez plus de revenus alors que les dividendes peuvent persister. Ce qui plaide pour la première méthode, surtout en cette période de marché très volatile.

Gérer en "père de famille"

Il s'agit de s'assurer une valorisation régulière des actifs en évitant les à-coups. Ce portefeuille comprend essentiellement des titres de sociétés de grande taille, les "blue chips". Dans la mesure du possible, les actifs sont diversifiés et internationaux. C'est donc une stratégie qui convient plus volontiers aux portefeuilles assez importants lorsqu'ils sont gérés directement. Pour parvenir à un bon équilibre, mieux vaut garder panacher actions et obligations. Du côté des actions, une quinzaine de lignes s'impose, en veillant à minorer le poids relatif de chacune de ces lignes (par exemple pas plus de 10% du portefeuille par ligne). Si vous n'avez pas une épargne suffisante, rien ne vous empêche de gérer en père de famille. La plupart des sicav d'actions ou d'obligations diversifiées sont gérés dans une optique de valorisation à long terme. Et, surtout, vous pouvez généralement y accéder pour une souscription minimale de quelques milliers de francs.

Ce portefeuille conviendra à ceux qui investissent pour le long terme et qui ne souhaitent pas surveiller constamment l'évolution des cours de leurs titres. A déconseiller aux "accrocs" de la tendance à Wall Street.

Le cadre dynamique

Quand vous avez quelques connaissances financières, vous êtes déjà plus enclin à peaufiner vos choix et vos stratégies d'attaque du marché. Tout en recherchant la sécurité - souvent le propre du cadre "intelligent" -, vous allez partir à la chasse aux bonnes affaires. Qui ne cède pas aux charmes d'une société en pointe de la technologie qui participe aux programmes de la fusée Ariane ou à une superbe informatique qui fait un tabac. Mais attention, la mauvaise surprise peut vous attendre au coin de la Bourse. "Il ne faut pas mettre tous ses œufs dans le même panier" et "se méfier de ce qui brille trop". Ainsi, il faut - une fois de plus - panacher. Le fonds du portefeuille sera solide : des blues chips. Et les connaissances boursières seront mises à profit pour rechercher des perles de la cote. Sur cette part du portefeuille, adoptez la philosophie du capital-risque : sur dix affaires, deux font faillite, trois sont plutôt mauvaises, trois sont moyennes ou bonnes et deux sont exceptionnelles. Cela suffit à assurer une performance hors norme. N'oubliez pas également les bons de souscription et les options : ils font bon ménage avec les actions s'ils sont bien utilisés. Petite contrainte : il faudra surveiller de très près les cours et faire "tourner" le portefeuille rapidement. Bref, du pain sur la planche!

Le spéculateur

Amateur de haute voltige, choisissez la spéculation. Mais acceptez de suite ses deux grands principes. D'une part, être prêt à perdre la mise et, d'autre part, une bonne connaissance des mécanismes boursiers. Sinon, vous ne voltigerez pas longtemps !

Voici quelques stratégies pour la spéculation qui, peuvent être une façon de rendre la sagesse dynamique !

L'art de vivre du spéculateur

Un spéculateur doit savoir perdre mais ce n'est pas une raison pour attendre sereinement que le bateau coule. Il faut simplement savoir se couper un bras. Dans ce type d'exercice, le temps est votre pire ennemi. Ainsi, lorsqu'une position ne s'avère pas opportune dans de brefs délais, lâchez-la au profit d'une autre. Quand vous avez misé sur un cheval de trait, reconnaissez votre erreur et partez immédiatement à la recherche d'un autre pur sang. A l'inverse, quand une position est rapidement gagnante, n'attendez pas de vous faire couper l'herbe sous le pied : prenez rapidement vos bénéfices.

Dites vous bien que vous ne cherchez pas à gagner 30% par an sans prendre de risques mais 10% par mois en prenant des risques.

L'utilisation du règlement mensuel

Puisqu'il est possible de couvrir une position avec des titres, pourquoi ne pas en profiter : investir en actions dites de "fonds de portefeuille" et les utiliser comme couverture pour des opérations à règlement mensuel. Vous pouvez prendre une position à règlement mensuel pour 2, 5 fois la valeur des actions en portefeuille.

Il est évidemment possible de "moduler" cette puissance. D'abord, nul ne vous oblige à aller au maximum de la couverture. Ensuite, selon le degré de risque souhaité, pourquoi ne pas couvrir en valeurs plus "agressives".

La chasse aux valeurs oubliées

Elles se portent mieux dans un marché haussier mais s'effondrent pendant les baisses. Première difficulté, les valeurs dites "oubliées" ont souvent un marché étroit. Deuxième obstacle, vous aurez toutes les peines du monde à obtenir une information fiable sur les comptes et sur la gestion de la société. Ne vous découragez et suivez les conseils de Peter Lynch, ce géant américain de la gestion qui a multiplié la valeur liquidative de la part de son fonds par vingt en douze ans. Son principe de gestion est simple : la valeur miracle est peut-être au coin de la rue. C'est en observant autour de vous que vous découvrirez les secteurs qui bougent, les affaires qui gagnent. Nul besoin de grandes connaissances boursières, la" science du bon sens vous suffira". La démarche doit tout de même être assez stricte pour aboutir à des résultats. D'abord, vous sélectionnez une petite entreprise qui vous paraît performante, ou dont les actifs vous semblent très sous-évalués. Ensuite, vous essayer d'obtenir - c'est un minimum - un rapport annuel. Décortiquez le bien : ce document est souvent plus riche en informations que vous ne l'imaginez. Enfin, lisez la presse, ou donnez un coup de téléphone de la société. Si le raisonnement de départ est bien étayé, vous pouvez commencer à acheter le titre. Point d'empressement : on ne courre jamais après le "paiper", comme disent les vieux boursiers. Par exemple, si vous comptez acheter pour 10 000 francs de ce titre, n'en achetez que 5000 francs pour commencer. Si vous avez raison rapidement et que le titre monte, vous devrez vous contenter d'une moitié de plus-value. Mais si le titre commence par baisser, cherchez en la raison : dans l'hypothèse où la baisse ne soit pas fondée sur une contre-performance de la société, investissez les 5000 francs qui vous restent. Et si la baisse se poursuit, achetez en encore, cette fois ci hors budget des 10 000 francs. Quand on aime, on ne compte pas, même en bourse!

Les bons ou les options

Les bons de souscription d'actions peuvent être placés dans n'importe quel type de portefeuille. Mais l'effet de levier des bons n'est pas négligeable. Plus le portefeuille se veut "tranquille", plus la proportion des bons sera faible. Pour atténuer la puissance des bons de souscription, vous pouvez les associer à des instruments de trésorerie qui serviront d'amortisseur.

Les options sont encore plus nerveuses que les bons. Soit, vous choisissez de voltiger avec elles : c'est le quitte ou double ultra-rapide. Comme une option a une durée de vie très limitée, vous ne mettrez pas longtemps à connaître les résultats de vos spéculations. Mais, contre toute logique apparente, les options peuvent améliorer vos performances en toute sécurité. Par exemple, pour un portefeuille de rendement ou "père de famille", des options d'achat peuvent être régulièrement vendues : le plus souvent les options arrivent à échéance sans valeur ...tout bénéfice pour le vendeur d'options ! Ces options seront vendues à condition de détenir en compte les valeurs supports. Le seul danger : l'option est exercée par son acheteur. Pour l'éviter, il vous suffit de choisir un prix d'exercice supérieur au cours de l'action : la probabilité d'exercice sera minime.

LA GESTION COLLECTIVE

De la gestion au placement collectif

Gérer directement un portefeuille n'est pas toujours possible : il faut suivre les cours, s'informer continuellement. Vous pouvez alors confier vos actifs à des spécialistes de la gestion armés de batteries d'analyses financières et d'accès directs sur tous les marchés mondiaux : les gérants d'OPCVM (organisme de placement collectif de valeurs mobilières). Ce sont les Sicav et les FCP. La société d'investissement à capital variable (Sicav) ou le fonds commun de placement (FCP) sont des produits ouverts : entrer ou sortir est facile. Chaque jour, la valeur globale du portefeuille est calculée en fonction des cours de bourse des lignes d'investissement (actions ou obligations). Ce montant est alors divisé par le nombre de parts pour obtenir une valeur liquidative. Le nouveau souscripteur entre pour cette valeur majorée des éventuels droits d'entrée. Lorsqu'il voudra sortir de l'OPCVM, sa part sera rachetée sur la base de la valeur liquidative, éventuellement diminuée des droits de sortie. Chaque année, des frais de gestion sont perçus par l'organisme responsable du fonds. L'actif d'un OPCVM est constamment variable en fonction des entrées et des sorties d'épargnants. En cas de souscriptions supérieures aux retraits, le fonds collecte des liquidités. Dans le cas contraire, il puisera dans ses liquidités ou vendra des titres pour rembourser les sortants. Le fonds est un simple écran entre l'épargnant et le marché : ni décote, ni surcote mais un portefeuille derrière chaque action de Sicav ou part de FCP. C'est en quelque sorte une part de mille-feuille.

Différence entre sicav et FCP ? La première est une société avec son conseil d'administration, une personne morale, et, la deuxième une indivision entre les souscripteurs sans personnalité morale. Cependant, cette nuance juridique n'a pas vraiment d'incidence sur la gestion, d'autant que les nouvelles lois les assimile. Pas plus de risques dans l'un que dans l'autre !

L'investissement en parts de Sicav et FCP ne concerne pas que les seuls épargnants non disposés à gérer. Ils peuvent investir dans de tels produits tout en intervenant en parallèle sur les marchés. On peut, par exemple, rechercher dans un OPCVM une spécialité précise ou l'accès à un marché lointain ou d'intervention délicate. Bref, gestion directe d'un portefeuille et OPCVM peuvent faire bon ménage.

La montée des OPCVM

Les français ont épargné près de 600 milliards de francs en 1992 : sur ce montant, ils ont consacré presque 180 milliards à l'épargne financière. Celle-ci profitant notamment aux OPCVM, qui ne cessent d'accroître leur position depuis plusieurs années.

Les souscriptions aux parts d'OPCVM se sont accélérées en 1979 avec l'avantage fiscal de la loi Monory (qui a développé les produits d'actions françaises) et en 1981 (pour les produits court terme) avec les restrictions sur la rémunération des dépôts en banque. En un peu plus de vingt ans, les Sicav et les FCP ont

OU VA L'EPARNE ?

En % moyen du flux annuel d'épargne financière	1980-1983	1984-1987	1988-1990	1990
Ventilation par type :				
- liquidités (dépôts à vue, livrets, comptes à terme, épargne-logement)	64,30 %	41,70 %	26,10 %	30,80 %
- valeurs mobilières (actions, obligations, OPCVM)	23,60 %	38,30 %	36,70 %	37,10 %
- assurance-vie	12,10 %	20,00 %	37,20 %	42,10 %
Total	100 %	100 %	100 %	100 %
Ventilation par durée de placement :				
- liquidités et OPCVM de court terme	64,30 %	55,60 %	50,40 %	57,80 %
- titres de long terme, autres OPCVM et assurance-vie	35,70 %	44,40 %	49,60 %	42,20 %
Total	100 %	100 %	100 %	100 %

Source : Comptes de la Nation

attiré plus de 1500 milliards de francs de souscriptions nettes. Les actifs n'atteignaient pas 10 milliards de francs d'actif en 1969 et dépassent 2300 milliards de francs aujourd'hui : 1700milliards pour les 952 sicav et 600 milliards pour les 3646 fonds communs de placement recensés par la COB.

Pour appréhender le poids des OPCVM, il convient de rapporter ces 2300 milliards de francs à la capitalisation boursière des actions et des obligations françaises, augmentés des titres de créances négociables; soit un total de 6800 milliards de francs. En clair, les OPCVM ont un poids de 34% sur ce marché. Attention aux statistiques! En fait, la présence des OPCVM sur les marchés d'action est plutôt faible avec seulement 138 milliards de titres en portefeuille pour une capitalisation boursière des actions françaises qui frôle 2000 milliards. Certes, par rapport au flottant (la part des actions de sociétés dispersée dans le public), la part des OPCVM atteint le quart. Suffisamment pour que leurs interventions soient significatives sur le marché. L'emprise des OPCVM sur la tendance. obligataire est bien plus importante : ils ont la mainmise sur plus du quart des 2700 milliards de francs d'obligations françaises. Enfin, pour les titres de créances négociables, les OPCVM ont en portefeuille plus de la moitié des encours de 1800 milliards de francs. Ces titres garnissent essentiellement les actifs des sicav et des fonds communs de placement de court terme.

LA FIEVRE DES OPCVM
Actif net global des OPCVM français (en milliards de F.)

Fin d'année	SI cotées	Sicav	FCP à vocation générale
1979	0,7	47,2	0,6
1980	0,9	62,6	3,9
1981	0,9	72,3	13,9
1982	1,4	104,2	37,5
1983	2,3	190,9	82,9
1984	2,3	298,7	137,4
1985	2,7	449,6	194,1
1986	4,3	701,8	274,1
1987	4,0	821,6	269,8
1988	4,6	1074,5	357,7
1989	5,4	1269,6	442,3
1990	6,5	1447,3	495,8
1991	2,7	1661,4	563,7
Juin 1992		1804,9	657,0

Un large éventail de possibilités

Les classiques

Traditionnellement, les portefeuilles d'OPCVM sont composés d'actions, d'obligations ou de titres à court terme. Ce qui forme les trois catégories essentielles de produits. Mais, le tout agrémenté d'une infinité de variantes : actions françaises ou étrangères, second marché, bourses de province, mines d'or, haute technologie; obligations françaises ou étrangères, de première catégorie, convertibles; et placements à court terme plus ou moins sensibles. De quoi trouver chaussure à son pied ! Par exemple, un investisseur pourra gérer en direct son portefeuille et acheter une part d'OPCVM spécialisé sur les mines d'or, s'il croit à la hausse de l'or sans être capable de sélectionner lui-même des titres dans ce domaine.

On peut classer les OPCVM en fonction de leur niveau de risque ou de leur objectif d'investissement. Ainsi, les OPCVM de court terme sont les plus sûrs - le souscripteur est certain de revoir sa mise : le portefeuille est essentiellement composé de titres de créances négociables -, les OPCVM obligataires viennent en second lieu et les OPCVM d'actions sont évidemment les plus risqués. En fait, vous devez identifier vos besoins avant de souscrire une part d'OPCVM. Si vous placez une somme en attente - d'un achat immobilier par exemple - un OPCVM de court terme sera le plus approprié. Si vous préparez votre retraite dès la trentaine, un OPCVM d'actions sera certainement plus rentable. Tout est question de risque et de durée.

L'explosion des court terme

Une rémunération sans risque et une durée de placement de quelques jours à quelques mois ont attiré nombre d'adeptes. Les OPCVM de court terme dépassent aujourd'hui 1400 milliards de francs d'actifs pour un peu plus de 330 Sicav et 900 FCP. Il suffit

LE REGNE DU COURT TERME
Encours des SICAV

En milliards de Francs	Déc. 1987	Déc. 1988	Déc. 1989	Déc. 1990	Déc. 1991	Déc. 1992
SICAV court terme	**442,5**	**610,7**	**729,7**	**977,7**	**1115,2**	**1236,9**
Monétaires	294,0	419,4	544,0	800,3	922,4	1033,6
Régulières	108,3	150,8	152,6	150,8	164,7	173,2
Sensibles	40,2	40,5	33,1	28,1	30,1	
SICAV obligataires	**179,3**	**216,7**	**260,2**	**236,6**	**296,3**	**323,2**
Françaises de capi. ou à revenu an	99,9	112,9	129,9	106,9	131,2	148,4
Françaises à revenu trim. ou mens.	54,7	74,9	96,6	94,5	124,3	134,7
Internationales	23,1	27,1	31,5	33,8	38,2	37,1
Européennes	1,6	1,8	2,2	1,4	2,6	3,0
SICAV actions et diversifiées	**197,7**	**245,2**	**280,4**	**214,0**	**212,6**	**200,7**
dont françaises	*102,5*	*134,6*	*150,8*	*115,3*	*116,9*	*115,4*
Actions françaises	101,7	132,5	148,1	113,5	114,1	113,0
Diversifiées françaises	101,7	132,5	148,1	113,5	114,1	113,0
dont internationales	*56,1*	*69,2*	*83,2*	*67,9*	*64,7*	*58,1*
Actions internationales	30,9	37,2	44,5	39,1	36,1	30,0
Diversifiées internationales	25,2	32,0	38,7	28,8	28,6	28,1
dont spécialisées	*39,1*	*41,4*	*46,4*	*30,8*	*31,0*	*27,2*
Europe	3,5	3,1	4,4	4,8	6,7	6,1
Etas-Unis	2,0	1,8	4,4	4,8	6,7	6,1
Japon/Asie/Pacifique	5,4	6,0	6,8	4,1	4,3	4,1
Or et matières premières	2,1	2,8	4,1	3,0	2,7	2,2
Immobilières et foncières	26,1	27,7	29,3	17,7	15,7	13,3
Total	**819,5**	**1072,6**	**1270,3**	**1428,3**	**1624,1**	**1760,8**

Source : Europerformance

d'observer l'évolution des actifs gérés par type de sicav pour comprendre que l'explosion des actifs à court terme explique une bonne part de la croissance de l'industrie des OPCVM. Le tableau suivant, qui ne reprend que l'évolution des sicav, le démontre assez clairement.

Les nouveautés

Les fonds indiciels

Nés des nouveaux marchés à terme et d'options négociables sur l'indice CAC 40, des fonds indiciels sont apparus. Ils répliquent parfaitement l'indice ou cherchent à le dépasser (fonds "tiltés"). Leur but : parvenir à une performance au moins équivalente à celle de l'indice du marché. Ces produits s'appuient généralement sur des modèles de gestion sophistiqués pilotés par des "mathématiciens". Leurs limites d'intervention sont fixées par la COB. Plutôt adressés aux professionnels, les fonds indiciels ont rencontré un vif succès outre-Atlantique (leur lieu de naissance) dans les "pension funds" (fonds de retraite).

Les fonds communs de créance

La titrisation consiste à céder des créances détenues par un établissement financier ou une banque à un fonds commun de créances qui émet des valeurs mobilières en contrepartie.

En provenance des Etats-Unis, cette technique concernait en premier lieu les créances hypothécaires et s'est étendue aux crédits automobiles et aux encours issus de l'utilisation de cartes de crédit. D'un côté, la titrisation permet d'assainir le bilan des banques et abaisse le coût du crédit par réduction des frais de gestion. De l'autre, elle offre un nouveau type de produits aux investisseurs (surtout les institutionnels). Le plus souvent, ces fonds procurent des rendements garantis sur quelques années.

Les fonds garantis

Les fonds garantis sont de deux types. Les premiers assurent la garantie d'une performance minimale pendant une durée fixée au moment de la souscription. Par exemple, tel fonds va procurer un rendement minimal de 8% sur trois ou cinq ans. Les seconds garantissent l'intégrité du capital et une partie de la performance du marché des actions. Ces fonds ont souvent des durées de vie comprises entre trois et cinq ans. Par exemple, vous investissez

1000 francs. Déjà, vous êtes sûr de les retrouver au bout de la période de garantie quelle que soit la performance des actions. En outre, vous obtenez la totalité de la performance de l'indice CAC 40 - représentatif de la tendance du marché des actions. En clair, si l'indice monte, vous en profitez et s'il baisse, vous n'avez rien à craindre. Presque un miracle, mais en contrepartie, vous n'obtiendrez pas les dividendes que touchent les souscripteurs d'OPCVM d'actions traditionnels et vous supporterez des frais plus importants que pour un autre fonds.

Les fonds communs d'intervention sur les marchés à terme (FCIMT)

Les américains les appellent les fonds de "futures" (contrat à terme). Les gestionnaires de ces fonds placent tout simplement leurs actifs en couverture d'opérations sur les marchés à terme : devises, matières premières, taux d'intérêt ou indices boursiers. Ils utilisent les effets de levier de ces marchés et peuvent jouer aussi bien la hausse que la baisse. Ces fonds ont souvent des performances hors du commun mais présentent des risques à la mesure de leurs exploits.

Les américains les considèrent comme une nouvelle classe d'actif, assimilable aux actions ou aux obligations, et ayant donc une place de plein droit dans un portefeuille diversifié. Cela tient à la performance de ces fonds et à leur "indépendance" par rapport aux tendances du marché. Il n'est pas rare qu'un fonds de futures brille dans une période de forte volatilité alors que les autres OPCVM souffrent. De la sorte, associé - dans une proportion raisonnable : de 10 à 20% - à d'autres OPCVM, le fonds de futures aura tendance à réduire la volatilité de l'ensemble tout en procurant une meilleure performance globale. D'où le fort engouement des américains qui ont misé plus de 25 milliards de dollars sur ces produits.

Les performances

Au vu des performances, la séduction des OPCVM de court terme apparaît plus évidente. Leur performance est à la fois honorable - par rapport aux actions et aux obligations - et régulière.

UN COURT TERME RASSURANT
Indices Europerformance

Catégorie	Performance annuelle			
	1989 P	1990 I	1991 I	1992 I
SICAV court terme	**7,86**	**9,70**	**9,35**	**9,94**
Monétaires	8,88	9,94	9,42	10,07
Régulières	7,29	8,90	8,83	9,18
Sensibles	6,05	8,48	10,03	10,02
SICAV obligataires	**5,05**	**60,41**	**11,14**	**10,12**
Françaises de capi. ou à rev. an.	5,41	6,21	11,54	10,42
Françaises à rev. trim ou mens	4,89	7,74	10,71	10,19
Internationales	3,85	2,24	11,36	8,78
Européennes		2,26	12,09	4,59
SICAV actions et diversifiées	**16,27**	**-14,85**	**11,33**	**5,13**
dont françaises	*18,77*	*-15,93*	*13,62*	*7,21*
Actions françaies	23,55	-16,03	13,72	7,17
Diversifiées françaises	16,34	-9,61	9,43	9,30
dont internationales	*14,16*	*-13,33*	*10,97*	*4,08*
Actions internationales	15,12	-14,53	11,00	3,80
Diversifiées internationales	12,06	-11,69	10,94	4,38
dont spécialisées	*17,51*	*-14,64*	*4,40*	*-0,68*
Spécialisées	14,23			
Europe		-13,37	5,31	1,09
Etas-Unis		-14,20	19,72	6,97
Japon/Asie/Pacifique		-23,62	1,83	-8,53
Or et matières premières		-13,47	6,76	4,16
Immobilières et foncières	18,60	-13,14	2,75	-0,74

I : indices pondérés par les encours, à partir de 1990.
P : performance non pondérée en 1989.

Source : Europerformance

Les frais

Le souscripteur aura plusieurs types de frais sur une part d'OPCVM.

D'abord, il supportera des droits d'entrée, qui sont facturés sur le montant de sa souscription. Ainsi, par exemple, pour une souscription de 1000 francs avec 4% de droits d'entrée, cela donnera 40 francs de frais. Ces droits d'entrée rémunèrent la distribution des produits par les réseaux (bancaires ou autres).

Les droits d'entrée des sicav de court terme sont généralement très faibles, voire nuls. En revanche, sur les autres catégories d'OPCVM, ils peuvent atteindre facilement 4 à 5% de la souscription.

Ensuite, il acquittera des frais de gestion. Ils sont prélevés annuellement sur les actifs de l'OPCVM. Ils varient entre 0,2 et 1% pour un OPCVM de court terme et peuvent aller jusqu'à 2,5% pour un OPCVM actions. Ces frais servent à payer le service de gestion de l'OPCVM.

Enfin, plus rarement, il existe un droit de sortie facturé au moment du retrait de l'OPCVM par rachat des parts. Il peut être de l'ordre de 2%, bien plus sur un fonds garanti.

Il ne faut pas être trop "obsédé" par le niveau des frais d'OPCVM. Dites vous bien qu'il vaut mieux payer cher un bon gestionnaire que d'obtenir au rabais un gestionnaire moyen! Bref, le seul critère de jugement, c'est la performance nette de frais.

Les parts de marché

Le marché des OPCVM représente un enjeu important pour les établissements financiers. La qualité des équipes de gestion et la densité des réseaux de distribution sont déterminants. A l'évidence, ceux qui disposent de nombreuses implantations ont un atout considérable en matière de distribution et de promotion des produits.
Quelques grands établissements français gèrent plus des deux tiers des actifs d'OPCVM.

Le tour du monde des OPCVM

Les OPCVM peuvent désormais circuler librement à l'intérieur de la CEE depuis le début du mois d'octobre 1989. Le point capital de la concurrence, c'est la fiscalité. La libre circulation des capitaux dans la CEE à partir du 1er juillet 1990 permet aux investisseurs d'ouvrir un compte titres auprès de n'importe quel établissement. Toutefois, investir directement à l'étranger ne dispense pas de procéder à la déclaration de tous les revenus - quelle que soit leur provenance - pour quiconque réside en France... même si des états complaisants tolèrent le secret bancaire !

UN ENJEU DE TAILLE

Encours et parts de marché des groupes placeurs de SICAV

Groupes placeurs	Déc. 1987	Déc. 1988	Déc. 1989	Déc. 1990	Déc. 1991	Déc. 1992
CDC-CE-POSTE-TRESOR						
Encours (en milliards de Francs)	88,4	116,6	151,8	199,5	276,7	365,0
rang	3	3	2	2	1	1
part de marché (en %)	10,8	10,9	12,0	14,0	17,0	20,7
CREDIT AGRICOLE						
Encours (en milliards de Francs)	136,4	176,3	211,1	216,7	238,9	251,1
rang	1	1	1	1	2	2
part de marché (en %)	7,6	6,9	6,7	7,7	10,1	9,9
SOCIETE GENERALE						
Encours (en milliards de Francs	62,6	74,3	84,7	110,5	164,3	174,5
rang	5	5	5	5	3	3
part de marché (en %)	7,6	6,9	6,7	7,7	10,1	9,9
BNP						
Encours (en milliards de Francs)	91,6	127,1	138,9	155,8	158,7	157,0
rang	2	2	3	3	4	4
part de marché (en %)	11,2	11,8	11,0	10,9	9,8	8,9
CREDIT LYONNAIS						
Encours (en milliards de Francs)	66,1	87,0	115,2	135,9	136,1	135,5
rang	4	4	4	4	5	5
part de marché (en %)	8,1	8,1	9,1	9,5	8,4	7,7
GROUPE PARIBAS						
Encours (en milliards de Francs)	21,0	26,2	64,2	73,7	86,7	92,0
rang	10	9	6	6	6	6
part de marché (en %)	2,6	2,4	5,1	5,2	5,3	5,2
GROUPE CIC-UE						
Encours (en milliards de Francs)	28,9	39,9	45,3	53,1	69,2	73,5
rang	7	7	8	8	7	7
part de marché (en %)	3,5	3,7	3,6	3,7	4,3	4,2
BANQUES POPULAIRES						
Encours (en milliards de Francs)	35,6	44,9	52,8	63,6	67,0	65,1
rang	6	6	7	7	8	8
part de marché (en %)	4,3	4,2	4,2	4,5	4,1	3,7
GROUPE SUEZ						
Encours (en milliards de Francs)	22,7	23,4	44,7	46,0	50,7	43,4
rang	9	10	9	10	9	9
part de marché (en %)	2,8	2,2	3,5	3,2	3,1	2,5
GROUPE CREDIT MUTUEL						
Encours (en milliards de Francs)	10,7	13,7	19,2	20,9	24,1	37,3
rang	11	11	11	11	11	10
part de marché (en %)	1,3	1,3	1,5	1,5	1,5	2,1
TOTAL 10 GROUPES						
Encours (en milliards de Francs)	**564,0**	**729,4**	**927,9**	**1075,7**	**1272,4**	**1394,4**
part de marché (en %)	**70,3**	**69,4**	**75,0**	**77,0**	**78,3**	**79,2**
TOTAL DES SICAV	**819,7**	**1072,6**	**1266,2**	**1428,3**	**1624,1**	**1760,8**

Source : Europerformance

Pour l'heure, les expériences de vente d'OPCVM étrangers sur le territoire français n'on guère été concluantes. Il semble que la marché de la gestion reste encore assez local, l'épargnant ayant encore quelque réticence à investir sur un nom qu'il ne connaît pas.

La concurrence est d'autant plus difficile à faire jouer en France que la présence des OPCVM y est déjà très forte. L'Hexagone est l'un des plus vastes marchés du monde. Par exemple, les Etats-Unis comptent 2723 fonds (juin 1992) pour 908 milliards de dollars d'actifs. Moins que la France si le chiffre est ramené à la population. Le Japon, lui, ne représente que le tiers des encours des Etats-Unis. Au sein de l'Europe, la France tient incontestablement la tête du palmarès. La Grande-Bretagne compte 1416 fonds pour 57 milliards de livres d'actifs (environ 500 milliards de francs) avec une plus forte présence des actions dans la gestion. L'Allemagne abrite seulement 388 OPCVM pour quelque 132 milliards de deutschemarks (près de 450 milliards de francs) avec une forte spécialisation obligataire.

LA FISCALITÉ DES VALEURS MOBILIERES

La détention de valeurs mobilières procure deux type de revenus : les coupons et la plus-value. Les coupons connaissent une taxation plus lourde que les plus-values.

La fiscalité des revenus

Les actions

Le revenu d'une action, c'est le dividende. Un coupon de société française (ou ayant son siège en France) donne droit a un avoir fiscal de 50% de son montant. L'avoir fiscal est une créance sur le Trésor qui sera imputée sur le montant total de l'impôt à payer (dette envers le Trésor). Entre dans le revenu imposable du contribuable la somme totale : dividende + avoir fiscal de 50 %. Un abattement (commun aux dividendes d'actions et coupons d'obligations) vient réduire le montant imposable (voir plus loin).

Exemple

Vous détenez dix actions et recevez 10 francs de dividende pour chacune. Les 100 francs (10 x 10) perçus seront alors assortis d'un avoir fiscal de 50 francs (100 x 50 %). Dans la déclaration de revenus, il faudra rajouter 150 francs : le dividende et son avoir fiscal. De l'impôt total à acquitter (sur tous les types de revenu), il suffira de retrancher les 50 francs. Si le montant de l'avoir fiscal dépasse celui de l'impôt à payer, la différence est restituée par le Trésor Public.

Remarque

- Si le dividende est perçu par une autre société, il donne également droit à un avoir fiscal qui viendra réduire le montant de l'impôt sur les sociétés. Toutefois, si l'avoir fiscal est supérieur à l'impôt sur les sociétés à payer, la différence ne sera pas restituée par le Trésor.

- L'avoir fiscal est matérialisé par un certificat (remis par l'établissement teneur du compte-titres) qui sera joint à la déclaration de revenus.

- Le dividende d'un certificat d'investissement bénéficie du même avoir fiscal que celui d'une action ordinaire.

Les placements à revenu fixe

Normalement, les produits de ces placements sont directement pris en compte dans les revenus imposables du contribuable. Ils peuvent également être taxés d'un prélèvement forfaitaire libératoire sur option du contribuable. Cette option est réservée aux titres émis par des débiteurs domiciliés en France.

Un produit de placement soumis à prélèvement libératoire supporte (en plus) une contribution sociale de 1%. S'ajoute encore 1% au profit des caisses vieillesse de la Sécurité Sociale depuis le 1er août 1987 et 1,1% de contribution sociale généralisée.

Sont concernés les produits d'obligations, de titres participatifs, des titres d'emprunt négociables émis par l'Etat, les départements, les communes et Etablissements publics, les sociétés privées, les associations.

• Régime d'imposition

S'il ne désire pas comptabiliser ces produits dans l'ensemble de son revenu, le contribuable peut opter pour le prélèvement libératoire. Son taux varie selon le type de placement : 18,1% tout

compris pour un coupon d'obligation, 38,1% pour les revenus de créances, dépôts et cautionnements.
Avant de choisir cette formule de taxation uniforme, vous devrez vous assurer que votre tranche marginale d'imposition dépasse bien le taux du prélèvement libératoire pour ne pas être perdant.

REMARQUE

- Si le bénéficiaire de ces produits est une société passible de l'impôt sur les sociétés, le prélèvement libératoire est impossible. Les intérêts de placement entrent donc dans l'assiette de l'impôt sur les sociétés.

• Retenue à la source :

Lorsqu'ils proviennent de titres émis avant le 1er janvier 1987, les coupons sont soumis à une retenue à la source qui constitue un crédit d'impôt admis en déduction de l'impôt sur le revenu ou du prélèvement libératoire.

Le montant de la retenue à la source est fixé à :

- 10 % des intérêts d'emprunts émis depuis le 1er janvier 1965 et 10 % des lots et primes de remboursement attachés à des valeurs émises à compter du 1er janvier 1986.

- 12 % pour les intérêts d'emprunts émis avant le 1er janvier 1965 et pour les lots et primes de remboursement attachés à des valeurs émises avant le 1er janvier 1986.

EXEMPLE

Une obligation de 1 000 Francs est émise le 1er juillet 1986 au taux de 10%. Le 1er juillet 1989, un coupon de 100 francs est dû au contribuable. Ce dernier ne percevra que 90 francs et un certificat pour crédit d'impôt de 10 francs.

S'il opte pour le prélèvement libératoire il devra au Trésor :

100 x 27 % :	*27 francs*	*prélèvement libératoire*
	- 10 francs	*retenue à la source*
	17 francs	

S'il choisit l'impôt sur le revenu, il retranchera 10 francs de l'impôt à payer.

REMARQUES

- Les emprunts d'Etats sont exonérés de retenue à la source mais ouvrent droit au prélèvement libératoire.
- Les primes et intérêts se rapportant aux titres détenus par les Sicav sont réputés distribués. Ils sont dès lors touchés des mêmes impôts.

Lorsqu'un investisseur place ses capitaux sur le marché des reports - issu du surplus d'achats en report sur le marché à règlement mensuel -, ses revenus sont assimilés à des produits de créance. Le contribuable a deux options : un prélèvement libératoire de 38,1% pour la période comprise entre le 1er août 1987 et le 31 décembre 1989, l'impôt sur le revenu.

L'abattement

Les dividendes d'actions françaises, avoir fiscal compris, et les coupons d'obligations émises en France (retenue à la source comprise le cas échéant) bénéficient en commun d'un abattement commun. Ce dernier est fixé à 16 000 francs pour les couples mariés (avec ou sans enfants) et à 8 000 francs pour les célibataires, veufs ou divorcés. Cet abattement s'appliquant indifféremment aux revenus d'actions ou de créances, mieux vaut l'utiliser avantageusement. L'abattement ne retire pas le droit à l'avoir fiscal (dividendes) ou au crédit d'impôt (retenue à la source).

Remarque

- Les revenus de l'emprunt Barre 8,8 % de 1977 sont exonérés d'impôts jusqu'à concurrence de 1000 francs.
Un abattement qui se cumule avec l'abattement général (voir plus loin). Au-delà, ils entrent dans le régime normal.
En outre, les plus-values réalisées à la revente et cet emprunt sont totalement exonérées d'impôts.

Exemples

1/ Un couple encaisse 30 000 francs de revenus d'obligations françaises dont une partie (émise en 1980) a donné lieu à une retenue à la source de 1 000 francs.

Revenu imposable :

coupons encaissés	*30 000*
retenue à la source	*1 000*
	31 000
abattement	*- 16 000*
imposable	*15 000*

Les 15 000 francs imposables seront, soit intégrés au revenus, soit soumis au prélèvement libératoire à 18,1%.

Dans tous les cas, la retenue à la source de 1 000 francs viendra réduire l'impôt.

2 / Un célibataire encaisse 7 000 francs de dividendes de sociétés. Il a droit à 3 500 francs d'avoir fiscal (7 000 x 50%).

Revenu imposable :

dividendes encaissés	*7 000*
avoir fiscal	*3 500*
	10 500
abattement	*- 8 000*
Imposable	*2 500*

Les 2 500 francs seront incorporés au revenu imposable. L'avoir fiscal de 3500 francs viendra réduire l'impôt sur le revenu.

3 / Un couple perçoit 10 000 francs de dividendes de sociétés françaises et 13 000 francs d'intérêts d'obligations dont certaines ont été frappés de 1 000 francs de retenue à la source.

Revenu imposable:

dividendes encaissés	*10 000*
avoir fiscal	*5 000*
intérêts d'obligations	*13 000*
retenue à la source	*1 000*
	29 000
abattement	*- 6 000*
imposable	*13 000*

Comme l'abattement porte indifféremment sur les revenus d'actions ou d'obligations, le contribuable a le choix : faire porter cet abattement en priorité sur les actions ou sur les obligations.

Sur les actions :

Le revenu total des actions (15 000 francs avoir fiscal compris) est entièrement exonéré. Sur les 14 000 francs (13 000 + 1 000) de revenus obligatoires, il reste 13 000 francs imposables soit sur le revenu, soit en prélèvement libératoire.

Sur les obligations :

Le revenu des obligations, 14 000 francs au total, est entièrement exonéré. Les 15 000 de revenus d'actions seront réduits de 2 000 francs (solde de l'abattement). Reste 13 000 francs imposables avec le reste des revenus.

En somme, le choix se résume à : prélèvement libératoire ou impôt sur le revenu. Celui qui préfère le prélèvement libératoire fait porter l'abattement sur les dividendes en premier lieu. Pour être imposé sur le revenu, l'abattement touche indifféremment les dividendes ou les intérêts.

Dans les deux hypothèses, l'avoir fiscal de 5 000 francs et la retenue de 1 000 francs s'imputeront sur l'impôt à payer.

Les régimes spéciaux

Le club d'investissement

Lorsqu'un club ne réunit pas plus de 20 membres et que chacun d'eux verse mensuellement une somme inférieure ou égale à 2 000 francs (3000 francs pour le premier versement) : le club est simplement virtuel. C'est-à-dire que chaque membre sera imposé séparément selon sa quote-part avec le bénéfice des avoirs fiscaux, crédits d'impôts et abattements.

Les sicav et les fonds communs de placement

C'est la règle de la transparence. Chaque détenteur de part est donc imposé individuellement en fonction des revenus qu'il perçoit du fonds (et non des revenus perçus par le fonds lui même). Il bénéficie de l'option pour le prélèvement libératoire (pour la part de revenu correspondant aux titres de créance du fonds), de l'avoir fiscal (pour sa quote part de l'avoir fiscal total imputé au fonds). Les revenus de sicav ou de fonds communs entrent dans le champ de l'abattement pour leur part revenant aux dividendes de sociétés françaises et aux intérêts d'obligations émises en France.

Les revenus des sociétés étrangères

Lorsque le bénéficiaire est français, ils sont intégrés dans le revenu imposable (impôt sur le revenu ou sur les sociétés). Des conventions internationales peuvent donner droit à un crédit d'impôt (un impôt a été retenu dans le pays d'origine). Il s'ajoute dans un premier temps au revenu imposable et se retranche ensuite de l'impôt.

La fiscalité des plus-values

La plus-value

Qui dit plus-value, dit vente de titres. Le fisc ne prend en compte que les gains effectivement réalisés, pas les plus-values latentes !

La plus-value, c'est le résultat réel d'une opération boursière. Ainsi, du montant brut de la vente seront déduits le prix de revient (cours d'achat) et les frais relatifs à la vente et à l'achat. Ces frais comprennent les courtages, commissions et impôts de bourse. Un calcul compliqué (surtout si la ligne de titres a été constituée en plusieurs fois et cédé en fractions).

Pour faciliter cette tâche, les intermédiaires procèdent eux-mêmes au calcul de la plus-value. Cette plus-value est nette et globale c'est-à-dire sous déduction des frais et des moins-values.

Remarque

Pour les titres français acquis avant le 1er janvier 1979, le contribuable peut retenir le cours au comptant le plus élevé de 1978 ou le cours moyen de 1972 comme prix de revient. En somme, il suffit de retenir le prix de revient le plus élevé (prix effectif, plus haut de 1978 ou moyenne de 1972, le cas échéant) pour réduire le montant calculé de la plus-value. En principe, l'option est totale : tous les titres cédés et provenant d'acquisition antérieure au 1er janvier 1979 sont compris. Hors de question de mélanger toutes les options !

Le champ d'application

Toutes les cessions de titres cotés sont prises en compte : les actions de la cote officielle, du second marché, du hors cote, les CI, les droits relatifs à ces valeurs , les titres participatifs, les obligations, les rachats de parts de FCP, les rachats d'actions de Sicav, ...

La taxation

Lorsque la limite d'exonération (voir ci-après) est dépassée, l'imposition porte sur les plus-values de l'année précédente : jusqu'à la dernière séance de l'année pour les ventes au comptant, et jusqu'au jour de la liquidation de décembre pour les opérations à règlement mensuel (le lendemain de la liquidation de décembre, la plus-value entre dans le compte de l'année suivante).

L'imposition de la plus-value est uniforme : 18,1% de son montant (1% social compris) pour les plus-values réalisées en 1988.

Les profits réalisés sur les marchés à terme de taux et d'indices (Matif) et sur les marchés d'options (Monep, Matif) sont taxés à 18,1% s'ils sont occasionnels (entre autres pour les spéculateurs particuliers).

L'exonération

• Seuil général :

Les plus-values sont totalement exonérées d'impôts lorsque le montant total des ventes annuelles ne dépasse pas 325.800 francs (pour la déclaration des revenus de 1992). Le seuil est révisé annuellement en fonction de la 7e tranche d'impôt sur le revenu. Cette limite s'apprécie pour l'ensemble du foyer fiscal.

Dans les cessions, sont comptées les ventes de titres de toute nature. Lorsqu'il y a report de position au règlement mensuel (opération assimilée à un achat-vente simultané, ou l'inverse), son montant entre dans le total des ventes.

Quand les ventes annuelles dépassent le seuil, la plus-value (éventuelle) est taxée à 18,1%. C'est pourquoi de nombreux investisseurs, approchant la limite, préfèrent conserver des titres (au risque de les voir baisser) plutôt que de les vendre en cassant le seuil.

Exemple

Pour une plus-value de 50 000 francs, les ventes se montent à 320 000 francs : pas de taxation.

Même plus-value mais avec 330 000 francs de vente : l'impôt est égal à 50 000 x 18,1% = 9050 francs.

• Le demi-seuil :

Désormais, les rachats de parts d'OPCVM "de taux" ont un seuil de cession réduit de moitié (162 900 francs) pour l'imposition de leurs plus-values. Sont compris dans cette catégorie les parts de fonds communs de placement ou actions de sicav qui ne distribuent pas totalement leurs produits aux souscripteurs, et qui ont, à un moment de l'année, détenu au moins la moitié de leur portefeuille en obligations, bons du Trésor ou titres de créances. Une définition certes un peu floue qui vise surtout les OPCVM de court terme.

La moins-value

Les moins-values s'imputent en priorité sur les plus-values de la même année. Si l'ensemble des opérations est déficitaire, la moins- value pourra s'imputer sur les plus-values (de même nature) des cinq années suivantes. En aucun cas une moins-value ne peut se répercuter sur d'autres types de revenus. Attention ! La moins-value n'est reportable sur la plus-value suivante que si les ventes (qui ont généré cette moins-value) excèdent le seuil d'exonération.

Ainsi, un contribuable qui a réalisé d'importantes pertes a intérêt à faire des opérations d'achat-vente pour dépasser le seuil.

Le plan d'épargne populaire (PEP)

Ce n'est qu'une enveloppe fiscale pour relancer l'épargne à long terme depuis janvier 1990. Vous pouvez verser des sommes dans un PEP mais elles ne seront pas déductibles de vos revenus imposables. Les versements sont affectés soit à un compte de dépôt en numéraire, soit à un contrat d'assurance vie. Les PEP sont proposés par des banques, sociétés d'assurance, ... qui ont constitué des formules "prêtes à l'emploi" dans le respect de ce cadre fiscal.

Ce sont les retraits qui bénéficient des avantages fiscaux, à condition qu'ils aient lieu au moins huit ans après l'ouverture du PEP : les sommes retirées sont exonérées d'impôt. Ces sommes s'entendent des versements effectués sur le PEP et des revenus capitalisés ou de la rente viagère qui peut y correspondre.

En cas de retrait anticipé, vous seriez imposé sur les revenus de votre PEP à un prélèvement libératoire (38,1% pour une durée inférieure à 4 ans; 18,1% pour une durée de 4 à 8 ans).

Les montants versés sur le PEP sont limités à 600 000 francs pour un célibataire et le double pour un couple.

Le plan d'épargne en actions (PEA)

C'est en quelque sorte la reprise du principe du PEP pour l'épargne investie en actions. De même, les investissements en titres ne procurent aucun avantage particulier. Attention, toutes les valeurs ne sont pas éligibles au PEA. Ce sont les valeurs

françaises ou les sicav d'actions, dont le portefeuille comprend au moins 60% d'actions françaises - une proportion portée à 75% pour un fonds commun de placement.
Au moment du retrait, s'il a lieu après cinq années d'existence du PEA, les sommes sont exonérées : les plus-values comme les dividendes capitalisés.
Cela ne signifie pas que vous ne puissiez procéder au moindre arbitrage pendant la durée de vie du PEA; mais le produit de toute vente de titres devra être immédiatement réemployé dans l'achat d'autres titres. Evidemment, tout retrait anticipé clôt le PEA et vous place de fait dans la situation normale de taxation des plus-values (au-delà du seuil) et des revenus.
Les montants versés sur le PEA sont limités à 600 000 francs pour un célibataire et le double pour un couple.

TUESDAY • DIENSTAG • MARTEDÌ • DINSDAG • MARTES • DIMARTS

MARDI

14

St Camille

29e sem. 195-170

14
15
16
17
18
19

ORTANT

FÊTE NATIONALE FRANÇAISE

EDNESDAY • MITTWOCH • MERCOLEDÌ • WOENSDAG • MIÉRCOLES • DIMECRES

MERCREDI

15

St Donald

29e sem. 196-169

14
15
16
17
18
19

RTANT

JULI LUGLIO JULI JULIO JULIOL JUILLET JULY

THURSDAY • DONNERSTAG • GIOVEDÌ • DONDERDAG • JUEVES • DIJOUS

8
9
10
11
12
13

JEUDI

16

N.-D. du Mont Carmel

29e sem.

197-168

14
15
16
17
18
19

IMPORTANT

O ya

29 rue Daubenton

5e Paris

FRIDAY • FREITAG • VENERDÌ • VRIJDAG • VIERNES • DIVENDRES

8
9
10
11
12
13

VENDREDI

17

Ste Charlotte

29e sem.

198-167

14
15
16
17
18
19

IMPORTANT

LA BOURSE DE " A à Z "

A

A parité

Se dit d'une option négociable dont le prix d'exercice correspond à peu près au cours actuel du support. En anglais at the money.

Achat à terme

L'achat sur le marché à règlement mensuel est souvent appelé achat à terme : le règlement de l'opération est remis à terme (le jour de la liquidation).

Actif net- situation nette

Ensemble des actifs d'une société après déduction des dettes totales. La situation nette est une garantie de solvabilité et sert de base à l'appréciation des équilibres financiers du bilan.

Synonyme de fonds propres ou capitaux propres.

Action

Le capital d'une société commerciale est divisé en parts appelées actions. Chacune d'elle est représentative d'un droit de propriété sur l'actif net de la société et permet de participer au bénéfice proportionnellement à la fraction du capital détenu. La détention d'actions confère également le droit de vote aux assemblées générales.

Action d'apport

Les actions d'apport sont issues de la rémunération d'apports en nature. Ainsi, une société cotée qui absorbe une affaire, cotée ou non, ou acquiert des actifs industriels, dispose de deux moyens de paiement : le cash ou des actions. Dans ce dernier cas, elle procède à une augmentation de capital réservée à l'apporteur. Le nombre d'actions à remettre sera établi sur la base de l'évaluation de l'apport et d'un cours moyen de l'action. Les titres créés sont des actions d'apport, en principe non négociables pendant deux ans. Cette opération doit avoir obtenu l'agrément d'une assemblée générale extraordinaire d'actionnaires.

Action à dividende prioritaire (ADP)

Action sans droit de vote, l'ADP bénéficie en contrepartie d'un dividende versé en priorité par rapport aux actions ordinaires. Ce dividende est au moins égal à 7,5 % du nominal de l'action. En cas de non versement du dividende, l'ADP retrouve, sous certaines conditions, son droit de vote.

Action support

Titre sur lequel porte la négociation d'options. Le Monep compte près de 30 titres supports

Actuariel

Voir taux de rendement actuariel.

AFSB

Association française des sociétés de bourse. Composée de 7 membres, elle assure la représentation professionnelle des sociétés de bourse.

Agent de change

Il s'agissait d'un officier ministériel, intermédiaire obligé pour toute opération sur valeurs mobilières cotées. Depuis l'avènement des sociétés de bourse, l'agent de change n'existe plus.

Ajusté

Un cours ajusté tient compte des attributions gratuites, émissions en numéraire, divisions ou regroupements qui modifient le nombre de titres et la répartition de l'actif net. L'ajustement porte alors sur tous les cours depuis l'origine de la cotation jusqu'à la date de l'opération

Amortissement-remboursement

Une société peut rembourser ses obligations en une seule fois à la fin de l'emprunt (dit remboursement in fine) ou en plusieurs tranches. A chaque remboursement, l'emprunt est amorti d'autant.

Analyse financière

Technique d'évaluation des titres qui se fonde sur l'observation des comptes de bilan et de résultats, elle a pour but de dégager des bénéfices prévisionnels.

Analyse technique

Dans cette méthode d'appréciation des valeurs, le cours de bourse a force de vérité. C'est l'observation des graphes de cours et de volumes de transactions qui guide le raisonnement. Il existe de nombreux types d'analyse technique.

Appel de marge

Lorsqu'un investisseur intervient sur les options négociables ou sur les contrats (sur taux d'intérêt ou sur indice), sa couverture peut se révéler insuffisante au gré des variations de cours. Afin de compléter son déposit, l'intermédiaire procédera à un appel de marge. S'il n'est pas respecté, la position sera automatiquement soldée.

Application

Les échanges de titres se font en bourse. Il est néanmoins possible de réaliser une transaction hors bourse sur la base du cours fixé en séance. Il s'agit alors d'une application. Très intéressant pour les achats ou ventes de blocs !

Arbitrage (arbitrer)

Arbitrer un titre pour un autre revient à vendre le premier pour acheter le second.

L'arbitrage est également une opération conduite par une professionnel : l'arbitragiste. Ce dernier a pour rôle de profiter des écarts de cours anormaux entre le prix du marché et un prix théorique ou réel. Réalisé entre diverses places mondiales, l'arbitrage s'effectue également sur les marchés nouveaux : arbitrer le "physique" avec des contrats à terme ou des options (par exemple Matif et Monep).

Augmentation de capital

Il existe plusieurs méthodes pour augmenter le capital d'une société.

L'attribution gratuite est réalisée par incorporation de réserves au capital. Seul l'ancien actionnaire possède un droit d'attribution. Il lui est remis des actions supplémentaires dans des proportions précises. L'évaluation du nominal est également la conséquence d'une incorporation de réserves au capital. Au lieu d'attribuer des actions gratuites, le nominal des actions anciennes est réévalué.

L'émission d'actions nouvelles à titre onéreux consiste à proposer (en principe aux anciens actionnaires) de nouvelles actions à un prix fixe et dans une proportion déterminée.

Il reste enfin l'augmentation de capital consacrée à la rémunération d'un apport en nature avec création d'actions d'apport.

Augmentation de capital réservée

Afin de conforter une majorité dans le capital, une augmentation de capital peut être réservée à un seul ou à quelques actionnaires. Cette opération doit obtenir l'agrément d'une assemblée générale extraordinaire. Les anciens actionnaires perdent en effet leur droit préférentiel de souscription.

Avis d'opéré

Voir Bordereau.

Avoir fiscal

Un avoir fiscal est une créance sur le Trésor, qui vient en déduction des impôts à payer. Si la créance est supérieure à ces impôts, le Trésor rembourse la différence.

Un avoir fiscal est attaché aux dividendes des sociétés françaises. Il est égal à 50 % du dividende net : 10 francs de dividende génèrent 5 francs d'avoir fiscal.

B

Balo

Bulletin des Annonces Légales Obligatoires. Les sociétés cotées doivent y faire inscrire divers états ou communications spécifiques tels que : comptes annuels et semestriels, convocations d'assemblées d'actionnaires, modalités des opérations sur le capital et les caractéristiques des émissions d'actions ou d'obligations.

Bénéfice par action

Part du bénéfice de la société revenant à chaque action, le BPA sert de base au calcul du multiple de capitalisation.

Besoin en fonds de roulement

Né du décalage entre les délais de règlement clients et fournisseurs et de la constitution d'un stock de sécurité, le besoin en fonds de roulement (BFR) évalue la trésorerie permanente nécessaire au cycle d'exploitation: c'est un besoin de financement à long terme.

Béta

Le coefficient béta d'une action mesure sa sensibilité par rapport à l'indice de marché. Lorsque le marché augmente de 1 %, la valeur varie de "béta pour cent". Béta peut être négatif.

Black and Scholes

Nom des deux américains qui inventèrent la formule mathématique d'évaluation directe des options négociables.

Bloc de contrôle

Réunion d'actions représentant une part du capital suffisante pour s'assurer le contrôle du pouvoir de la société. Il est souvent fait allusion à des cessions de blocs de contrôle.

Bon d'échange

Attaché à certains emprunts à taux variable, le bon d'échange permet au souscripteur de demander l'échange de son titre contre une obligation à taux fixe. Cette faculté est ouverte à des périodes déterminées lors de l'émission.

Dès le lancement de l'emprunt, le bon d'échange est détaché et négociable séparément. Une ligne de cotation est donc ouverte pour chaque bon.

Bon de souscription

Il donne le droit d'acheter une action ou une obligation (le plus souvent de la société émettrice) à prix fixe jusqu'à une date déterminée.

Bordereau

Document récapitulatif adressé après chaque opération boursière : achat, vente, report, intervention sur les nouveaux instrument financiers... Ce bordereau servira de preuve en cas de réclamation.

BTAN 4 ANS

Contrat à terme sur un taux d'intérêt à moyen terme de 3 à 5 ans. Le BTAN 4 ans est représentatif d'une sélection de Bons du Trésor Annuels. Ce marché est organisé par Matif SA.

C

CAC 40

Indice de 40 valeurs qui sert de base à la négociation de contrats à terme (marché organisé par Matif SA) et d'options négociables (sur le Monep).

Call (option d'achat)

Sa détention donne le droit d'acheter l'action support (sur laquelle porte l'option) à un prix fixé (le prix d'exercice) jusqu'à une date donnée (l'échéance). Le vendeur du call a l'obligation de se soumettre à la volonté de l'acheteur.

Capitalisation boursière

Elle exprime la valeur boursière globale de la société, le prix à payer pour 100 % du capital au cours actuel. Elle est le résultat du produit du nombre total d'actions par le cours de bourse.

Capitaux permanents

Ensemble formé des fonds propres et de l'endettement à long terme : les capitaux sur lesquels la société peut compter sans risque d'exigibilité proche.

Capitaux propres

Voir Fonds propres.

Cash-flow

Voir Marge brute d'autofinancement.

Casiers

Ancienne méthode de cotation au fixing des actions au comptant et des obligations. Les ordres étaient enregistrés sur des fiches et déposés dans des casiers avant confrontation finale sur les livres des commis. La cotation par casiers est devenue quasi inexistante: le système CAC l'a remplacé.

Certificat d'investissement (CI)

Il provient de l'éclatement d'une action ordinaire (lors d'une émission) dont le droit de vote est réservé aux actionnaires anciens. Souscrire à l'émission de certificats d'investissement revient à acquérir des actions sans droit de vote.

Certificat d'investissement privilégié (CIP)
Le CIP est un certificat d'investissement assorti d'un dividende versé en priorité sur les autres dividendes.

Chartisme
Expression anglo saxonne pour analyse graphique.

Chevalier blanc
Une société faisant l'objet d'une OPA (ou OPE) contre son gré en appelle une autre à la rescousse. Le sauveur est souvent dénommé "chevalier blanc".

Chevalier noir
L'attaquant qui lance une offre sur le capital d'une société sans se soucier de son avis est un chevalier noir, "black knight" en anglais.

Clearing
Voir Règlement livraison.

Club d'investissement
Groupe de particuliers qui gère en commun un portefeuille de valeurs mobilières et le possède en indivision. Chaque club regroupe de 5 à 20 membres.

Collé
Etre collé avec ses titres : ne pas pouvoir s'en débarrasser sans perte.

Commission des opérations de bourse (COB)
Institution publique qui a pour mission la "surveillance" du marché. Souvent appelée "gendarme du marché", la COB s'attache en particulier à la protection des épargnants qui investissent en valeurs mobilières. A cet égard, le contrôle des appels publics à l'épargne fait partie de ses attributions. Son rôle s'étend également à l'information des actionnaires et au bon fonctionnement du marché. Le président de la COB est nommé en Conseil des Ministres.

Compartiment
La cote est divisée en plusieurs compartiments : cote officielle (règlement mensuel et comptant), second marché, hors-cote et obligations. Chaque compartiment a ses règles propres.

Compensation
Il s'agit de l'établissement d'un cours de clôture du mois boursier au règlement mensuel. Ainsi, le cours de compensation est une moyenne de cours sélectionnés le jour de la liquidation générale. Ce cours sert de base aux reports des positions à règlement mensuel.
Pour l'exercice des options sur indice, il est également calculé un cours de compensation de l'indice, relevé sur une moyenne en séance.

Comptant
Une négociation s'effectue au comptant lorsque les mouvements de capitaux et de titres sont consécutifs à l'exécution de l'ordre. L'acheteur paie de suite et le vendeur livre les titres. Les négociations au comptant portent sur le comptant de la cote officielle, le second marché, le hors-cote et les obligations.

Comptes consolidés
Les sociétés importantes ont souvent de très nombreuses filiales, à tel point que la société mère peut être réduite au simple rôle de holding. De fait, les comptes de cette dernière ne reflètent absolument pas la réalité économique. Il est alors procédé à une "globalisation" des comptes de sociétés qui forment le groupe. On les appelle des comptes consolidés.

Conseil des bourses de valeurs (CBV)

Autorité de marché, le CBV établit le règlement général homologué par le Ministre de l'Économie et des Finances après avis de la COB et de la Banque de France. Le CBV décide de l'admission et de la radiation des valeurs de la cote.

Conseil du Marché à Terme

Le CMT veille au bon fonctionnement des marchés à terme et propose des règlements et admet la négociation de nouveaux contrats.

Contrat à terme

Produit financier qui engage aujourd'hui un acheteur et un vendeur sur le prix d'un bien à échanger physiquement le jour de l'échéance. Un contrat à terme peut être revendu ou racheté avant l'échéance.

Il existe des contrats sur : matières premières, taux d'intérêt, indices boursiers et devises. Dans un marché organisé (du type de Matif SA) tous les contrats n'imposent pas une livraison de biens ou de titres : une compensation financière entre acheteurs et vendeurs de contrats la remplace.

Contrepartie

Au lieu de passer directement un ordre sur le marché, l'intermédiaire peut le prendre à son compte, à sa charge de dénouer ensuite la position. Il joue le rôle de contrepartie. En Angleterre, tout ordre se traite par contrepartie de l'établissement qui le reçoit. En France, la contrepartie est utilisée pour les blocs de titres et ne représente en aucun cas plus de 15% du total des transactions, les 85% restants s'acheminant directement sur le marché central sans intervention de la société de bourse.

Convertible

Afin d'attirer les souscriptions en période boursière défavorable, les entreprises ont lancé des obligations convertibles en actions (de l'émetteur). Ce sont des titres obligataires ordinaires qui offrent une faculté de conversion en actions.

Corner

Au moment de la liquidation du règlement mensuel, il peut arriver que les ventes reportées soient supérieures aux achats reportés. La situation de corner est encore plus aiguë : le solde des ventes reportées dépasse alors le nombre de titres en circulation. Les vendeurs doivent se racheter ou reporter leur position. Dans la première hypothèse, les cours progressent démesurément, les titres disponibles faisant défaut. Deuxième cas, le report se révèle impossible par manque de prêteurs de titres. La solution : trouver des vendeurs ou des prêteurs coûte que coûte pendant la suspension de cotation. Le déport sera très élevé. Cette situation se présente en général après une OPA ayant absorbé la quasi-totalité du flottant.

Cotation en continu

La cotation en continu s'étale sur toute la durée de la séance. A Paris, les valeurs ne sont pas cotées une par une à heure fixe mais continuellement entre 10 heures et 17 heures.

Cotation en pourcentage

En principe, les obligations sont cotées au pied du coupon (sans le coupon) en pourcentage de leur valeur nominale. Par exemple, une obligation de 5.000 francs nominal vaut 5.600 francs sans le coupon. Elle cotera alors 112 % (5.600 = 5.000 x112 %).

Le coupon couru figure à part dans la cote des obligations.

Cote

La cote d'une valeur est son prix sur le marché boursier : son cours. La cote représente également l'ensemble des titres négociés sur un marché et leurs cours. Elle fait l'objet de la publication de la Cote Officielle.

Coup d'accordéon

Réduction de capital suivie immédiatement d'une augmentation de capital.

Coupon

Une obligation donne droit à un intérêt calculé par application du taux facial au nominal de l'obligation. En principe, son versement est annuel. Cet intérêt est appelé coupon. Avant la dématérialisation des titres, les coupons étaient formés de petits rectangles numérotés attachés à l'obligation. Chaque année, le détenteur du titre découpait son coupon et le présentait à son établissement financier pour percevoir l'intérêt dû.

Quand les comptes d'une société le permettent, les actions donnent également droit à un coupon appelé dividende.

Coupon couru

Entre deux détachements de coupon d'une obligation, le coupon couru constitue la fraction de l'intérêt dû au possesseur du titre.

Coupon zéro

Le plus souvent, une obligation génère le versement d'un intérêt annuel. Il existe cependant des obligations qui ne donnent aucun coupon. Jusqu'à l'échéance les intérêts sont alors capitalisés. C'est-à-dire qu'ils s'ajoutent au capital en produisant eux-même de l'intérêt.

Cours ajusté

Voir Ajusté.

Courtage

Il s'agit des frais de négociation d'une valeur mobilière. Ils sont libres et chaque société de bourse établit son tarif.

Couverture

L'intérêt du marché à règlement mensuel est de s'engager aujourd'hui et de remettre le dénouement à la liquidation. Mais le marché a besoin de sécurité et une couverture est nécessaire. Cette couverture est une fraction du montant total de l'engagement : 20 % en espèces ou en bons du Trésor; 25 % en rentes, obligations françaises ou en or; ou bien encore 40 % en autres titres ou parts de fonds communs de placement.

Cox et Ross-Rubinstein

Les inventeurs d'une méthode d'évaluation théorique des options négociables. Technique concurrente de celle de Black and Scholes.

Criée

Technique de cotation où les cours s'établissent en fonction de l'intensité sonore! Munis de leurs fiches d'ordre, les commis annoncent "je prends" pour acheter et "j'ai" pour vendre. Un code "gestuel" appuie leurs ordres. A leur écoute, le coteur affiche un cours au tableau jusqu'à l'équilibre: autant de "j'ai" que de "je prends". La criée n'est plus utilisée pour les actions françaises mais reste maîtresse dans la cotation des contrats à terme (de taux et d'indice) et des options négociables.

D

Dans le cours

Se dit d'une option d'achat dont le prix d'exercice est inférieur au cours du support et d'une option de vente dont le prix d'exercice est supérieur au cours du support. On dit aussi que l'option est en dedans, "In the money" en anglais.

Décote ou surcote

Lorsque le cours de bourse d'une action est inférieur à sa valeur à la casse (situation nette réévaluée), on dit qu'il y a décote. Dans le cas inverse, le cours fait apparaître une surcote.

Demandé

Se dit d'une valeur que l'on ne peut coter en raison d'une trop forte hausse : un cours indicatif (sans transaction) est inscrit avec la mention demandé.

Dématérialisation

Passage du titre papier (avec ses coupons en petits rectangles détachables) au titre scriptural. Plus de papier, des écritures comptables dans les livres des intermédiaires enregistrent les mouvements de titres. Réalisée en novembre 1984, la dématérialisation des titres est une spécificité française.

Déontologie

Ensemble des règles de bonne conduite des professionnels. Les professions boursières ont été particulièrement visées depuis quelques années: les limites de leurs opérations personnelles sont plus strictement définies.

Déport

Le jour des reports (lendemain de la liquidation du règlement mensuel), si les ventes reportées sont supérieures aux achats reportés, les vendeurs doivent acquitter une commission appelée déport. Elle correspond à la rémunération du prêt de titre sur le marché des reports.

Traité selon la loi de l'offre et de la demande, le coût du déport est variable.

Deposit

A l'occasion d'une prise de position initiale sur les marchés à terme de contrats (Matif), le déposit est un versement de garantie. Il est formé d'une fraction de l'engagement et bloqué chez l'intermédiaire (agissant pour le compte de la chambre de compensation). Toute opération de vente initiale d'options implique également un déposit correspondant à la perte théorique maximale liée à cette vente.

Le déposit doit être constitué d'espèces, de bons du Trésor, voire de titres supports (pour les ventes d'options).

Dilution

Phénomène lié à la création d'actions nouvelles, la dilution est synonyme "d'érosion" du bénéfice par action.

Dividende

Le dividende est le coupon d'une action. Il représente la partie distribuée du bénéfice revenant à chaque action.

Le dividende net constitue la somme effectivement perçue par l'actionnaire.

Le dividende global totalise le dividende net et l'avoir fiscal (50 % du net pour les actions françaises).

Division

Une société peut décider de diviser la valeur nominale de ses actions. Dans ce cas, le nombre des actions composant le capital se multiplie dans les mêmes proportions.

Dow Jones

Indice américain le plus célèbre, il est fondé sur une simple moyenne arithmétique de la variation des trente plus importantes valeurs cotées à New York. Cet indice porte le même nom que l'agence d'information économique et financière célèbre (qui a inventé cet indice).

Droit d'attribution

Une attribution gratuite d'actions entraîne la création de droits d'attribution attachés aux actions anciennes. Les actionnaires sont en effet les seuls à pouvoir bénéficier d'actions gratuites à concurrence de leur part dans le capital.

Droit de garde

Détenir un portefeuille de titres chez un intermédiaire, ne jamais effectuer la moindre opération (d'achat ou de vente), il reste quand même des frais imputés au client: les droits de garde. Très variables, ils sont proportionnels à la taille du portefeuille et au nombre de lignes.

Droit de souscription

Lorsqu'une société lance une augmentation de capital, les actionnaires anciens ont en principe une priorité de souscription sur les nouvelles actions. Toutefois, l'actionnaire n'est pas obligé de suivre l'opération : il dispose alors d'un droit de souscription négociable.

E

Economie d'échelle

C'est la réduction du coût unitaire d'un produit au fur et à mesure de l'accroissement de la production.

Elévation du nominal

Voir augmentation de capital.

Emission en numéraire

Voir augmentation de capital.

Euro Deutsche Mark 3 mois

Contrat à terme sur un taux court allemand : l'Euro Deutsche Mark à 3 mois. Son marché est régi par Matif SA.

F

Facial

Voir taux de rendement facial.

Fixing

Méthode de cotation qui s'efforce de satisfaire le maximum d'offres et de demandes sur un seul cours. Son application a souvent pour effet d'assurer une majeure partie des échanges sur le premier cours coté. Un principe de fonctionnement opposé à la cotation en continu.

Flottant

Partie du capital répartie dans le public, c'est-à-dire n'appartenant pas aux actionnaires stables et dirigeants l'affaire.

Fonds commun de placement (FCP)

Proches des Sicav, les FCP bénéficient de règles plus souples. Les FCP sont souvent de taille plus modeste et sont plus spécialisés que les Sicav.

Fonds propres

Ensemble formé par le total du capital et des réserves, les fonds propres sont équivalents à la situation nette.

Fourchette

Sur le marché continu électronique, l'état de l'offre et de la demande s'exprime par une fourchette de cours. Le point bas est le prix auquel le client peut vendre et le point haut celui auquel il peut acheter. Le même système est utilisé sur le Monep.

Franchissement de seuil

Lorsqu'ils dépassent certains paliers dans le capital d'une société, les détenteurs de titres doivent s'identifier par une déclaration de franchissement de seuil. Les déclarations s'effectuent à 5, 10, 15, 20, 33,33, 50 et 66 %.

Fusion

Mariage de deux (ou plusieurs) sociétés, une fusion donne naissance à une société unique qui regroupe les actifs et les activités des deux anciennes. Lorsque les sociétés sont cotées, une telle opération se traduit par un échange de titres. Les parités d'échange sont établies par des commissaires aux apports et approuvées par la COB.

Future

Synonyme (anglo-saxon) de contrat à terme.

G

Gérant

Responsable de la gestion d'un portefeuille de titres, il prend des positions d'achat ou de vente sur des titres ou des instruments financiers. Les limites de ses compétences sont définies dans le mandat de gestion. Ce métier peut s'exercer dans le cadre d'une Sicav, d'un FCP ou d'une gestion individualisée.

Gestion assistée

Entre la gestion individuelle et le mandat de gestion, cette technique permet de gérer soi-même son portefeuille en bénéficiant des recommandations d'un spécialiste. Une assistance qui entraîne des coûts variables selon les cas.

Gestion indicielle

Gestion de portefeuille ayant pour unique but de calquer un indice de marché (CAC 40 en France, SP 500 aux Etats Unis): la performance du portefeuille est strictement équivalente à celle de l'indice choisi. Il existe des gestions indicielles tiltées qui cherchent à dépasser la performance de l'indice.

Gisement

A l'échéance du contrat notionnel, le vendeur du contrat doit livrer des emprunts d'Etat à choisir dans une sélection: le gisement.

Golden boys

"Jeunesse dorée" des marchés financiers: jeunes diplômés qui perçoivent des rémunérations très élevées sur la négociation des valeurs.

Gris

Le marché gris regroupe (de façon informelle) les transactions (entre client et intermédiaire ou entre intermédiaires) sur des valeurs mobilières en cours d'émission, donc avant leur cotation officielle. On s'y échange des "promesses" sur valeurs mobilières. Le terme vient de l'anglais "grey market".

H

Holding

Société dont le seul but est de détenir des participations dans d'autres sociétés.

Hors cote

Compartiment de la cote où les introductions s'effectuent pratiquement sans contraintes. Le hors cote reprend également les valeurs refoulées des autres marchés (cote officielle et second marché).

Hors du cours

Se dit d'une option d'achat dont le prix d'exercice est supérieur et au cours du support et d'une option de vente dont le prix d'exercice est inférieur à ce cours. L'expression en dehors est souvent employée. "Out of the money" en anglais.

I

Indexé

L'obligation indexée est interdite depuis 1959. Seul l'Etat en a émis depuis cette date.

Le principe de fonctionnement de l'obligation indexée se fonde sur une indexation du coupon versé ou / et de la valeur de remboursement de l'obligation. La référence d'indexation peut être constituée par un quelconque indicateur économique : cours du pétrole, d'une matière première, du lingot d'or.

Indice

Tout comme l'indice des prix, un indice boursier est une mesure moyenne de l'ensemble d'un marché. Il s'appuie sur une sélection plus ou moins large de valeurs de la cote. Un indice peut présenter diverses spécificités : du plus large indice de marché (SBF, Agefi) aux indices réduits (CAC 40), voire sectoriels (second marché, valeurs pétrolières, ou BTP,...). Le CAC 40 sont des indices supports de contrats à terme et d'options négociables.

In fine

Caractéristique d'une obligation, le remboursement in fine consiste à amortir l'emprunt en une seule fois à l'échéance. Voir amortissement-remboursement.

Initié

L'initié est celui qui, dans l'exercice de sa profession, est amené à prendre connaissance d'une information dite privilégiée. C'est-à-dire un événement important susceptible d'avoir un impact sur l'activité, le résultat ou le fonctionnement interne de la société. Un événement qui, une fois rendu public, pourrait modifier le cours de bourse de la société.

Investisseur institutionnel

Il s'agit en principe des compagnies d'assurance, des caisses de retraite et des mutuelles. En clair, ce sont des organismes collecteurs de fonds qui garantissent leur solvabilité par des investissements (dont les valeurs mobilières). Par extension, les grandes banques, voire les groupes importants, ont été assimilés à cette catégorie d'investisseurs. En termes boursiers familiers, les investisseurs institutionnels sont surnommés les "zinzins".

J

Jouissance

La date de jouissance correspond au commencement du droit au revenu pour une valeur mobilière. Il s'agit du droit au bénéficie pour une action et à l'intérêt pour une obligation.

K

Kabato Cho

Nom donné à la bourse de Tokyo

Krach

Chute brutale des cours: dépression. Deux krachs ont marqué l'histoire financière du 20° siècle: 1929 et le 19 Octobre 1987.

L

Lever

Lever des titres sur le marché à règlement mensuel signifie, pour l'acheteur, la prise de possession effective de ses titres en position.

Liquidation

Ensemble des cinq séances boursières de la fin de mois consacrées au dénouement des opérations à règlement mensuel. La première de ces séances s'appelle la liquidation générale : les engagements donnent réellement lieu à l'échange des capitaux et des titres à règlement mensuel. C'est la fameuse liquidation. Ensuite, viennent les reports le deuxième jour. Les séances suivantes permettent les échanges de titres et de capitaux. Le solde définitif entre intermédiaires et les réponses à la clientèle ont lieu à la dernière séance du mois.

Liquidités

Partie du portefeuille non investie et disponible immédiatement, les liquidités totalisent la trésorerie et (par extension) les parts de Sicav ou FCP de court terme.

LMBO

Le "leverage management buy out" est le rachat d'une entreprise à crédit. Une société holding recueille un minimum de fonds propres et s'endette au maximum (entre 3 et 10 fois ses capitaux) pour racheter la société convoitée.

M

Maintien de cours

Après l'échange d'un bloc de contrôle, l'acheteur s'engage à reprendre tout ou partie des actions qui se présenteraient sur le marché. Ces transactions doivent être effectuées au même cours que celui de l'échange du bloc, d'où le maintien de cours. Il s'agit d'une obligation signifiée à l'acheteur par les autorités. Une mesure qui évite à l'actionnaire minoritaire d'être défavorisé.

Mandat de gestion

Un particulier peut confier des fonds sous un mandat de gestion qui définira avec précision les types d'opération et les limites applicables à son portefeuille. Son coût est très variable. Il peut être un pourcentage fixe du montant géré ou une partie de l'éventuelle plus-value.

Marché conditionnel

Il s'agit de l'ensemble des marchés "parallèles" au règlement mensuel, soient les stellages, les options sur actions (Monep) et des marchés de contrats à terme (taux et indice).

Marché primaire

C'est le marché du neuf : les souscriptions à des actions nouvelles (par exemple lors d'une émission en numéraire) et les achats d'obligations au moment de leur émission. Il s'agit donc de la rencontre entre sociétés à la recherche d'argent frais et investisseurs disposant de moyens financiers.

Marché secondaire

Marché de l'occasion. Ce sont toutes les transactions sur des valeurs mobilières déjà en circulation, donc après leur émission.

Marge Brute d'Autofinancement

C'est le bénéfice augmenté des dotations aux amortissements et aux provisions. La MBA est un élément clé de l'analyse financière: elle mesure la capacité de la société à investir (sans apport extérieur : endettement ou augmentation de capital) ou à rembourser ses dettes.

Marge nette

Rapport entre le bénéfice et le chiffre d'affaires d'une société, la marge nette est utilisée pour les comparaisons sectorielles ou internationales.

Market - maker

Voir Teneur de marché.

Market - making

Contrepartie systématique: méthode à l'anglaise (voir contrepartie).

Action du market-maker: voir teneur de marché.

Matif

Marché à terme International de France, le Matif regroupe les marchés de contrats sur taux (Notionnel, BTAN 4 ans, Pibor 3 mois, Euro-DM 3 mois), sur indice boursier (CAC 40) et sur matière première (l'ex bourse de commerce a fusionné avec Matif SA). Avant sa dénomination actuelle, Matif signifiait : Marché à terme des Instruments financiers.

Minorité de blocage

Avoir la minorité de blocage, c'est détenir au moins le tiers du capital: elle permet de bloquer des décisions et d'influer sur l'avenir de la société.

Mise en vente

A l'occasion d'une introduction en Bourse, une mise en vente peut être utilisée. Aucun prix de vente n'est fixé. La quantité d'actions à coter est offerte au public. Les ordres reçus sont dépouillés et le premier cours sera celui qui permet de servir le maximum d'ordres. Cette procédure ne tolère que des ordres d'achats limités, à l'exclusion des ordres au mieux.

Moins-values

Voir Plus-value / moins-value.

Monep

Marché des options négociables de Paris: le marché propose des contrats d'options sur une trentaine de valeurs support et sur l'indice CAC 40. Il est régi par la SCMC, filiale de la Société des Bourses Françaises.

Moyenner

Méthode de gestion qui consiste à compléter ses lignes d'investissement lorsque le titre baisse. Tout recul de l'action est mis à profit pour des achats complémentaires. De la sorte, le prix de revient moyen est diminué.

Multiple de capitalisation (PER)

Rapport entre le cours de l'action et le bénéfice net par action, le PER est en quelque sorte l'unité de mesure du prix réel d'un titre. Il sert de base aux comparaisons entre valeurs, secteurs ou marchés.

N

Nikkei Dow Jones

Indice le plus connu de la Bourse de Tokyo.

NIP

Négociateur Individuel de Parquet, le NIP est le pendant français du "local" américain. Mise en place sur le Matif, cette fonction doit assurer une meilleure liquidité des contrats: le NIP prend la contrepartie des positions à son compte.

Nominal

Voir Valeur nominale.

Nominatif

Se dit d'un titre dont le propriétaire est connu de la société émettrice. Cette dernière tient un registre précis de tous les détenteurs de ses actions. Une lourdeur administrative qui entraîne des règlements d'opérations (achat ou vente) plus longs à dénouer.

La Bourse de Paris compte relativement peu de titres nominatifs.

Notionnel

Il s'agit d'un contrat à terme sur taux d'intérêt traité sur le Matif. Le notionnel est représentatif d'un panier fictif d'obligations. Pour un cours de 100 % (soit 500.000 francs), le notionnel représente des emprunts d'Etat de sept à dix ans au taux de 10 %.

Noyau dur

Se dit du groupe d'actionnaires stables d'une société. Le terme a été beaucoup employé pendant la période de privatisations.

O

OAT

Les Obligations Assimilables du Trésor sont des fonds d'Etat de 7 à 25 ans. Après l'émission initiale, il est possible d'émettre une nouvelle tranche aux caractéristiques identiques à cette émission et assimilée à celle-ci.

Obligation

C'est un titre qui matérialise un droit de créance sur la société émettrice. Le créancier de la société, l'obligataire, ne peut prétendre qu'à la perception du coupon et au remboursement de son titre à l'échéance.

Obligation convertible

Voir Convertible.

Obligation subordonnée

Il s'agit d'un titre de créance de dernier rang dont la durée est généralement illimitée. C'est-à-dire qu'en cas de faillite de l'émetteur le remboursement de ces titres interviendra seulement avant les actionnaires, donc après désintéressement total de tous les autres créanciers. Ce type de titre est en particulier émis par les banques.

OBSA

Obligation à bon de souscription d'action.

OBSAR

Obligation à bon de souscription d'action remboursable. C'est-à-dire qu'en cas de non exercice à l'échéance, le bon est remboursé.

OCBSA

Obligation convertible avec bon de souscription d'action.

Offert

Se dit d'une valeur que l'on ne peut coter en raison d'une trop forte baisse : un cours indicatif (sans transaction) est inscrit avec la mention offert.

Offre publique d'achat

Pour obtenir rapidement le contrôle d'une société cotée, on lance une offre publique d'achat sur les actions de son capital. Il suffit de proposer un prix fixe et unique pour toute action qui se présente pendant la durée de l'offre. Précision faite que l'OPA peut porter sur tout ou partie du capital.

Offre publique d'échange

Les bases de fonctionnement sont proches de l'OPA. Seule différence, au lieu de proposer des espèces, la société attaquante propose ses propres titres aux actionnaires de la société cible.

Offre publique de vente

L'une des procédures d'introduction à la cote d'une valeur. La société qui veut être admise en bourse propose au public une certaine quantité d'actions à un prix fixe et unique. Le jour de l'offre, une fois la totalité des ordres reçus, un déséquilibre peut apparaître. Si les demandes sont excédentaires, les autorités décideront soit de coter (au prix d'offre) en appliquant une réduction aux ordres, soit de reporter à un prix adapté. Un déséquilibre peut également apparaître à l'offre : le nombre des titres proposés dépasse les demandes. L'OPV est reportée et modifiée.

OMF

Créée à l'initiative du suédois OM, la société française OMF a en charge les contrats à terme et d'option sur l'indice OMF 50. Elle collabore avec Matif SA à l'organisation du marché sur le BTAN 4 ans.

OMF 50

Indice boursier de 50 valeurs qui sert de support à la négociation de contrats à terme et d'options négociables. Ces marchés sont organisés par la société OMF.

OPCVM

Organisme de placement collectif de valeurs mobilières: voir Sicav et Fonds commun de placement.

Opéable

Se dit d'une société au capital mal contrôlé qui pourrait faire l'objet d'une offre publique d'achat ou d'échange. En clair, une cible pour les raiders, les concurrents ou les alliés!

Option négociable

Une option d'achat ou de vente qui peut être négociée sur un marché organisé où tous les contrats d'option sont "standardisés". Une option négociable a un cours de bourse variable selon l'état du marché.

Option d'achat
Voir call.

Option de vente
Voir put.

ORA
Obligation remboursable en actions. Une parité de remboursement est fixée dès l'émission : le souscripteur est obligatoirement remboursé en actions.

ORABSA
Obligation remboursable en action émise avec des bons de souscription d'action.

ORABSAR
Une ORABSA avec un bon remboursable.

Ordres d'achat / vente à cours limités
Un ordre d'achat à cours limité n'est exécuté que si le cours est inférieur à la limite. L'ordre de vente à cours limité n'est répondu qu'en cas de dépassement de la limite.

Ordres d'achat / vente stop
Le principe de fonctionnement est l'inverse de celui du cours limité. Un ordre stop doit néanmoins comporter une limite de cours. Ainsi, un ordre d'achat stop n'est exécuté que lorsque le cours devient supérieur à la limite, et l'ordre de vente stop quand le cours devient inférieur à la limite. Ce type d'ordre n'est pas autorisé sur le marché continu électronique.

ORT
Les Obligations Renouvelables du Trésor ont une durée de 6 ans mais peuvent être échangées contre des ORT nouvellement émises au bout de 3 ans. Elles sont réservées aux personnes physiques

Out of the money
Voir Hors du cours.

P

Pair
Valeur nominale d'une obligation. Une obligation est émise au pair lorsque son prix d'émission est égal à sa valeur nominale.

Palais Brongniart
Palais dessiné par l'architecte Alexandre Brongniart en 1808 et qui abrite la bourse des valeurs. Actuellement ce palais est surtout occupé par les parquets du Matif et du Monep. La presse financière emploie souvent "Palais Brongniart" comme synonyme de bourse

Part du groupe
Le résultat consolidé comprend les résultats de la société mère et des filiales. Ces filiales ne sont pas toujours détenues à 100 % par la société mère. Ainsi, une part du résultat de la filiale peut revenir à des actionnaires minoritaires hors groupe. La "part du groupe" est formée par le solde total après déduction des minoritaires.

Participatif

Titre émis par une société publique et sujet à une rémunération fixe pour partie et variable pour l'autre. Cette dernière est fonction d'un indicateur économique propre à la société (chiffre d'affaires, marge brute d'autofinancement, valeur ajoutée,...). Les participatifs ne sont pas forcément assortis de clauses de remboursement, ils s'apparentent alors à des emprunts perpétuels.

PER (Price Earning Ratio)

Voir Multiple de capitalisation.

Pibor 3 mois

Contrat à terme de taux d'intérêt fondé sur l'évolution du Pibor (Paris Interbank Offered Rate) à 3 mois. Ce marché est régi par Matif SA.

Pied du coupon

Voir Cotation en pourcentage.

Plus-value / moins-value

Résultat bénéficiaire d'une opération en Bourse, la plus-value, c'est par exemple : acheter 100 francs et revendre 120, soit un bénéfice de 20 francs.

A l'inverse, la moins-value est le résultat déficitaire d'une opération. En revendant à 70 francs, la moins-value serait de 30 francs.

Les plus-values sont taxées selon un taux uniforme, dès lors que le compte-titres fait apparaître un montant total de ventes supérieur à un montant déterminé.

Portefeuille

Ensemble de tous les titres et des liquidités, le portefeuille comprend les actions, les obligations, les contrats boursiers, les options, les parts de Sicav et FCP et la trésorerie. On parle de portefeuille aussi bien pour un particulier que pour une société, une Sicav ou un FCP.

Position acheteur / vendeur

Sur le marché à règlement mensuel, un achat qui vient d'être exécuté met l'investisseur en position acheteur. Même raisonnement pour la position vendeur. Etre en position, c'est être engagé sur le règlement mensuel sans avoir dénoué l'opération.

Position de place

Le jour de la liquidation du marché à règlement mensuel, des achats et des ventes sont reportés sur la liquidation suivante. La différence entre ces deux montants s'appelle la position de place. Elle est calculée pour chaque valeur, chaque secteur de la cote et pour l'ensemble du marché à règlement mensuel. En principe elle fait ressortir des achats nets pour le marché.

Position Ouverte

Sur les marché à teme, un acheteur de contrat qui n'a pas revendu ou un vendeur initial de contrat qui n'a pas racheté ont des positions ouvertes. La même expression est employée pour les options négociables.

Prélèvement libératoire

Option fiscale pour une imposition forfaitaire des revenus d'obligations françaises. Une fois dépassée la limite de non-imposition des coupons et dividendes (8.000 ou 16.000 selon la situation de famille du contribuable), il est possible de ne pas intégrer les intérêts dans l'assiette du revenu imposable. En contrepartie, ils seront imposés par application d'un taux fixe : 27 % jusqu'au

31 décembre 1989. De la sorte, l'option est valable pour quiconque dépasse la tranche impoable à 25 %.

Prémium

Synonyme de prime: le prix d'une option négociable.

Prime

Le marché des primes sur actions du règlement mensuel a disparu depuis le 18 mai 1989. C'est aussi le nom donné au prix de l'option.

Prime d'émission

Différence entre le pair d'une obligation et son prix réel d'émission. Certains émetteurs attribuent des "cadeaux" aux souscripteurs en lançant l'obligation à un prix inférieur au pair.

Au bilan d'une société figure souvent une ligne "prime d'émission". Cette dernière totalise l'ensemble des "surplus" retirés d'émission d'actions ou d'obligations (différence entre prix d'émission et valeur nominale). Le total ainsi formé est considéré comme une réserve pour la société.

Primes de remboursement

Une obligation doit au moins être remboursée à sa valeur nominale. Une règle qui n'empêche pas de payer plus cher : la différence constitue alors la prime de remboursement.

Prime de risque

Une action procure un revenu quasi éternel qui se décompose en coupons et en plus values. Le taux qui égalise revenus futurs et cours actuel peut être comparé aux taux moyen des obligations: la différence entre le premier taux et le deuxième s'appelle prime de risque. En principe, la prime de risque est positive: 2% en norme historique.

Prise de bénéfices

Dans la gestion de portefeuille, une position gagnante peut être soldée: cela s'appelle une prise de bénéfices.

Prix d'exercice

C'est le cours auquel une option donne le droit d'acheter (call) et de vendre (put) le support.

Procédure ordinaire

Cette méthode d'introduction à la cote concerne : les valeurs françaises à revenu variable issues de la scission ou fusion de sociétés déjà cotées, les valeurs en provenances du hors-cote, ou les valeurs étrangères non cotées à Paris. Après information du public, la première négociation intervient selon le mode de cotation du groupe sur lequel arrive la société (second marché, comptant de la cote officielle, règlement mensuel).

Provisions

Lorsqu'une société est certaine d'une charge à venir, elle constitue une provision, c'est-à-dire qu'elle comptabilise aujourd'hui une charge qui sera réglée ultérieurement. Ainsi, une provision est une sorte de réserve formée pour faire face aux dépenses futures. Le jour où la dépense sera réellement engagée, elle sera compensée dans le compte de résultat par une réduction de la provision, sinon la charge serait comptée deux fois. Il existe aussi des provisions pour dépréciation d'actifs non sujets à l'amortissement.

Les provisions sont soumises à des règles comptables très strictes.

Prudentiel

Les règles prudentielles fixent un minimum de fonds propres aux sociétés de bourse et imposent une garantie adaptée aux engagements de cette société sur le marché. Cette garantie se calcule à l'aide de "ratios prudentiels".

Put (option de vente)

L'achat d'un put donne le droit de vendre l'action support (ou un autre support) au prix d'exercice jusqu'à l'échéance.

Q

Quotité

C'est le nom donné à la quantité minimale négociable sur le marché à règlement mensuel. Pour disposer de la faculté du règlement remis à la liquidation, il faut opérer sur 5, 10, 25, 50, 100 ou 500 valeurs à la fois. Si la quotité n'est pas respectée, l'opération est dite à règlement immédiat (paiement ou livraison des titres simultané à l'exécution de l'ordre). Cela donne lieu à une commission supplémentaire.

R

Raider

Un raider est celui qui lance une OPA inamicale en vue de prendre le contrôle d'une société pour en extirper les actifs ou la revendre avec plus-value lors d'une offre concurrente : très pratiqué aux Etats-Unis, pas de bon goût en France!

Ramassage

Manoeuvre qui consiste à se porter acheteur en bourse de tous les titres négociés d'une seule société, en évitant si possible de faire décaler les cours. Le but : parvenir à prendre une participation significative en essayant de taire son identité.

Réduction de capital

Une société qui enregistre de lourdes pertes est souvent obligée d'en imputer tout ou partie sur le capital - qui se réduit d'autant - avant de lancer un appel au public à l'épargne pour se recapitaliser. C'est le fameux coup d'accordéon.

Règlement immédiat (RI)

Une opération sur le marché à règlement mensuel peut se soustraire au règlement différé : l'engagement et le règlement sont simultanés. Le règlement immédiat peut être demandé par l'investisseur qui acquitte des frais supplémentaires. Tous les ordres inférieurs aux quotités (rompus) sont automatiquement à règlement immédiat.

Règlement - livraison

Après la négociation d'un titre s'engagent les opérations de règlement des espèces et de livraison définitive de ces titres. Appelé clearing en américain, cette série d'écriture occupe 5 jours ouvrés à Paris.

Règlement mensuel (RM)

Compartiment de la cote officielle où les valeurs sont traitées à "crédit". C'est-à-dire que l'achat ou la vente d'actions se décompose en une prise d'engagement et un règlement de l'opération qui interviendra le jour de la liquidation. Il s'agit de l'ancien marché à terme.

Regroupement

Après une réduction de capital la société peut regrouper ses actions, c'est-à-dire proposer une action nouvelle pour N anciennes. C'est l'inverse de la division.

RELIT

Nom du GIE chargé du projet de règlement-livraison des titres de la place parisienne).

Remboursement

Voir Amortissement - remboursement

Réméré

La vente à réméré est une vente assortie d'une promesse de rachat. En principe le prix de rachat est égal au prix de vente majoré des frais.

Ce contrat, régi par le droit civil, a été appliqué aux opérations sur titres boursiers, et particulièrement aux obligations. Ainsi, le vendeur à réméré vend son obligation avec une promesse de rachat au même cours majoré des commissions.

Pour le vendeur l'opération s'apparente à un prêt de titre et un emprunt d'argent simultanés pour la durée du contrat. Les commissions sont en principe l'équivalent d'un intérêt au taux sans risque.

Celui qui achète les obligations dans le contrat de réméré réalise une sorte de "prêt gagé". Théoriquement sans aucun risque, le réméré expose l'acheteur à la "bonne foi" du vendeur. Ce dernier, en effet, n'est pas obligé de racheter le titre à la fin du contrat. Le rachat est une simple option donnée au vendeur.

Rendement

Le rendement est la mesure du revenu procuré par la détention d'un titre.

Pour une obligation, le rendement est constitué par le taux d'intérêt réel : c'est le taux actuariel.

Dans le cas d'une action, le rendement s'obtient par le rapport entre le dividende et le cours de bourse. Le rendement net s'appuie sur le dividende net (effectivement versé par la société). Quand le dividende net donne droit à l'avoir fiscal, le rendement global est le rapport entre le dividende avoir fiscal compris et le cours de l'action. Le rendement s'exprime en pourcentage du cours de bourse.

Report

Possibilité de transférer le dénouement d'une opération à règlement mensuel sur la liquidation suivante. Son coût est variable et s'établit selon l'état du marché des reports. Lorsque les ventes reportées sont supérieures aux achats reportés ont dit qu'il y a déport. Dans le cas inverse (achats reportés supérieurs aux ventes), le coût du report se mesure par le taux des reports. Ce taux s'applique sur le cours de compensation.

Report fiscal

Dans sa déclaration fiscale de résultat, une société peut reporter une perte sur les bénéfices de l'année suivante: elle économise l'impôt sur les sociétés sur la fraction de perte imputée. Cette faculté de report n'est valable que pour les cinq exercices qui suivent la perte.

RES

Rachat de l'entreprise par ses salariés, le RES est une variante du LMBO qui ouvre droit à des avantages fiscaux.

Réservée

Sur le règlement mensuel on dit qu'une valeur est réservée lorsqu'elle est incotable. Si, après une hausse, un déséquilibre persiste (demandes supérieures aux offres), la valeur est réservée à la hausse. On attend l'arrivée de vendeurs ou le retrait d'acheteurs pour équilibrer les échanges.

Dans le cas d'offres supérieures aux demandes après une baisse, la valeur est réservée à la baisse. De nouveaux acheteurs ou des retraits de vendeurs sont attendus afin de parvenir à l'équilibre.

Retenue à la source

Les coupons d'obligations françaises, en dehors des fonds d'Etat, sont soumis à retenue de 10 % de leur montant lorsque les titres ont été émis avant le 1er janvier 1987. Cette retenue à la source est directement versée au Trésor. Le bénéficiaire du coupon la récupère sous forme de crédit d'impôt (voir avoir fiscal).

Pour les emprunts émis avant le 1er janvier 1965 cette retenue est de 12 %.

Les primes et lots de remboursement donnent également lieu à une retenue de 10 % de leur montant lorsque les emprunts ont été émis après le 1er janvier 1986.

Rompu

Non respect des quotités de négociation au règlement mensuel. Tout rompu entraîne le règlement immédiat de l'opération (qui devient une transaction au comptant). Cela donne lieu à des frais supplémentaires de 0,3 % (hors TVA à 18,6 %).

S

SCMC

Société de Compensation des Marchés Conditionnels. Filiale de la SBF, la SCMC est chargée d'organiser le Monep.

Second Marché

Compartiment de la cote crée en 1983 qui regroupe les jeunes sociétés. Aux conditions d'accès facilitées (seulement 10 % du capital dans le public) le second marché a attiré des affaires de taille moyenne à la bourse. Les valeurs s'y traitent au comptant.

Sicaf

Société d'investissement à capital fixe. Une Sicaf a pour but l'investissement de son capital essentiellement en valeurs cotées. Si les apparences lui donnent une image proche de la Sicav, une Sicaf est fondamentalement différente. D'abord, le capital est fixe. Ensuite, une Sicaf se négocie sur la base d'un cours de bourse et non sur sa valeur liquidative. Cette dernière, calculée régulièrement, est souvent supérieure au cours de bourse, les Sicaf étant légèrement décotées.

Sicav

Société d'investissement à capital variable. Il s'agit d'une société dont le but est d'investir en bourse des liquidités disponibles. Sa particularité ? Le capital varie continuellement au gré des entrées et sorties des actionnaires. Une valeur liquidative est calculée obligatoirement à l'issue de chaque séance et sert de base au prix du ticket d'entrée ou au prix de rachat pour le sortant. Le plus souvent gérées par les banques, les compagnies d'assurances ou les sociétés de bourse, les Sicav ont rencontré un grand succès auprès des épargnants particuliers.

Les spécialités de Sicav sont très variées : diversifiée ou spécialisée (actions françaises, étrangères, obligataires françaises ou autres, second marché, agro-alimentaire, situations spéciales...).

Sicovam

Société Interprofessionnelle pour la Compensation des Valeurs Mobilières dont l'origine remonte à la seconde guerre mondiale. Elle assure la compensation des valeurs mobilières entre les intermédiaires. Les titres concernés ont un code Sicovam à cinq chiffres.

Situation spéciale

Se dit des sociétés: en retournement, livrée en pâture à un raider ou susceptible d'être intégrée dans un autre groupe. Il existe des OPCVM dont les investissements sont axés sur les situations spéciales.

Société de bourse

Une société de bourse est l'établissement par lequel transitent obligatoirement tous les ordres de bourse. Elle se rémunère par la perception de courtages libres.

Société des Bourses Françaises (SBF)

La SBF est une institution financière spécialisée régie par la loi bancaire. Organe exécutif du Conseil des Bourses de Valeurs, elle veille au bon déroulement des cotations et établit les rapports d'admission ou de radiation de la cote.

Société de portefeuille

Société dont le seul but est de détenir un portefeuille de valeurs mobilières. Une telle société s'apprécie par évaluation de ses actifs afin de déterminer une décote ou une surcote.

Solder

Solder une position sur un marché à terme signifie : revendre pour l'acheteur à terme et racheter pour le vendeur à découvert. C'est le dénouement de l'opération.

Split

Voir Division.

Spread

Ecart entre le point élevé et le point bas d'une fourchette de cours: voir Fourchette.

Support
C'est le titre, le contrat ou l'indice sur lequel porte une option négociable.
Surcote
Voir Décote / surcote.
Syndicat de placement
Il s'agit d'un groupement d'établissements financiers (ou d'intermédiaires) constitué en vue d'assurer le placement d'une émission de titres dans le public.
Syndicat haussier
Groupement occulte de personnes s'efforçant de provoquer ou d'amplifier la hausse d'un cours. Une manoeuvre souvent initiée pour "sortir" à bon compte. Toutefois, une société peut être l'animateur d'un tel "syndicat" afin d'éviter la passation de provisions pour dépréciation de titres. Les fonds ou Sicav peuvent également être tentés pour afficher de meilleures performances en fin d'exercice. Une opération appelée window dressing.

T

Taux de distribution
Mesure de la partie des profits mise en distribution. Le taux de distribution s'obtient par le rapport entre le total des dividendes attribués par la société et le bénéfice net consolidé : une société qui distribue 30 millions de francs de dividendes sur 100 millions de résultat a un taux de distribution de 3 %.
Les affaires industrielles ont rarement un taux de distribution supérieur à 30%.
Taux de rendement actuariel
Contrairement aux taux facial, le taux actuariel est le taux de rendement réellement procuré par l'obligation. Le taux actuariel prend en considération les dates de versement du coupon, les éventuelles primes d'émission ou de remboursement et la date de remboursement.
Taux de rendement facial
C'est le taux de rendement apparent d'une obligation, celui qui est "affiché" lors d'une émission.
Taux des reports
Voir Report.
Taux variable
Il existe deux sortes d'obligations : à taux fixe et à taux variable. Ce dernier donne lieu à quantité de définitions. Ainsi, une obligation à taux variable s'appuie souvent sur une moyenne de taux (qui se rapproche du taux implicite du marché) à laquelle une marge négative peut être appliquée.
Teneur de marché
Sur le Monep (ou les options du Matif) des teneurs de marché offrent toujours un prix pour une quantité minimale de contrats: ils sont astreints à une contrepartie minimale. Ils sont aussi appelés "market makers".

Tick

Echelon minimal de cotation d'un contrat à terme. Par exemple l'indice CAC 40 varie d'un dixième de point au minimum.

Tirage

Le remboursement des obligations est parfois échelonné. Chacune des tranches correspond à un nombre de titres remboursables qui sont soit préalablement définis, soit tirés au sort par série. D'où le tirage, la "loterie" du remboursement. Les émissions actuelles ne donnent plus souvent lieu à un remboursement par tirage.

Titre participatif

Voir Participatif.

Titrisation

Transformation de créances non négociables en parts de fonds communs de créance négociables. Venue des Etats Unis, cette technique concerne en principe les créances hypothécaires, les crédits automobiles et autres crédits à la consommation. Les créances sont cédées à un fonds commun dont les parts sont placées auprès des investisseurs.

Trader

Dans une société de bourse ou un établissement financier, un trader place des valeurs mobilières (ou des options) en démarchant une clientèle d'institutionnels.

TSDI

Titre subordonné à durée indéterminée. Voir obligation subordonnée.

V

Vague d'Elliott

Selon cette théorie, le marché est censé évoluer selon une série haussière de cinq vagues (1, 3 et 5 en hausse; 2 et 4 en baisse) et une série baissière de trois vagues (A et C en baisse; B en hausse). Cette méthode a surtout été développée par Robert Prechter aux Etats Unis.

Valeur à la casse

Ce qui resterait dans les caisses d'une société après la vente de tous ses actifs et le paiement de toutes les dettes ! En somme, une situation nette réévaluée. Les analystes procèdent souvent à ce calcul pour les sociétés de portefeuille ou les immobilières. Cette évaluation s'utilise dans le calcul de décote ou surcote.

Valeurs cycliques

Certaines valeurs varient fortement en fonction des cycles économiques d'expansion ou de récession. Sont concernées les industries de biens de consommations durables (automobiles, son, vidéo...), les industries de première transformation...

Valeur de taux

Se dit des valeurs dont les cours sont particulièrement sensibles à l'évolution des taux d'intérêt. Il s'agit essentiellement des financières (dont les résultats peuvent être conditionnés par les taux).

Valeur nominale

Pour une action, la valeur nominale représente la part de capital effectivement souscrite. Ainsi le produit de la valeur nominale par le nombre d'actions est égal au capital de la société. En règle générale, le nominal d'une action est compris entre 10 et 100 francs.

Le nominal d'une obligation constitue la part réellement souscrite dans l'emprunt. Le remboursement de l'obligation devra au moins être égal au nominal. Voir également Pair.

Vente à découvert

Manoeuvre uniquement réalisable sur les marchés à terme (règlement mensuel, Matif) et le Monep, la vente à découvert est une vente initiale. C'est-à-dire une vente qui n'a pas été précédée d'un achat. Afin d'être soldée, cette vente initiale devra être ultérieurement suivie par un rachat (qui permettra d'honorer la livraison du produit vendu). Une stratégie qui correspond à une anticipation baissière. La vente à découvert est également appelée "vente sèche".

Volatilité

Mesure de la dispersion des cours (généralement sur une année), elle exprime l'ampleur probable du mouvement des cours. Plus elle est élevée, plus les cours ont des chances de bouger. Cette donnée est primordiale pour procéder à l'évaluation des options négociables.

Volume des transactions

Quantité de titres échangés sur une valeur ou un marché.

W

Wall Street

Nom de la Bourse de New York.

Warrant

Il s'agit parfois du nom donné au bon de souscription. Un warrant est également une option à long terme (sur un titre, une devise ou un indice) émise par un établissement financier. Un warrant peut avoir la nature d'une option d'achat (call warrant) ou d'une option de vente (put warrant).

Z

Zone franc

Des pays ont des monnaies dont le cours est fixé en fonction du franc: ils sont appelés zone franc. Les sociétés qui ont des intérêts dans ces pays figurent à part dans la cote des valeurs.

ANNEXES

ANNEXE 1

INTÉGRATION DU DIVIDENDE DANS LE CALCUL DU DROIT DE SOUSCRIPTION

Pour être rigoureux, le calcul devrait intégrer les dividendes non versés aux nouvelles actions, lorsque la jouissance de celles-ci ne porte pas sur un exercice entier.

Il s'agit souvent d'actions nouvelles n'ayant jouissance que pour la moitié d'un exercice. Théoriquement, elles ne donnent droit qu'à un demi-dividende. Par exemple l'émission d'une nouvelle action jouissance 1er juillet alors que l'exercice commence le 1er janvier est un cas typique.

Cette méthode prend en compte le dividende partiel du premier exercice. Elle devrait être appliquée chaque fois qu'il existe une demi-jouissance. Les formules deviendraient (pour une demi-jouissance) avec un dividende à d et un cours à c. Emission de n actions à "a" francs pour N anciennes.

$$\text{coefficient d'ajustement} = \frac{(Nc + na + n\ 1/2\ d) / (N + n)}{C}$$

Le jour de l'opération :
cours théorique du droit = C - (Nc +na + n 1/2d) / (N + n)

Après l'opération:
cours théorique du droit = (n / N) x (cours ex-droit - a - 1 / 2 d)

Exemple

Emission de 2 à 650 pour 5; cours droit attaché = 1 000 francs

Les 2 actions émises sont à demi-jouissance
dividende = 50
coefficient = (5 x 1000 + 2 x 650 + 2 x 50/2) / 7 / 1000 = 0,907
cours théorique du droit le jour du détachement :
1000 - (5000 + 1300 + 2 x 50 / 2) / 7 = 92,65, soit près de 93 francs
en effet 907 + 93 = 1000 Exact !
cours ex-droit + droit = cours droit attaché.

Quelques séances plus tard, le cours de l'action ex-droit est à 950 francs:
droit théorique = (2 / 5) x (950 - 650 - 50 / 2) = 110

si le cours tombait à 750 francs :
droit théorique = (2 / 5) x (750 - 650 - 50 / 2) = 30

ANNEXE 2

OPÉRATIONS SUCCESSIVES SUR LE CAPITAL

Il n'est pas rare qu'une société procède à des opérations combinées, c'est-à-dire division du nominal et attribution, attribution et émission, émission et regroupement,... ou toute autre opération complexe.

• Coefficient d'ajustement :

Il suffit de multiplier les coefficients entre eux en prenant garde au sens de l'opération et en veillant bien au nombre d'actions à considérer.

• Dates de l'opération :

- Si les deux opérations sont effectuées à quelques jours d'intervalle, c'est très simple, on les traite une à une au moment de leur lancement.

- Lorsqu'elles sont réellement simultanées, le calcul est plus complexe. Cependant, il suffit de prendre l'opération dans le "bons sens".

Remarque

Les exemples suivants supposent que toutes les actions créées lors de la première opération ont droit à la deuxième opération. Prenons pour base les cas les plus fréquents, que l'on traitera sur des chiffres arbitraires.

Premier cas

Attribution gratuite de 2 pour 7 suivie d'une émission en numéraire de 1 pour 5 à 600 francs. L'action cote 1000 francs la veille de l'opération.

En premier lieu, l'attribution :
Coefficient d'ajustement = 7 / 9
droit d'attribution théorique = (1 - 7 / 9) x 1000 = 222

En deuxième lieu, l'émission :
Attention ! le cours qui va servir de base au calcul doit être un cours ex-droit d'attribution, puisque l'émission est la deuxième opération :
cours ex-droit d'attribution = 1000 - 222 = 778
coefficient d'ajustement = (5 x 778 + 1 x 600) / 6 / 778 = 0,96
droit de souscription théorique = (1 - 0,96) x 778 = 31,10
Le coefficient d'ajustement global ressort à 7 / 9 x 0,96
C'est celui-ci qu'il faut appliquer aux cours.

Après l'opération, on peut toujours calculer instantanément les droits mais il faut reprendre le déroulement de l'opération à l'envers.

On calcule d'abord le droit de souscription.

Supposons que l'action cote 830 francs tous droits détachés. Quelques séances après l'opération :
cours théorique du droit de souscription = (1 / 5) x (830 - 600) = 46

Attention ! La base du calcul du droit d'attribution doit être un cours droit de souscription attaché, soit dans ce cas: 830 + 46 = 876 cours théorique du droit d'attribution = (2 / 7) x 876 = 250,30

Pour bien démontrer l'importance de l'ordre des opérations, reprenons le même cas dans l'autre sens.

Deuxième cas

Emission d'une pour cinq à 600 francs. Suivie d'attribution gratuite de 2 pour 7. L'action cote toujours 1 000 francs.

Dans l'ordre, on traite l'émission et l'attribution : le cours de base sera ici 1000 francs.

coefficient d'ajustement = (5 x 1000 + 600) / 6 / 1000 = 0,933
cours théorique du droit de souscription = (1 - 0,933) x 1000 = 67
coefficient d'ajustement = 7 / 9 (il est invariable)

Pour le cours théorique du droit d'attribution, il faut prendre un cours de l'action ex-droit de souscription :

soit 1000 - 67 = 933
droit d'attribution = (1 - 7 / 9) x 933 = 207,33
le coefficient d'ajustement global est égal à : (7 / 9) x 0,933

Remarque

> *Il est plus petit que dans d'autre cas. C'est normal. L'émission porte ici sur un nombre d'actions plus faible. Rappelons que dans l'autre sens, l'émission porte sur le nombre initial d'actions augmenté de celles provenant de l'attribution.*

Après l'opération, le cours s'établit à 830 francs.

On remonte l'opération à l'envers.
cours théorique du droit d'attribution = (2 / 7) x 830 = 237,15

Pour le droit de souscription, il faut calculer sur la base d'un cours droit d'attribution attaché, soit: 830 + 237,15 = 1067,15
cours théorique du droit de souscription = (1 / 5) x (1067,15 - 600) = 93,43

Le coup d'accordéon

Vous trouverez souvent ce type d'opération pour les affaires en difficulté! La situation nette de la société a été rongée par les pertes et, afin de reconstituer les fonds propres, la société augmente et réduit successivement le capital.

La première opération est une émission en numéraire, souvent très difficile à suivre pour les anciens actionnaires, les proportions étant dissuasives. Ensuite, il s'agit d'un regroupement d'actions.

Exemple

La société ABC, dont le cours a chuté à 100 francs la veille de la première opération a décidé :

- En premier lieu d'augmenter le capital par émission de 15 actions nouvelles à 60 francs pour deux anciennes.

- En deuxième lieu, quelques semaines plus tard, de regrouper les actions par remise d'une action nouvelle pour 12 anciennes.

Au moment de l'émission
coefficient d'ajustement = (2 x 100 + 15 x 60) / 17 / 100 = 0,647

droit de souscription = (1 - 0,647) x 100 = 35,30

Au moment du regroupement, le coefficient d'ajustement est égal à 12, ce qui amène à un coefficient global (par rapport à l'action ancienne avant toute opération) de 12 x 0,647

Seul ce dernier permettra une comparaison efficace entre anciens cours (avant la première opération) et cours actuels.

ANNEXE 3

LES INSTRUMENTS DE MESURE (INDICES)

Pour prendre la "température" du marché, un thermomètre : l'indice. Il en existe réellement plusieurs types qui vont du plus petit au plus grand - dont les fameux CAC et Agefi - en passant par divers autres tels que l'indicateur de tendance et l'indice du second marché.

L'indicateur de tendance

Il est calculé instantanément tout au long des séances de bourse. Son mode de calcul est simplifié. Il comprend les valeurs du règlement mensuel parmi les plus importantes et les plus représentatives. Il se calcule comme la moyenne arithmétique de la variation de chacune de ces valeurs par rapport à son cours de clôture de la veille.

L'indice SBF

C'est l'indice de la Société des Bourses Françaises. Il comprend plus de 250 valeurs du règlement mensuel et du comptant représentatives de chaque secteur (et sous-secteur de la cote).

Ces secteurs sont :

1 - Produits de base
2 - Construction
3 - Biens d'équipement
4 - Biens de consommation durables
5 - Biens de consommation non durables
6 - Biens de consommation alimentaires
7 - Services
8 - sociétés financières
9 - SFEXET (sociétés de la zone franc exploitant principalement à l'étranger).

La méthode de calcul de l'indice CAC est affinée : entre deux dates, l'indice représente la variation de la capitalisation boursière de l'ensemble des valeurs de l'échantillon. Il est calculé quotidiennement :

Capitalisation boursière courante / Capitalisation boursière de base

L'indice CAC a pour base 100 les cours du 31 décembre 1981.

La capitalisation boursière courante est la somme des capitalisations de chaque société de l'échantillon le jour du calcul. La capitalisation du 31.12.81 est la même somme modifiée par les changements de structure des composants.

La base est modifiée lorsqu'il y a émission d'actions en numéraire ou d'actions d'apport car elles accroient la capitalisation boursière de la société (théoriquement du montant de l'émission).

Une attribution, division, ou un regroupement ne modifie pas la base puisque la capitalisation boursière ne varie pas pour une telle opération.

	Base	Jour J
Société 1	Capitalisation 1	Capitalisation courante
Société 2	Capitalisation 2	Capitalisation courante
Société 3	Capitalisation 3	Capitalisation courante
Société N	Capitalisation N	Capitalisation courante
	Somme de base ←	Somme

divisé par

=

indice CAC

L'indice CAC 40

Son mode de calcul est identique à celui de l'indice CAC général, mais il ne porte que sur 40 valeurs (les plus actives du marché à règlement mensuel). Sa vocation première est la négociation de contrats à terme et d'options sur indice. Cependant, par sa bonne corrélation à l'indice général, il peut aussi être utilisé comme indicateur de marché : sa base est de 1000 au 31 décembre 1987.

L'indice second marché

Il est calculé selon le même principe que l'indice CAC précédemment décrit mais sur des valeurs représentatives du second marché. En raison de la spécificité du second marché, les sociétés à très forte capitalisation boursière (dont certaines peuvent représenter une part significative de la capitalisation totale de ce marché) sont éliminées du calcul.

Cet indice est publié chaque vendredi et a pour base la capitalisation boursière du 28 décembre 1984.

Les futures indices

La Société des Bourses Françaises met au point deux nouveaux indices sur des bases informatiques. Il s'agit d'abord du SBF 250, une nouvelle version de l'indice général refondu avec celui de l'INSEE. Le deuxième, SBF 120, permet de suivre l'évolution de 120 valeurs représentatives de la bourse de Paris mais qui ne figurent pas dans l'indice CAC 40.

ANNEXE 4

LES ORDRES DE BOURSE

Il existe plusieurs types d'ordre pour acheter ou vendre des valeurs. Ils ont pour but de définir le prix d'exécution et la durée souhaitée.

Le prix d'exécution

Les ordres au mieux

Un ordre d'achat ou de vente au mieux est exécuté au premier cours coté sur la valeur concernée. C'est-à-dire qu'il n'existe aucune limite, de sorte que vous subirez les variations de cours, quelles que soient leur sens. Ainsi, il est préférable d'éviter ce type d'ordre, notamment sur les marchés très fluctuants.

REMARQUE

> *Sur le marché à règlement mensuel, pour les actions cotées à la criée, on peut passer des ordres au premier cours - qui seront réalisés au premier cours coté sur la valeur. Pour les valeurs cotées en continu, ce sont les ordres "au prix du marché" (fortement déconseillés en raison des fortes amplitudes du continu).*

Les ordres limités

Ils comprennent une limite de cours impérative, qui constitue pour un achat le prix maximum et pour une vente le prix minimum. Lorsque la valeur a un cours touché - équivalent à la limite - l'ordre peut être partiellement exécuté par réduction des quantités.

EXEMPLE

Achat de 10 ABC à 100 francs : vous êtes prêt à payer jusqu'à 100. Dès que le cours dépasse 100 francs, l'ordre n'est plus valable.

Vente de 10 ABC à 100 francs : vous ne vendez qu'à partir de 100 francs. A 99,90, vous ne vendez plus !

Les ordres stop

Ils fonctionnent à l'inverse des cours limités. Ces ordres ne sont pas autorisés sur le marché en continu informatique.

EXEMPLE

Achat de 10 ABC à 100 francs stop. Cet ordre ne sera exécuté que si ABC franchit en hausse la barre des 100 francs. Si le premier cours est de 95, rien n'est fait. Le deuxième est 102 francs, l'ordre est exécuté.

Vente de 10 ABC à 100 francs stop. C'est l'inverse de l'achat. Les actions ne seront vendues que si le cours franchit 100 francs en baisse.

La passation d'un tel ordre suppose que vous déceliez un signal de hausse (baisse) qui vous amène à acheter (vendre) à partir d'un certain cours.

REMARQUE

> *- Ne pas oublier la mention "stop" pour passer l'ordre !*
> *- Les ordres stop sont interdits sur le marché en continu.*

La durée

Tout est possible ! On peut passer un ordre valable un, deux, trois... jours. Il suffit de le préciser. Toutefois, quelques ordres sont plus fréquents :

Valable jour :

- il n'est valable que pendant une seule séance de bourse.

Révocation :

- sur le règlement mensuel, il reste valable jusqu'au jour de la liquidation (inclus).
- sur les négociations au comptant, il peut être exécuté jusqu'à la dernière séance du mois calendaire.

Le cas particulier des options négociables

Pour acheter ou vendre un call ou un put, tous les types d'ordre sont utilisables. Toutefois, sur le Monep, les variations de cours ont une amplitude sans commune mesure avec les autres marchés. Il est déconseillé de passer des ordres au prix du marché et des ordres valables plus d'un jour. Il reste le cours limité valable jour.

Encore une précision : sur les options, il s'agit d'ordre d'ouverture ou de clôture puisque l'on peut acheter et revendre ou vendre puis racheter. L'opération initiale correspond à un ordre dit "ouverture" et pour conclure (revendre ou racheter), on précise "clôture".

Exemple

Acheter un call 100 décembre sur ABC en ouverture et vendre un call 100 décembre sur ABC en ouverture.

Ce sont deux positions ouvertes qui ne sont pas compensées. Vous n'avez pas revendu votre call !

Achevé d'imprimer en février 1997
sur les presses de l'Imprimerie Durand
28600 Luisant
Dépôt légal février 1997